2025年春 受験用

解答集

長崎県 青雲中学校

2019〜2013年度の7年分

本書は，実物をなるべくそのままに，プリント形式で年度ごとに収録しています。
問題用紙を教科別に分けて使うことができるので，本番さながらの演習ができます。

■ 収録内容

・解答集（この冊子です）

　　書籍ID番号，この問題集の使い方，リアル過去問の活用，解答例と解説，
　　ご使用にあたってのお願い・ご注意，お問い合わせ

・2019（平成31）年度 〜 2013（平成25）年度　学力検査問題

JN131981

○は収録あり	年度	'19	'18	'17	'16	'15	'14	'13
■ 問題収録		○	○	○	○	○	○	○
■ 解答用紙		○	○	○	○	○	○	○
■ 解答		○	○	○	○	○	○	○
■ 解説		○	○	○	○	○	○	○
■ 配点（大問ごと）		※	○		○			

※2019年度の社会は小問配点もあり

☆問題文等の非掲載はありません

教英出版

■ 書籍ID番号

入試に役立つダウンロード付録や学校情報などを随時更新して掲載しています。
教英出版ウェブサイトの「ご購入者様のページ」画面で，書籍ID番号を入力してご利用ください。

書籍ID番号　**178042**　

（有効期限：2025年9月30日まで）

【入試に役立つダウンロード付録】
「中学合格への道」

■ この問題集の使い方

　年度ごとにプリント形式で収録しています。針を外して教科ごとに分けて使用します。①片側，②中央のどちらかでとじてありますので，下図を参考に，問題用紙と解答用紙に分けて準備をしましょう（解答用紙がない場合もあります）。

　針を外すときは，けがをしないように十分注意してください。また，針を外すと紛失しやすくなりますので気をつけましょう。

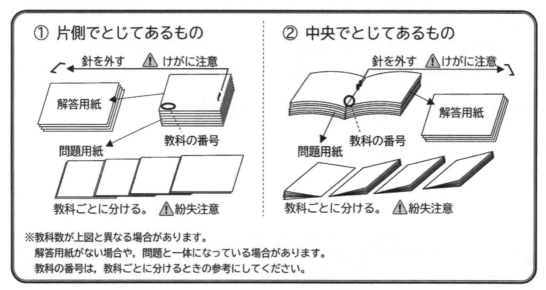

① 片側でとじてあるもの
針を外す　⚠けがに注意
解答用紙
問題用紙
教科の番号
教科ごとに分ける。　⚠紛失注意

② 中央でとじてあるもの
針を外す　⚠けがに注意
解答用紙
問題用紙　教科の番号
教科ごとに分ける。　⚠紛失注意

※教科数が上図と異なる場合があります。
　解答用紙がない場合や，問題と一体になっている場合があります。
　教科の番号は，教科ごとに分けるときの参考にしてください。

リアル過去問の活用

~リアル過去問なら入試本番で力を発揮することができる~

🌸 本番を体験しよう！

問題用紙の形式（縦向き／横向き），問題の配置や余白など，実物に近い紙面構成なので本番の臨場感が味わえます。まずはパラパラとめくって眺めてみてください。「これが志望校の入試問題なんだ！」と思えば入試に向けて気持ちが高まることでしょう。

🌸 入試を知ろう！

同じ教科の過去数年分の問題紙面を並べて，見比べてみましょう。

① 問題の量

毎年同じ大問数か，年によって違うのか，また全体の問題量はどのくらいか知っておきましょう。どのくらいのスピードで解けば時間内に終わるのか，大問ひとつにかけられる時間を計算してみましょう。

② 出題分野

よく出題されている分野とそうでない分野を見つけましょう。同じような問題が過去にも出題されていることに気がつくはずです。

③ 出題順序

得意な分野が毎年同じ大問番号で出題されていると分かれば，本番で取りこぼさないように先回りして解答することができるでしょう。

④ 解答方法

記述式か選択式か（マークシートか），見ておきましょう。記述式なら，単位まで書く必要があるかどうか，文字数はどのくらいかなど，細かいところまでチェックしておきましょう。計算過程を書く必要があるかどうかも重要です。

⑤ 問題の難易度

必ず正解したい基本問題，条件や指示の読み間違いといったケアレスミスに気をつけたい問題，後回しにしたほうがいい問題などをチェックしておきましょう。

🌸 問題を解こう！

志望校の入試傾向をつかんだら，問題を何度も解いていきましょう。ほかにも問題文の独特な言いまわしや，その学校独自の答え方を発見できることもあるでしょう。オリンピックや環境問題など，話題になった出来事を毎年出題する学校だと分かれば，日頃のニュースの見かたも変わってきます。

こうして志望校の入試傾向を知り対策を立てることこそが，過去問を解く最大の理由なのです。

🌸 実力を知ろう！

過去問を解くにあたって，得点はそれほど重要ではありません。大切なのは，志望校の過去問演習を通して，苦手な教科，苦手な分野を知ることです。苦手な教科，分野が分かったら，教科書や参考書に戻って重点的に学習する時間をつくりましょう。今の自分の実力を知れば，入試本番までの勉強の道すじが見えてきます。

🌸 試験に慣れよう！

入試では時間配分も重要です。本番で時間が足りなくなってあわてないように，リアル過去問で実戦演習をして，時間配分や出題パターンに慣れておきましょう。教科ごとに気持ちを切り替える練習もしておきましょう。

🌸 心を整えよう！

入試は誰でも緊張するものです。入試前日になったら，演習をやり尽くしたリアル過去問の表紙を眺めてみましょう。問題の内容を見る必要はもうありません。どんな形式だったかな？受験番号や氏名はどこに書くのかな？…ほんの少し見ておくだけでも，志望校の入試に向けて心の準備が整うことでしょう。

そして入試本番では，見慣れた問題紙面が緊張した心を落ち着かせてくれるはずです。

※まれに入試形式を変更する学校もありますが，条件はほかの受験生も同じです。心を整えてあせらずに問題に取りかかりましょう。

算 数

平成 ③1 年度 解答例・解説

《解答例》

1 (1)94　(2)5　(3)10　(4)64　(5)300　(6)120　(7)10　(8)58　(9)7.125　(10)(ア)

2 (1)30　(2)7　(3)7.75

3 (1)66　(2)192　(3)981

4 (1)24　(2)5，7　(3)3

5 (1)15　(2)5

《解　説》

1 (1)　与式＝37＋84－(43－16)＝37＋84－27＝94

(2)　与式＝(4.7－3.4)＋2.5＋(2.8－1.6)＝1.3＋2.5＋1.2＝5

(3)　与式＝$\frac{71}{7}+\frac{54}{7}-\frac{55}{7}=\frac{70}{7}=10$

(4)　与式より，　8＋8×2＋8×4＋8×8＋8×16＋8×32＝8×(□－1)

8×(1＋2＋4＋8＋16＋32)＝8×(□－1)　　　8×63＝8×(□－1)

よって，□－1＝63　　□＝63＋1＝64

(5)　リンゴ8－6＝2(個)の値段は，400＋200＝600(円)だから，リンゴ1個の値段は600÷2＝300(円)である。

(6)　4km＝4000mである。兄が走った道のりは，160×16＝2560(m)だから，弟が走った道のりは，4000－2560＝1440(m)である。また，弟が走った時間は16－4＝12(分)だから，求める速さは，分速(1440÷12)m＝分速120mである。

(7)　三角形DBCの面積は，9×12÷2＝54(cm²)だから，三角形DBCの底辺をBCとすると，高さは54×2÷15＝7.2(cm)である。ADとBCが平行だから，三角形ABDの底辺をADとしたときの高さも7.2cmである。三角形ABDの面積は90－54＝36(cm²)だから，ADの長さは，36×2÷7.2＝10(cm)である。

(8)　AP＝BP＝CPだから，三角形PAB，三角形PBC，三角形PCAは二等辺三角形である。したがって，右図のように同じ大きさの角に同じ記号をおく。

あの角度は，○＋△(度)である。

三角形ABCの内角の和より，32＋32＋△＋△＋○＋○＝180(度)だから，

(△＋○)×2＝180－32×2となり，△＋○＝58(度)である。

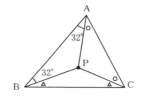

(9)　円の半径は5÷2＝2.5(cm)だから，円の面積は2.5×2.5×3.14＝19.625(cm²)である。円の内側の正方形の対角線の長さは5cmだから，この正方形の面積をひし形の面積として求めると，5×5÷2＝12.5(cm²)である。

よって，求める面積は，19.625－12.5＝7.125(cm²)である。

(10)　右のように作図し，記号をおく（QはPを通りACに垂直に交わる点）。

三角形APFの底辺をAFとすると，AFは変化しないから，三角形APFの面積は

高さ（AQの長さ）に比例する。三角形OABと三角形OCBは合同な正三角形だから，

PがAからBに移動するときとPがBからCに移動するときのAQの長さの変化の仕方

は同じとわかる。したがって，PがA→B→Cに移動するとき，三角形APFの面積は

一定の割合で増えるから，グラフは(ア)である。

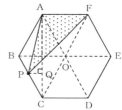

2 (1)　はじめの，容器Aの食塩水に含まれる食塩は$100×0.06＝6$（g），容器Bの食塩水に含まれる食塩は

$200×0.12＝24$（g）だから，容器A，Bの食塩水に含まれる食塩は合わせて，$6＋24＝30$（g）である。

(2)　容器Bから食塩水200gのうち20g移すから，容器Aの食塩水は20g増え，含まれる食塩は$24×\frac{20}{200}＝$

2.4（g）増える。したがって，その濃度は，$\frac{6＋2.4}{100＋20}×100＝7$（%）である。

(3)　操作①で，容器Bの食塩水は$200－20＝180$（g），含まれる食塩は$24－2.4＝21.6$（g）となる。

操作②で，容器Bの食塩水は$180＋20＝200$（g）となり，含まれる食塩は$21.6＋8.4×\frac{20}{120}＝23$（g）となり，容器A

の食塩水は100g，含まれる食塩は$30－23＝7$（g）となる。

操作③で，容器Aの食塩水は$100＋20＝120$（g）となり，含まれる食塩は$7＋23×\frac{20}{200}＝9.3$（g）となる。

よって，操作③の後の容器Aの食塩水の濃度は，$\frac{9.3}{120}×100＝7.75$（%）である。

3 (1)　ピースA，ピースBの面積は，それぞれ$3×3×4＝36$（㎠）である。ピースAの右側にピースBをつなぐと，

つなぐのりしろ部分の面積は$3×1×2＝6$（㎠）だから，2個のピースをつなぎ合わせてできる図形の面積は，

$36×2－6＝66$（㎠）である。

(2)　ピースAとピースBをつなぎ合わせたものを1組とすると，最初の1組目の面積は66㎠，1組目と2組目を

つなぐのりしろ部分の面積は$3×1＝3$（㎠）だから，2組目以降をつなぐと図形の面積は$66－3×1＝63$（㎠）ず

つ増える。6個のピースをつなぎ合わせてできる図形は，$6÷2＝3$（組）つなぐとできるから，求める面積は，

$66＋63×（3－1）＝192$（㎠）である。

(3)　(2)の解説をふまえる。31個のピースをつなぎ合わせてできる図形は，$31÷2＝15$余り1より，15組とピース

Aを1個つないでできる図形である。ピースBの右側にピースAをつなぐと増える面積は，$36－3＝33$（㎠）だか

ら，求める面積は，$66＋63×（15－1）＋33＝981$（㎠）である。

4 (1)　ルールの①より，各自が他のチームの6人全員と対戦を行うから，対戦を行う1人目は8通りで，2人目は

6通りだから，$8×6＝48$（通り）となるが，実際の対戦は1人目と2人目を区別しないから，対戦は全部で

$48÷2＝24$である。

(2)　1回の対戦でどちらか一方のチームに1の勝ち数がつくから，4つのチームの勝ち数の合計は対戦の数に等し

しく，24となる。したがって，4つのチームの勝ち数が同じとなるとき，1つのチームの勝ち数は，$24÷4＝6$

だから，最も少ない勝ち数で1チームだけ優勝するときの各チームの勝ち数は，多い順に7，6，6，5と決ま

る。最下位のチームの勝ち数は5で，1チームの対戦回数は$6×2＝12$（回）だから，負けは$12－5＝7$である。

よって，5勝7敗となる。

(3)　「6人」と答えた人は，「0人」と答えた人以外と対戦したから，「6人」と答えた人と「0人」と答えた人

は同じチームとわかる。「5人」と答えた人は，「0人」「1人」と答えた2人以外と対戦したから，「5人」と答

えた人と「1人」と答えた人は同じチームとわかる。「4人」と答えた人は，「0人」「1人」「2人」と答えた

3人以外と対戦したから，「4人」と答えた人と「2人」と答えた人は同じチームとわかる。

よって，残った「3人」と答えた人が山口君と同じチームとわかるから，「3人」と答えた人は田中君である。

5 (1) 球を9個入れたときの水面の高さが6cmで，9個の球は下半分が水に入っている。さらに円柱形の棒を15個入れたとき，水面は12−6＝6 (cm)あがり，このときにはじめて水に入るのは，9個の球の上半分と15個の円柱形の棒である。したがって，この容器の6cmの高さに入る体積は，容器に入っている水の体積と9個の球の半分の体積の和であり，9個の球の半分の体積と15個の円柱形の棒の体積の和である。よって，容器に入っている水の体積は，15個の円柱形の棒の体積に等しいとわかる。

(2) 水の体積は，15個の円柱形の棒の体積に等しく，$6 \times 6 \times 3.14 \times 12 \times 15$ (cm³)である。容器の底面積は，$36 \times 36 \times 3.14$ (cm²)だから，求める水面の高さは，$\dfrac{6 \times 6 \times 3.14 \times 12 \times 15}{36 \times 36 \times 3.14} = 5$ (cm)である。

=== **《解答例》** ===

1　(1)29　　(2)1.6　　(3)$2\frac{1}{7}$　　(4)5　　(5)$9×x+2$　　(6)ア. 一郎　イ. 3　　(7)95　　(8)19　　(9)9.85

　(10)9.63

2　(1)1200　　(2)8, 5　　(3)880

3　(1)4　　(2)44　　(3)41 : 47

4　(1)370　　(2)4430　　(3)9, 5

5　(1)192　　(2)81　　(3)49　　(4)51

=== **《解　説》** ===

1　(1)　与式＝$42-(57-5)÷4=42-52÷4=42-13=29$

　(2)　与式＝$\frac{75}{10}÷\frac{7}{10}×\frac{56}{100}-4.4=\frac{75}{10}×\frac{10}{7}×\frac{56}{100}-4.4=6-4.4=1.6$

　(3)　与式＝$\frac{5}{2}÷(3\frac{4}{6}-2\frac{3}{6})=\frac{5}{2}÷1\frac{1}{6}=\frac{5}{2}÷\frac{7}{6}=\frac{5}{2}×\frac{6}{7}=\frac{15}{7}=2\frac{1}{7}$

　(4)　与式より，$□×4-1=8189÷431$　　$□×4-1=19$　　$□×4=19+1$　　$□=20÷4$　　$□=5$

　(5)　1時間＝60分，1km＝1000mより，分速150m＝時速($150×60÷1000$)km＝時速9kmだから，$y=9×x+2$

　(6)　900円の2割引きは$900×(1-0.2)=720$(円)だから，一郎さんが買ったえん筆は，1本あたり$720÷10=$
72(円)である。次郎さんが買ったえん筆は，1本あたり$600÷8=75$(円)なので，ァ一郎さんが買ったえん筆のほ
うが，1本あたり$75-72=$ィ3(円)安い。

　(7)　Aを11で割ったときの余りの奇数を□とする。□は整数Aを13で割ったときの商でもあるので，整数Aは
「$13×□+4$」と表せる。$13×□$は奇数なので，整数Aは奇数と偶数の和であることから奇数であるとわかる。
また，□は整数Aを11で割ったときの余りであるから，11よりも小さな奇数であるとわかる。

　□＝1のとき，$13×1+4=17$であり，$17÷11=1$余り6だから適さない。

　□＝3のとき，$13×3+4=43$であり，$43÷11=3$余り10だから適さない。

　□＝5のとき，$13×5+4=69$であり，$69÷11=6$余り3だから適さない。

　□＝7のとき，$13×7+4=95$であり，$95÷11=8$余り7となり条件に合う。

　□＝9のとき，$13×9+4=121$であり，$121÷11=11$となり余りがないから条件に適さない。

　よって，整数Aは95である。

　(8)　はがきが値上がりしても予定通りの枚数のはがきを買うと，$62×4-18=230$(円)高くなる。
はがき1枚あたりの値段のちがいは$62-52=10$(円)だから，$230÷10=23$(枚)買う予定であった。
よって，花子さんが実際に買った枚数は，$23-4=19$(枚)

　(9)　右図より，斜線部分のおうぎ形を合わせると半径1cmで中心角が$90×3=270$(度)の
おうぎ形になるとわかるから，求める長さは，
(太線部分のおうぎ形の曲線の長さ)＋(斜線部分の曲線の長さ)＋(1cmの直線2本分)である。
よって，求める長さは，$2×2×3.14×\frac{90}{360}+1×2×3.14×\frac{270}{360}+1×2=9.85$(cm)

(10) 右図のように記号をおく。右図の三角形ＡＢＯと三角形ＤＥＯを太線で囲んだ三角形に

移動させるとおうぎ形ＯＡＦとなり，太線で囲んだ斜線部分の面積は，

(おうぎ形ＯＣＤの面積)－(色付きの三角形の面積)で求められる。また，正八角形の

中心角は360÷8＝45(度)だから，おうぎ形ＯＡＦ，おうぎ形ＯＣＤの中心角は

ともに45×2＝90(度)である。よって，求める面積は，

$3 \times 3 \times 3.14 \times \frac{90}{360} + 3 \times 3 \times 3.14 \times \frac{90}{360} - 3 \times 3 \div 2 = 9.63$(cm²)

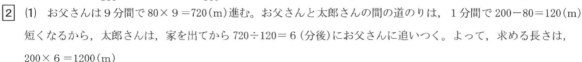

2 (1) お父さんは9分間で80×9＝720(m)進む。お父さんと太郎さんの間の道のりは，1分間で200－80＝120(m)

短くなるから，太郎さんは，家を出てから720÷120＝6(分後)にお父さんに追いつく。よって，求める長さは，

200×6＝1200(m)

(2) お父さんは家を出てから2×1000÷80＝25(分間)で駅につくので，太郎さんは7時50分＋25分＝8時15分

までに駅に着けばよい。太郎さんは家から駅まで2000÷200＝10(分間)かかるから，求める時刻は，

8時15分－10分＝8時5分

(3) お父さんが何分間歩いたかを求めればよい。図はお父さんがＰ地点で忘れ物に気付き，Ｑ地点で太郎さんと出

会ったとして表したものである。お父さんは8時4分に太郎さんに出会い，家を出てから予定より1分早い

25－1＝24(分後)の8時14分に駅に着いたのだから，Ｑから駅までは，14－4＝10(分間)で走ったとわかる。お

父さんが走る速さは分速(80×2)m＝分速160mなので，

Ｑから駅までは160×10＝1600(m)であり，家からＱまでは

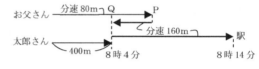

2000－1600＝400(m)となるので，太郎さんの進んだ道のりも

400mと決まる。お父さんは家を出てから太郎さんに出会うまで24－10＝14(分間)進み，そのうち家からＱまでを

400÷80＝5(分間)で進むから，ＱＰ間の往復に14－5＝9(分間)かけたことがわかる。お父さんの走る速さは歩

く速さの2倍なので，ＱＰ間を歩いた速さと走った速さの比は1：2だから，ＱＰ間を歩いた時間と走った時間の

比は速さの比の逆比である2：1となる。よって，$9 \times \frac{2}{3} = 6$(分間)歩いたので，お父さんは家からＰまでを

5＋6＝11(分間)かけて歩く。したがって，求める道のりは，80×11＝880(m)

3 (1) 右図Ⅱは，右図Ⅰの太線で囲んだ三角形に記号をおいたものである。

三角形アイウと三角形アエオは同じ形の三角形で，高さの比は，

2：(2＋2)＝2：4＝1：2であるから，イウ：エオも1：2となるので，

⑦の長さは，2×2＝4(cm)

(2) 右図の太線で囲んだ台形から，色付きの部分の面積を引けばよい。

三角形アイウ，三角形アケコ，三角形クケコは合同だから，高さは2cmである。

また，三角形アイウと三角形アカキは同じ形の三角形で，辺の長さの比は

イウ：カキ＝2：8＝1：4だから，2つの三角形の高さの比も1：4となる

ので，三角形アカキの高さは2×4＝8(cm)である。

よって，色付きの台形エカキオの高さ⑦は8－2－2＝4(cm)となるから，

求める面積は，{2＋(2＋8＋2)}×(2＋2＋2＋4)÷2－2×2÷2－(4＋8)×4÷2＝44(cm²)

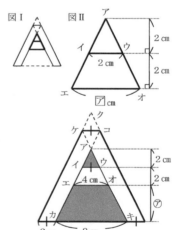

(3) 右図Iのように記号をおく。ＥＦの上側の図形の面積は，
台形ＡＥＦＤの面積から色付きの三角形の面積を引けばよい。
ＥがＡＢ，ＦがＣＤの真ん中にあることから，右図Ⅱの
ように長さが決まるので，同じ形の三角形アイウと
三角形アサシの高さの比は $2：(2+1)=2：3$ である。
よって，サシの長さは $2×\dfrac{3}{2}=3$（cm）である。

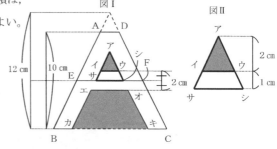

したがって，ＥＦの上側の図形の面積は，
$(2+7)×(10÷2)÷2-2×2÷2=\dfrac{41}{2}$（cm²）である。ＥＦの下側の図形の面積は，台形ＥＢＣＦの面積から色付
きの台形の面積の面積を引けばよい。よって，ＥＦの下側の図形の面積は $(7+12)×5÷2-(4+8)×4÷2=$
$\dfrac{47}{2}$（cm²）である。したがって，求める比は，$\dfrac{41}{2}：\dfrac{47}{2}=41：47$

4 (1) 月曜から日曜の１週間で，$10×5+15+20=85$（円）貯金できる。１月は月曜から始まり，31日間あるから，
$31÷7=4$ 余り 3 より，４週間と月，火，水の３日間で終わることがわかる。
よって，求める貯金額は，$85×4+10×3=370$（円）

(2) １年は365日あるから，$365÷7=52$ 余り 1 より，求める貯金額は，$85×52+10×1=4430$（円）

(3) 3000円は $3000÷85=35$ 余り 25 より，35週間の貯金額と25円を合わせた金額である。35週間は $7×35=$
245（日）であり，$245=31+28+31+30+31+30+31+31+2$ より，１月１日から数えて245日後の９月２日は日曜
日である。したがって，残りの25円をこえるためには，あと平日の３日間かかるとわかる。よって，3000円をこ
えるのは９月５日である。

5 (1) 上にできた直方体の，図の太線で示した部分の積み木の個数は $4×4×3=48$（個），
下にできた直方体の積み木の個数は $6×6×4=144$（個）だから，求める個数は，
$48+144=192$（個）

(2) 下図Ⅰのように面の向きを決め，上にできた直方体を⑦，下にできた直方体を④とし，下図Ⅱ〜Ⅶは立体の各
面を表したものである。色付きの部分が１つの面だけ赤い積み木で，図Ⅲ，Ⅵ，Ⅶは２面ずつあるから，求める数
は，$4+4×2+7+16+8×2+15×2=81$（個）

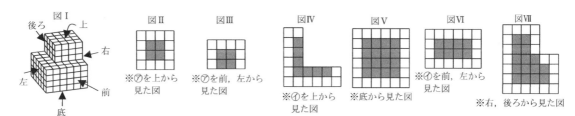

(3) (2)の解説をふまえる。右図は(2)で数えた１つの面だけが赤い積み木の一部に色をつけ
たものである。赤い面が１つもない積み木は，色付きの部分の奥の立体の内部にあるから，
⑦の内部には，求める積み木は $4×2=8$（個）ある。④の斜線部分の７つの積み木の下の
２段に求める積み木が $7×2=14$（個）あり，⑦と④の重なる太線で囲んだ部分の９個の積
み木は，その下の２段を含めた３段に求める積み木が $9×3=27$（個）ある。

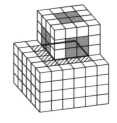

よって，求める積み木は，合わせて $8+14+27=49$（個）

(4) 右図は立体の角に印をつけたものであり，印のついた11個の積み木は，3つの面が赤い色でぬられている。2つの面が赤い積み木は，全体の積み木の個数から，赤い面が1つもない積み木の数，1つの面が赤い積み木の数，3つの面が赤い積み木の数を引けば求められるから，求める個数は，192－49－81－11＝51（個）

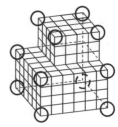

平成㉙年度 解答例・解説

1 (1)6　(2)13.72　(3)$2\frac{1}{2}$　(4)$1\frac{1}{6}$　(5)288　(6)$1\frac{1}{20}$　(7)65　(8)8，11，20　(9)92.52

2 (1)2000　(2)60

3 (1)7　(2)①，③　(3)右図

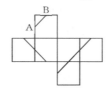

4 (1)35　(2)40.5

5 (1)138　(2)148　(3)8

《解説》

1 (1) 与式＝$8－(13－3)\div 5＝8－10\div 5＝8－2＝6$

(2) 与式＝$23.52－9.8＝13.72$

(3) 与式＝$3\frac{1}{2}－\frac{2}{3}\div(4－\frac{10}{3})＝3\frac{1}{2}－\frac{2}{3}\div\frac{2}{3}＝3\frac{1}{2}－1＝2\frac{1}{2}$

(4) 与式より，$8\div(3－\square\times 2)＝17－5$　　$3－\square\times 2＝8\div 12$　　$\square\times 2＝3－\frac{2}{3}$　$\square＝\frac{7}{3}\div 2＝\frac{7}{6}＝1\frac{1}{6}$

(5) 商と余りが大きいほど元の整数は大きくなる。余りは最大で16だから，求める数は，$17\times 16+16＝288$

(6) $3*4＝\frac{1}{2\times 3-1}+\frac{1}{3\times 4-2}＝\frac{1}{5}+\frac{1}{10}＝\frac{3}{10}$である。また，$\square*\triangle＝1\div(2\times\square-1)+1\div(3\times\triangle-2)$

だから，$\frac{3}{2}*2＝1\div(2\times\frac{3}{2}-1)+1\div(3\times 2-2)＝\frac{1}{2}+\frac{1}{4}＝\frac{3}{4}$

よって，$(3*4)+(\frac{3}{2}*2)＝\frac{3}{10}+\frac{3}{4}＝\frac{21}{20}＝1\frac{1}{20}$

(7) 2人が本を買ったあとの冊数の合計は$100+7+1＝108$（冊）である。このとき兄の持っている冊数と冊数の合計の比は，$2:(2+1)＝2:3$だから，兄が持っている冊数は，$108\times\frac{2}{3}＝72$（冊）である。

よって，兄が最初に持っていた本の冊数は，$72－7＝65$（冊）

(8) 姉が家を出たとき，2人は$80\times 6＝480$（m）はなれていた。これより，姉が妹に追いついたのは，姉が家を出た$480\div(170－80)＝5\frac{1}{3}$（分後），つまり5分($60\times\frac{1}{3}$)秒後＝5分20秒後である。

よって，求める時刻は，午前8時＋6分＋5分20秒＝午前8時11分20秒

(9) ACとBDは円の直径だから，円の中心Oを右のように作図できる。

ACとBDは垂直に交わるので，三角形OADと三角形OBCを合わせると1辺が6cmの正方形ができ，その面積は，$6\times 6＝36$（cm²）

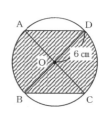

おうぎ形OABとおうぎ形OCDを合わせると半径が6cmの半円ができ，その面積は，$6\times 6\times 3.14\div 2＝56.52$（cm²）

よって，斜線部分の面積は，$36+56.52＝92.52$（cm²）

2 (1) 11月の様子から，1個あたりの利益は$40000\div 100＝400$（円）とわかる。よって，原価は$400\div\frac{25}{100}＝1600$（円）だから，定価は，$1600+400＝2000$（円）

(2) (1)の解説をふまえる。定価の15%は$2000 \times \dfrac{15}{100} = 300$（円）だから，安売りした商品1個につき，利益の合計は300円下がるとわかる。12月の利益は11月の利益より$40000 - 28000 = 12000$（円）下がったから，安売りで売った商品の個数は$12000 \div 300 = 40$（個）である。よって，定価で売った個数は，$100 - 40 = 60$（個）

3 (1) 切り口は右のように作図できる。大きい方の立体の体積は，元の立方体の体積から，底面が三角形ABEで高さが2cmの三角柱の体積を引いた値に等しいから，

$2 \times 2 \times 2 - (1 \times 1 \div 2) \times 2 = 7$（cm³）

(2) 立方体の展開図として正しいかどうかを判断するような問題が出ることがあるため，まず立方体の展開図として正しい図をいくつか覚えておく（立方体の展開図は右図のように11種類ある）。図を見てすぐに正しい展開図かどうか判断できない場合は，自分が覚えている図に変形できるかを考える。展開図を変形させる場合，立方体の1つの頂点には3つの面が集まるので，展開図で1つの頂点に3つの面が集まっているかしょにおいて，切り取る辺を変えればよい。この問題では，④が右図⑦と同じだから正しい展開図であり，その他を右図①の形に変形させようとすると，下図のようになる。

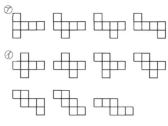

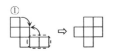 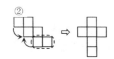 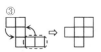 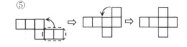

(3) 立方体の各頂点に右図アのように記号をおき，展開図に頂点の記号をかきこむと，右図イのようになる。切り口が通る辺はどこかを確認しながら切り口の線をかいていくと，解答例のようになる。

図ア 　　図イ

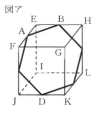 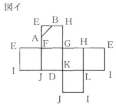

4 (1) 三角形QABと三角形PCAに注目する。

角QAB＝180度－角BAC－角PAC＝90度－角PAC
角PCA＝180度－角APC－角PAC＝90度－角PAC

したがって，角QAB＝角PCAだから，三角形QABと三角形PCAはすべての内角が等しい。さらに，AB＝CAなので，この2つの三角形は合同である。よって，PQ＝2＋5＝7（cm）なので，長方形PQRCの面積は，$5 \times 7 = 35$（cm²）

図1

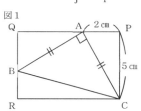

(2) (1)の解説から，右図2のように作図できる。角DSB＝45度だから，三角形DSBは直角二等辺三角形である。したがって，DS＝2cmだから，直角二等辺三角形STUの1辺の長さは2＋5＋2＝9（cm）である。よって，その面積は，$9 \times 9 \div 2 = 40.5$（cm²）

図2

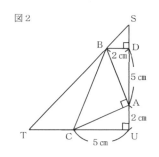

5 (1) 右図1のようになるから，6列目の数は138である。

(2) 右図1を例に考える。1列目の右はしの2は各列の左はしの数（5，12，28，64，138）にしか影響を与えていないが，1列目でより真ん中に近い4は，2列目の7と9，3列目の12と16と20，4列目以下のすべての数に影響を与えている。つまり，1列目でより真ん中にある数の方が，より外側にある数よりも，6列目の数に与える影響が大きい。したがって，6列目の数を最大にするためには，1列目の真ん中を5と6，その外側を3と4，両はしを1と2にすればよい。すると，右図2のように6列目の数は148になる。

(3) (2)の解説をふまえる。1列目の真ん中の2つの数，その外側の2つの数，両はしの2つの数，それぞれ2通りずつの並べ方がある。よって，求める並べ方の数は全部で，$2 \times 2 \times 2 = 8$（通り）

図1

【1列目】	②	③	④	⑤	⑥	①
【2列目】		5	7	9	11	7
【3列目】			12	16	20	18
【4列目】				28	36	38
【5列目】					64	74
【6列目】						138

図2

【1列目】	①	③	⑤	⑥	④	②
【2列目】		4	8	11	10	6
【3列目】			12	19	21	16
【4列目】				31	40	37
【5列目】					71	77
【6列目】						148

平成 28 年度 解答例・解説

《解答例》

1 (1)153　(2)8　(3)3.2　(4)81　(5)①11　②1680　(6)$\frac{11}{5}$　(7)16　(8)①69　②10　(9)114　(10)①27　②18　③22.5

2 (1)8　(2)1　(3)7

3 (1)7　(2)8　(3)112

4 (1)4　(2)16　(3)625

5 (1)5　(2)7.5　(3)9.5

《解説》

1 (1) 与式＝$1 + 29 + 8 + 22 + 14 + 36 + 43 = 30 + 30 + 50 + 43 = $ **153**

(2) 与式＝$89 \div 16 + 53 \div 16 - 14 \div 16 = (89 + 53 - 14) \times \frac{1}{16} = 128 \times \frac{1}{16} = $ **8**

(3) 与式＝$0.4 \times 5 \div \{(1.75 - 0.25) - 0.875\} = 2 \div (1.5 - 0.875) = 2 \div 0.625 = $ **3.2**

(4) 与式より，$\Box \div 3 - 6 = 84 \div 4$　$\Box \div 3 = 21 + 6$　$\Box = 27 \times 3 = $ **81**

(5)① 与式＝$\frac{1 \times 2 \times 3 \times \cdots \times 10}{2 \times 3 \times \cdots \times 10 \times 11} = \frac{1}{11}$ となるから，$\Box = $ **11**

② $4 \# 7 = 4 \times 5 \# 7$，$5 \# 8 = 5 \# 7 \times 8$ であるため，与式＝$\frac{8}{4 \times 5 \# 7 \times 8} - \frac{4}{4 \times 5 \# 7 \times 8} = \frac{1}{5 \# 7 \times 8}$ だから，$\Box = 5 \times 6 \times 7 \times 8 = $ **1680**

(6) ある数は，$\left(\frac{12}{5} - \frac{6}{5}\right) \times \frac{5}{6} = 1$ だから，正しい答えは，$\left(1 + \frac{5}{6}\right) \div \frac{5}{6} = \frac{11}{6} \times \frac{6}{5} = $ **$\frac{11}{5}$**

(7) 右の面積図で考えると，色をつけた2つの長方形は，縦の長さの比が$(68.2 - 63):(76 - 68.2) = 5.2:7.8 = 2:3$ だから，横の長さの比が$\frac{1}{2}:\frac{1}{3} = 3:2$ である。したがって，70点以上の人数は，全体の$\frac{2}{3+2} = \frac{2}{5}$（倍）とわかるから，求める人数は，$40 \times \frac{2}{5} = $ **16（人）**

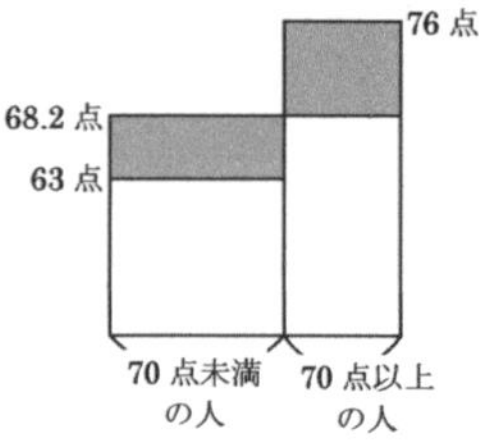

⑻①　１脚に６人ずつ座って９人が座れていない状態から，１脚に座る人数が

　　　８－６＝２（人）増えるように，座れなかった９人と，２脚に座っていた人のうちの６＋（６－５）＝７（人）

　　　を移動させる。このとき，８人がけの長いすは（９＋７）÷２＝８（脚）できるから，求める人数は，

　　　８×８＋５＝**69（人）**

　　②　（69－９）÷６＝**10（脚）**

⑼　右のように作図して斜線部分を８つに分ける。そのうちの２つは，半径が 10 cm で中心角が

　　90 度のおうぎ形から，対角線の長さが 10 cm の正方形を除いてできる図形だから，その面積の

　　和は，$10×10×3.14×\dfrac{90}{360}-10×10÷2=28.5$（cm²）である。

　　よって，求める面積は，$28.5×\dfrac{8}{2}=$**114（cm²）**

⑽①　右のように作図すると，三角形ＡＤＦはＡＤ＝ＤＦの直角二等辺三角形

　　　になるため，三角形ＤＦＧと三角形（イ）が合同になる。ＤＧ＝ＥＧとなる

　　　から，三角形（イ）の面積は，三角形ＤＧＣの面積と等しくなり，三角形

　　　（ア）と三角形（イ）の面積の和は，三角形ＡＤＣの面積に等しいとわかる。

　　　よって，求める面積の和は，６×９÷２＝**27（cm²）**

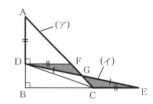

　　②　求める面積の差は，①の解説の図の三角形ＡＤＦの面積に等しいから，６×６÷２＝**18（cm²）**

　　③　①と②から，三角形（ア）の面積は，$\dfrac{27+18}{2}=$**22.5（cm²）**

2 ⑴　大人１人だけで仕上げるのにかかる時間を③とすると，大人１人と子ども５人でするとき，子ども５人が

　　①の時間でした仕事の量は，大人１人が③－①＝②の時間でする仕事の量に等しい。このため，大人１人

　　と子ども５人が同じ時間でする仕事の量の比は$\dfrac{1}{3}:(1-\dfrac{1}{3})=1:2$だから，大人１人と子ども１人が同

　　じ時間にする仕事の量の比は$1:\dfrac{2}{5}=5:2$となり，同じ量の仕事をするのにかかる時間の比は$\dfrac{1}{5}:\dfrac{1}{2}=$

　　２：５となる。したがって，子ども１人が５時間でする仕事を，大人１人では２時間かかるから，求める

　　時間は，１＋５＋２＝**8（時間）**となる。

　⑵　⑴の解説から，１時間で大人１人がする仕事の量を⑤，子ども１人がする仕事の量を②とすると，すべ

　　ての仕事の量は⑤×８＝㊵となる。子ども 10 人だけでする仕事の量は㊵－⑤－（⑤＋②×５）＝⑳だから，

　　かかる時間は⑳÷（②×10）＝**1（時間）**である。

　⑶　⑵の解説と同じように１時間でする仕事の量をおく。㊵の仕事を 30 分＝0.5 時間で仕上げるには，１時間

　　に㊵÷0.5＝㊼の割合で仕事をすればよい。㊼÷⑤＝16 より，大人 16 人だけですれば 30 分で仕上がるが，

　　子どもが仕事をしていないため，条件にあわない。大人２人と子ども

　　５人が同じ時間にする仕事の量が等しいから，条件にあう人数の組み

　　合わせは，右の表の**7通り**ある。

大人(人)	14	12	10	8	6	4	2
子ども(人)	5	10	15	20	25	30	35

3 ⑴　右のように作図できるから，求める正方形の個数は**7個**となる。

　　なお，縦と横の長さが互いに素であるため，対角線ＡＣはＡとＣ以外に正方形の頂点

　　を通らない。このため，対角線ＡＣは，縦に正方形３個分，横に正方形５個分進んで

　　頂点に着くから，分割される正方形の個数は，３＋５－１＝７（個）と求められる。

　⑵　縦と横の長さの最大公約数は２だから，対角線ＡＣは，縦に正方形４÷２＝２（個）分，横に

　　正方形６÷２＝３（個）分進むごとに正方形の頂点を通過し，この間に２＋３－１＝４（個）の正

　　方形を分割する（右の図参照）。これを２回くり返して，対角線ＡＣは他方のはしに着くから，求める正方形

　　の個数は，４×２＝**8（個）**

(3) (2)の解説と同じように考える。縦と横の長さの最大公約数は 16 だから，対角線ＡＣは，縦に正方形 48÷16＝3（個）分，横に正方形 80÷16＝5（個）分進むごとに正方形の頂点を通過する。これは，(1)の長方形のときと同じであり，これを 16 回くりかえして，対角線ＡＣは他方のはしに着くから，求める正方形の個数は， 7×16＝112（個）

4 (1) 1回目の移動でＡにもＤにも止まらなければ，どの頂点からでも2回目の移動でＤに行く目の出方は 1 通りずつある。このため，条件にあう目の出方は，1回目で3と6が出ない出方の数に等しく，**4通り**である。

(2) (1)の解説と同じように考える。1回目と2回目の移動でＡにもＤにも止まらなければ，どの頂点からでも3回目の移動でＤに行く目の出方が 1 通りずつあるから，条件にあう目の出方は，1回目と2回目でＡにもＤにも止まらない目の出方の数に等しく， 4×4＝16（通り）である。

(3) 1～4回目はＡに移動しないような目が出続け，5回目でＡに移動する目が出ればよい。ある頂点から1回でＡまで移動するような目の出方は，必ず 1 通りであるから，1回の移動でＡに移動しないような目の出方は，Ｐがどの頂点にいても 5 通りある。

したがって，条件にあう目の出方は， 5×5×5×5×1＝**625（通り）**ある。

5 (1) おもりを入れたことで，水が入っている部分の底面積が，8×9＝72（cm²）から 72－3×4＝60（cm²）になった。入っている水の体積が変わらずに水が入っている部分の底面積が 60÷72＝$\frac{5}{6}$（倍）になったから，水の深さは $\frac{6}{5}$ 倍になったため，元の水の深さの $\frac{6}{5}-1＝\frac{1}{5}$（倍）が 1 cm とわかる。

よって，はじめの水の深さは， 1÷$\frac{1}{5}$＝5（cm）

(2) 水が入っている部分の底面積が 60－12＝48（cm²）になり，はじめの 48÷72＝$\frac{2}{3}$（倍）になるから，水の深さは，はじめの $\frac{3}{2}$ 倍になる。よって，求める深さは， 5×$\frac{3}{2}$＝**7.5（cm）**

(3) (2)の解説と同じように考えると，水が入っている部分の底面積がはじめの (48－12)÷72＝$\frac{1}{2}$（倍）になるから，水の深さは，はじめの2倍の 5×2＝10（cm）になってしまう。おもりの高さは 9 cm だから，3 個のおもりがすべて水の中に沈み，おもりと同じ高さまでに 36×9＝324（cm³）の水が入る。おもりより上側には，72×5－324＝36（cm³）の水が入るから，求める水の深さは， 9＋36÷72＝**9.5（cm）**

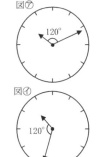

平成 **27** 年度 **解答例・解説**

━━━━━━━━━━━━《解答例》━━━━━━━━━━━━

1 (1)①5.3 ②1.4 ③104 (2)180 (3)①47 ②16 (4)18 (5)100 (6)12 (7)$10\frac{10}{11}$, $32\frac{8}{11}$

(8)①32 ②96 (9)18.84

2 (1)4 , 54 (2)48 (3)12.8

3 (1)3 : 1 (2)2 : 1 (3)$\frac{2}{3}$

4 (1)2500 (2)12800 (3)74 人, 75 人, 76 人

5 (1)24 (2)80 (3)256

━━━━━━━━━━━━《解 説》━━━━━━━━━━━━

1 (1)① 与式＝13.6－(20.3－12)＝13.6－8.3＝**5.3**

② 与式＝$4.3-\frac{7}{5}\times\frac{29}{14}=4.3-\frac{29}{10}=$**1.4**

③ 与式＝11×39－25×13＝(11×3－25)×13＝8 ×13＝**104**

(2) 与式より, (240－□)÷5＝60－48   240－□＝12×5   □＝240－60＝**180**

(3)① [7, 6, 5]＝7×6－6×5＋5×7 ＝42－30＋35＝**47**

② [5, □, 3]＝5×□－□×3＋3×5 ＝□×(5－3)＋15 ＝□×2 ＋15 より,

□×2 ＋15＝47 だから, □×2 ＝47－15   □×2 ＝32   □＝32÷2 ＝**16**

(4) 56－2＝54, 93－3＝90 より, 求める数は 54 と 90 の最大公約数である.

右の計算より, 求める数は 2×3×3 ＝**18** となる.

```
2) 54  90
3) 27  45
3)  9  15
    3   5
```

(5) 12％の食塩水 200 g には $200\times\frac{12}{100}=24$(g)の食塩がふくまれる. できた食塩水にふくまれる食塩も 24 g

だから, できた食塩水は $24\div\frac{8}{100}=300$(g)とわかり, 加えた水の量は 300－200＝**100**(g)となる.

(6) 年れいの差は何年経っても変わらないから, 現在の年れいの比の数の差の 2－1＝1 と, 12 年後の年れいの

比の数の差の 4－3＝1 は同じ値(年れいの差)を表す. 年れいの差を表す比の数が変わらないことから, 現在と

12 年後の兄の年れいの比の数の差の 4－2＝2 は 12 さいを表すとわかり, 現在の兄の年れいは **12** さいとなる.

(7) 長針は 1 時間(60 分)で 1 周するから, 1 分で 360÷60＝6 (度)回転する. 短針は 12 時

間で 1 周するから, 1 時間で 360÷12＝30(度)回転し, 1 分で $30\div60=\frac{1}{2}$(度)回転する.

10 時の時点で長針と短針の作る角度は 360－30×10＝60(度)だから, 長針と短針の回転

した角度の差が 120－60＝60(度)になるとき, 右図⑦のようになる.

したがって, $60\div(6-\frac{1}{2})=\frac{120}{11}=10\frac{10}{11}$(分)より, 図⑦の時刻は 10 時 $10\frac{10}{11}$分となる.

また, 10 時の時点で短針が長針より 300 度回転した位置にあると考えれば, 長針と短針

の回転した角度の差が 300－120＝180(度)になるとき, 右図⑦のようになる.

したがって, $180\div(6-\frac{1}{2})=\frac{360}{11}=32\frac{8}{11}$(分)より, 図⑦の時刻は 10 時 $32\frac{8}{11}$分となる.

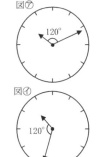

図⑦

図⑦

(8)① 給水管Aと給水管Bで12分ずつ入れたとき，満水になるまでの残りを入れるのにかかる時間は，給水管A
だけだと 16−12＝4（分），給水管Bだけだと 15−12＝3（分）である。したがって，給水管Aと給水管Bが同じ量
の水を入れるのにかかる時間の比は4：3である。このことから，給水管Bで12分間に入れる水の量を給水管A
だけで入れると $12×\frac{4}{3}=16$（分）かかるとわかる。よって，求める時間は，16＋16＝**32（分）**

② ①の解説より，給水管Bだけで入れるのにかかる時間は $32×\frac{3}{4}=24$（分）となから，給水管Bは
24−20＝4（分）で16Lの水を入れることができる。よって，求める容積は，$16×\frac{24}{4}=$**96（L）**

(9) 右図のように，斜線をつけた部分は一部を移動しても面積が変化し
ない。したがって，この図から，求める面積は半径が 12÷2＝6（cm）で
中心角の大きさが60度のおうぎ形の面積に等しいとわかり，その値は
$6×6×3.14×\frac{60}{360}=$**18.84（cm²）**となる。

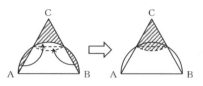

2 (1) お母さんの車は，家を出てから太郎君に出会うまでの距離（きょり）と，太郎君に出会ってから家までの距離を同じ速
さで往復したから，片道にかかった時間は（午後5時8分−午後4時40分）÷2＝14分である。
よって，求める時刻は，午後4時40分＋14分＝**午後4時54分**

(2) 太郎君が毎時4kmの速さで 54−30＝24（分）かけて歩いた距離を，お母さんの車は 16−14＝2（分）で進む。
速さの比は，同じ道のりを進むのにかかる時間の逆比に等しいから，太郎君と車の速さの比は，$\frac{1}{24}:\frac{1}{2}=1:12$
よって，$4×\frac{12}{1}=48$ より，求める速さは，**毎時48km**となる。

(3) (2)より，$48×\frac{16}{60}=$**12.8（km）**

3 右のように作図して，同じ形の三角形の対応する辺の長さの比に
注目する。また，この図において，四角形APCQ，BGRSは
平行四辺形となるから，四角形EFTUも平行四辺形となる。

(1) 右図で，同じ形の三角形BEP，BFAにおいて，
BE：BF＝BP：BA＝3：4だから，求める長さの比は，
BE：EF＝3：（4−3）＝**3：1**

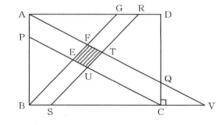

(2) 右上図で，同じ形の直角三角形PBC，QCVは，直角をはさむ2辺の長さの比がPB：BC＝3：6＝
1：2となるから，$CV=1×\frac{2}{1}=2$（cm）である。したがって，同じ形の三角形BFV，GFAにおいて，
BF：GF＝BV：GA＝8：4＝2：1だから，求める長さの比は，BF：FG＝**2：1**

(3) (1)，(2)より，BF＝④としたとき，BE＝③，EF＝①，FG＝②
と表せるから，EF：BG＝①：（③＋①＋②）＝1：6
四角形EFTUが平行四辺形だから，右図のように一部を移動しても斜
線部分の面積は変わらない。このときできた平行四辺形は，底辺の長さ
がBSに等しく1cmで，高さが平行四辺形BGRSの高さの $\frac{1}{6}$ 倍だから，
求める面積は，$1×(4×\frac{1}{6})=$**$\frac{2}{3}$（cm²）**

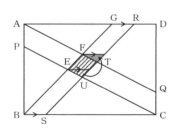

4 セットで購入することにより，1枚ずつ購入するよりも，4枚セットは300×4－1000＝200(円)安く，7枚セットでは300×7－1600＝500(円)安くなる。また，8枚を購入するとき，7枚セット1組と1枚を買う場合と，4枚セットを2組買う場合の購入金額を比べると，(1000×2)－(1600＋300)＝100(円)より，7枚セット1組と1枚を買う方が100円安い。このことから，7枚セットをできるだけ多く購入した方が，購入金額は安くなるとわかる。

(1) 上記の内容から，10枚の購入金額が最も安くなるのは，7枚セット1組と3枚を買う場合である。

その金額は，1600×1＋300×3＝**2500**(円)

(2) (1)と同じように考える。55÷7＝7あまり6より，6÷4＝1あまり2より，7枚セットを7組と，4枚セットを1組と，2枚を買うときの購入金額が最も安いから，1600×7＋1000×1＋300×2＝**12800**(円)

(3) 最も高い購入金額は人数分を1枚ずつ買うときの金額だから，5200÷500＝10あまり200より，最も高い購入金額と最も安い購入金額の差が5200円となるのは，7枚セットを10組と，4枚セットを1組買う場合である。この場合，1枚ずつ買う分がなければ，人数は7×10＋4×1＝74(人)である。1枚ずつ買う分は4枚セットや7枚セットを作れない人数の分であり，その枚数は1枚か2枚だから(3枚を1枚ずつ買うと，4枚セットの4人分と合わせて7枚セットにすることができる)，求める人数は**74人**，**75人**，**76人**となる。

5 (2)と(3)は，それぞれ(1)と(2)で調べた整数の右側に一の位となる数字を付け足して整数を作ると考える。

(1) 百の位は1か3の2通りであり，百の位が1の整数は右図の12個できる。

百の位が3の整数も，同様に12個できるから，全部で12×2＝**24**(個)できる。

111,	112,	113,	114
121,		123	
131,	132,	133,	134
141,		143	

(2) (1)の解説の図の12個の整数それぞれについて，一の位として右側に付け足すことができる数字を考える。

一の位が1か3である8個は，一の位として1～4の4通りの数字を付け足すことができ，

一の位が2か4である4個は，一の位として1か3の2通りの数字を付け足すことができる。

このことから，千の位が1である整数は8×4＋4×2＝40(個)作ることができるとわかる。

千の位が3の整数も同様に40個作ることができるから，全部で40×2＝**80**(個)できる。

(3) (2)と同様に考える。(2)の80個の整数のうち，一の位が1か3である整数は(12×2)×2＝48(個)あり，これらは一の位として1～4の4通りの数字を付け足すことができる。残りの(一の位が2か4である)整数は80－48＝32(個)あり，これらは一の位として1か3の2通りの数字を付け足すことができる。

よって，全部で48×4＋32×2＝**256**(個)できる。

―――――《解答例》―――――

1 (1)15　(2)13.2　(3)$1\frac{4}{5}$　(4)5　(5)男子…22　女子…45　(6)①39841　②40123.56

(7)①115度　②95度

2 (1)2.4　(2)4，6.4　(3)20.625

3 (1)20　(2)7：5　(3)550

4 (1)30　(2)75　(3)56　(4)57

5 (1)① 4　② 7　③ 6　(2)44

6 (1)6.6　(2)8

―――――《解　説》―――――

1 (1) 与式＝19－4＝**15**

(2) 与式＝2.8×6.6÷3＋3.2×1.1×2＝2.8×2.2＋3.2×2.2＝(2.8＋3.2)×2.2＝6×2.2＝**13.2**

(3) 与式＝$\frac{56}{3}$×$(\frac{21}{56}-\frac{12}{56})$－$\frac{3}{2}$÷$\frac{5}{4}$＝$\frac{56}{3}$×$\frac{9}{56}$－$\frac{3}{2}$×$\frac{4}{5}$＝3－$\frac{6}{5}$＝$\frac{15}{5}$－$\frac{6}{5}$＝$\frac{9}{5}$＝$1\frac{4}{5}$

(4) 500÷40＝12余り20より，1回で12個のブロックを運べる。2 t＝2000 kgより，ブロックは全部で

2000÷40＝50(個)ある。50÷12＝4余り2より，すべてのブロックを運ぶとすると4＋1＝**5**(回)で運べる。

(5) 67人全員が女子だとすると，みかんは4×67＝268(個)必要であり，これは実際に必要な個数より

268－224＝44(個)多い。女子1人が男子1人にかわるとすると，必要なみかんの個数は4－2＝2(個)少なくな

るから，男子は44÷2＝**22(人)**，女子は67－22＝**45(人)**いる。

(6)① 万の位が3で4万に一番近い整数は39841，万の位が4で4万に一番近い整数は41389である。

この2つの数を比べると，明らかに**39841**の方が4万に近い。

② 万の位が3で4万に一番近い小数は36542.01，万の位が4で4万に一番近い小数は40123.56である。

この2つの数を比べると，明らかに**40123.56**の方が4万に近い。

(7)① 五角形を四角形と三角形に分けて考えると，五角形の内角の和は，360＋180＝540(度)

右図の色をつけた五角形の内角の和は，

80＋(360－130)＋y＋x＋x＋y＝2×x＋2×y＋310＝2×(x＋y)＋310(度)

これが540度と等しいから，x＋y＝$\frac{540-310}{2}$＝**115(度)**

② ①の図の太線の五角形の内角の和は，

100＋y＋y＋x＋x＋y＋x＋z＝z＋3×(x＋y)＋100＝z＋3×115＋100＝z＋445(度)

これが540度と等しいから，z＝540－445＝**95(度)**

2 AとBは合わせて毎秒3＋2＝5(cm)動く。また，各問題の条件のようになるまでにAとBが何cm近づいたかは，それぞれの図形の左の辺(下の解説中の図で太線で示した辺)が何cm近づいたかで考える。

(1) AとBが出会うのは，右図1のようにAのななめの辺とBの左上の頂点が重なるときである。アとイが18cmはなれていることから，図のように長さがわかる。また，図1のように補助線を引き，記号をおく。図のしゃ線をつけた直角三角形は，直角三角形Aを$\frac{6}{12}＝\frac{1}{2}$(倍)に縮小した図形だから，図1のウの長さは，$16×\frac{1}{2}＝8$(cm)である。したがって，AとBは最初の位置より$20－8＝12$(cm)近づいたとわかる。よって，求める時間は，$12÷5＝$**2.4(秒後)**

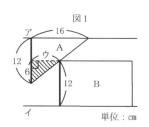

図1
単位：cm

(2) AとBの重なっている部分(図の色をつけた部分)の面積が初めて最大となるのは，図2のように，AとBの左の辺が重なるときであり，動き始めてから，$20÷5＝4$(秒後)である。また，AとBの重なっている部分の面積が最大となるのは，動き始めてから4秒後から，右の図3のように，Aのななめの辺とBの右上の頂点が重なるときまでである。図3のエの長さは，(1)のウの長さと等しく8cmだから，図3のオの長さは$20－8＝12$(cm)である。

したがって，図3のようになるのは，動き始めてから，$(20＋12)÷5＝6.4$(秒後)よって，求める時間は，**4秒後から6.4秒後まで。**

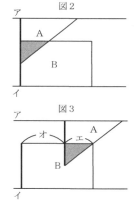

図2
図3

(3) 7秒でAとBは合わせて$5×7＝35$(cm)動くから，重なる部分は右の図4の色をつけた台形になる。図のように補助線を引き，記号をおく。
ＰＳ＝ＴＲ＝$20－15＝5$cm，(1)よりＰＱ＝6cmである。
直角三角形ＴＱＲは直角三角形Aを$\frac{5}{16}$倍に縮小した図形だから，
ＴＱ＝$12×\frac{5}{16}＝\frac{15}{4}$(cm)，ＳＲ＝ＰＴ＝$6－\frac{15}{4}＝\frac{9}{4}$(cm)
よって，求める面積は，$\left(\frac{9}{4}＋6\right)×5÷2＝$**20.625(cm²)**

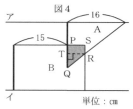

図4
単位：cm

3 (1) 三角形ＡＢＥの底辺をＢＥとしたときの高さはＤＦだから，ＤＦ＝$90×2÷9＝$**20(cm)**

(2) 三角形ＡＤＥにおいて，底辺をＡＤとしたときの高さはＤＦ＝20cm，底辺をＡＥとしたときの高さは28cmしたがって，底辺の比ＡＤ：ＡＥは高さの逆比に等しく，ＡＤ：ＡＥ＝$\frac{1}{20}：\frac{1}{28}＝$**7：5**

(3) ＡＤ＝⑦，ＡＥ＝⑤とする。平行四辺形の向かい合う辺の長さは等しいから，ＢＣ＝ＡＤ＝⑦より，ＥＦ＝⑦－15cmなので，ＡＤ＋ＡＥ＋ＥＦ＋ＤＦ＝⑦＋⑤＋(⑦－15)＋20cm＝⑲＋5cm
これが100cmと等しいから，⑲＝$100－5＝95$(cm)
したがって，①は$95÷19＝5$(cm)にあたるから，ＡＤ＝$5×7＝35$(cm)，ＥＦ＝$35－15＝20$(cm)
よって，台形の面積は，$(35＋20)×20÷2＝$**550(cm²)**

4 (1) この数字の列は左から順に，10，11，20，12，21，**30**，…

(2) この数字の列の右端は，…，57，66，**75**，67，76，77

(3) 十の位は1～7の7通りの数字で，一の位は0～7の8通りの数字だから，全部で，$7×8＝$**56(個)**

(4) 3で割り切れる数は，各位の数字の和が3の倍数となる。そして，各位の数字の和を3で割ったときに1余る数は，3で割ると1余り，各位の数字の和を3で割ったときに2余る数は，3で割ると2余る。
並べられている数字について，各位の数字の和ごとの個数と，各位の数字の和を3で割ったときの余りをまとめると右表のようになる。

各位の数字の和	1	2	3	4	5	6	7	8	9	10	11	12	13	14
個数	1	2	3	4	5	6	7	7	6	5	4	3	2	1
3で割った余り	1	2	0	1	2	0	1	2	0	1	2	0	1	2

よって，求める値は，$1 \times (1+4+7+5+2) + 2 \times (2+5+7+4+1) = 57$

⑤ (1)① 左から4番目と5番目が白だから，まん中は黒でなければならない。左から1番目と2番目の並べ方を考える。1番目は白か黒の2通り，2番目は白か黒の2通りで，合わせて$2 \times 2 = 4$（通り）の並べ方がある。これらの並べ方では白が3個以上続いて並ぶことはないから，条件にあう並べ方は全部で **4通り**。

② 左から1～3番目の並べ方を考える。1～3番目は$2 \times 2 \times 2 = 8$（通り）の並べ方があるが，これらの並べ方のうち白が3個以上続く並べ方が，〇〇〇●の1通りあるから，条件にあう並べ方は全部で，$8 - 1 = $ **7（通り）**

③ 左から1～3番目の並べ方を考える。1～3番目は$2 \times 2 \times 2 = 8$（通り）の並べ方があるが，これらの並べ方のうち白が3個以上続く並べ方が，〇〇〇〇●，●〇〇〇●の2通りあるから，条件にあう並べ方は全部で，$8 - 2 = $ **6（通り）**

(2) (1)の並べ方の右端に玉を1個並べると考える。

(1)①のように左から4番目と5番目が白のとき，6個目には黒しか並べられないから，6個の並べ方は4通り。

(1)②のように左から4番目が黒で，5番目が白のとき，6個目の並べ方は白か黒の2通りあるから，6個の並べ方は，$7 \times 2 = 14$（通り）

(1)③のように左から4番目が白で，5番目が黒のとき，6個目の並べ方は白か黒の2通りあるから，6個の並べ方は，$6 \times 2 = 12$（通り）

以上の並べ方以外に，左から4番目と5番目が黒のときがある。(1)と同様に考えると，このとき5個の並べ方は，$2 \times 2 \times 2 = 8$（通り）の並べ方から〇〇〇●●の1通りをのぞいた$8 - 1 = 7$（通り）ある。これら並べ方の右端に6個目を並べるときは白か黒の2通りあるから，6個の並べ方は，$7 \times 2 = 14$（通り）

よって，条件に合う並べ方は全部で，$4 + 14 + 12 + 14 = $ **44（通り）**

⑥ (1) $12 \mathrm{km} = 12000 \mathrm{m}$である。B君がC君と立ち話をしなければ，B君の方がA君よりも$8 - 5 = 3$（分）早く公園に着いたことになり，この場合，B君が公園に着いたとき，A君は公園から$150 \times 3 = 450$（m）離れた地点にいる

（この地点をPとする）。同じ時間で移動する距離は速さに比例するから，A君の家からP地点までの距離と，B君の家から公園までの距離の比は$150 : 200 = 3 : 4$である。よって，B君の家から公園までの距離は，$(12000 - 450) \times \dfrac{4}{3+4} = 6600$（m），つまり，**6.6km**である。

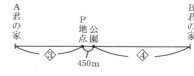

(2) B君がC君と出会った地点をC，B君がC君と立ち話をした後，再び走り出したときにA君がいた地点をQとする。同じ時間で移動する距離は速さに比例するから，Q地点から公園までの距離と，C地点から

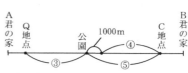

公園までの距離の比は$150 : 250 = 3 : 5$となるため，それぞれの距離を③，⑤とする。A君が公園についたとき実際にB君がC地点から進んでいた距離は$③ \times \dfrac{4}{3} = ④$であり，そのあと5分走って，つまり$200 \times 5 = 1000$（m）走って公園に着いたので，$⑤ - ④ = ①$は1000mにあたる。

したがって，$⑤ = 1000 \times 5 = 5000$（m）だから，B君の家からC地点までは$6600 - 5000 = 1600$（m）である。

よって，求める時間は，$1600 \div 200 = $ **8（分後）**

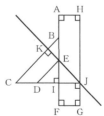

═══════════════════════ 《解答例》 ═══════════════════════

1 (1)1 (2)6.58 (3)$1\frac{31}{52}$ (4)$9\frac{2}{5}$ (5)7.6 (6)$y=200-x\times16$ (7)15

(8)1辺…8 正方形の個数…153

2 (1)①13.5 ②11.25 (2)1695.6

3 (1)10 (2)「2」…10 「1」…11 (3)10, 11

4 (1)36 (2)8, 39 (3)8, 33, 4200

5 (1)50 (2)10 (3)10 (4)12.5

═══════════════════════ 《解 説》 ═══════════════════════

1 (1) 与式＝9－(11－7)×2＝9－4×2＝9－8＝1

(2) 与式＝22.26－15.68＝**6.58**

(3) 与式＝$2\frac{1}{2}-\frac{1}{3}\div\frac{13}{6}-\frac{3}{4}=2\frac{1}{2}-\frac{2}{13}-\frac{3}{4}=2\frac{26}{52}-\frac{8}{52}-\frac{39}{52}=1\frac{31}{52}$

(4) 与式より，5×(□－1)＝48－6 □－1＝42÷5 □＝$\frac{42}{5}+1=8\frac{2}{5}+1=9\frac{2}{5}$

(5) 5人の合計タイムは7.58×5＝37.9(秒)だから，残りの2人のタイムの合計は

37.9－7.3－8.1－7.8＝14.7(秒)である。この2人のタイムの差は0.5秒だから，速い方のタイムは

(14.7－0.5)÷2＝7.1(秒)であり，おそい方のタイムは7.1＋0.5＝7.6(秒)である。

よって，3番目に速かった子どものタイムは，**7.6秒**

(6) 16日間で($x\times16$)ページ読むから，読み切れなかったページは，

(200－$x\times16$)ページである。よって，$y=200-x\times16$

(7) 2回目に出た目のほうが小さい場合を〇，2回目に出た目のほうが大きい場

合を×，2回とも同じ目が出た場合を△で表すと，さいころを2回ふったときの

目の出方は右表のようになる。この表から，条件にあう目の出方は，**15通り**

			2回目に出た目				
		1	2	3	4	5	6
1回目に出た目	1	△	×	×	×	×	×
	2	〇	△	×	×	×	×
	3	〇	〇	△	×	×	×
	4	〇	〇	〇	△	×	×
	5	〇	〇	〇	〇	△	×
	6	〇	〇	〇	〇	〇	△

(8) あまりが出ないようにするから，切り取る正方形の1辺の長さは，長方形のたての長さと横の長さの公約数で

あればよい。このことから，いちばん大きい正方形の1辺の長さは，72と136の最大公約数から**8cm**とわかる。

この長方形を1辺8cmの正方形に分けると，たての辺にそって72÷8＝9(個)ずつ，横の辺にそって136÷8＝

17(個)ずつ分けることができるから，できる正方形の個数は，9×17＝**153(個)**

2 (1) 右図のように補助線を引き，記号をおく。2つの直角二等辺三角形EDIと

EJIは合同だから，対応する辺の長さは等しく，JI＝DI＝3cm

四角形IFGJは1辺の長さが3cmの正方形とわかるから，①の図形は，

上底JG＝3cm，下底EF＝3＋3＝6(cm)，高さFG＝3cmの台形より，

面積は，(3＋6)×3÷2＝**13.5(cm²)**

また，2つの三角形KCJとEDJは大きさの異なる直角二等辺三角形であり，対応する辺の長さの比は，

CJ：DJ＝(3＋3＋3)：(3＋3)＝9：6＝3：2

直角二等辺三角形EDJの底辺をDJとしたときの高さはEI＝3cmだから，直角二等辺三角形KCJの底辺を

CJとしたときの高さは，$3\times\frac{3}{2}=4.5$(cm)である。②の図形は，直角二等辺三角形KCJから直角二等辺三角形

EDJを除いた図形だから，面積は，$9 \times 4.5 \div 2 - 6 \times 3 \div 2 = 11.25$（cm²）

(2) できる立体は，右図のように底面の半径が3cmで高さが3cmの円柱2個と，

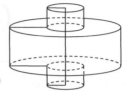

底面の半径が$6+3=9$（cm）で高さが6cmの円柱1個を，それぞれの底面で合わ

せた立体となる。よって，求める体積は，

$3 \times 3 \times 3.14 \times 3 \times 2 + 9 \times 9 \times 3.14 \times 6 = 54 \times 3.14 + 486 \times 3.14 = 540 \times 3.14 = \mathbf{1695.6}$（cm³）

3 (1) 17は奇数だから，規則の①より，$(17+1) \div 2 = 9$と$17 - 9 = 8$に分解する。

9と8も規則の通り分けていくから，17は右のように分解される。

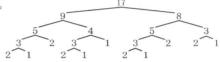

分解する回数は，（9を分解する回数）＋（8を分解する回数）＋1

より，$5 + 4 + 1 = \mathbf{10}$（回）

(2) 31は，最初に$(31+1) \div 2 = 16$と$31 - 16 = 15$に分けられる。

続いて，16は$16 \div 2 + 1 = 9$と$16 - 9 = 7$に分けられ，15は$(15+1) \div 2 = 8$と$15 - 8 = 7$に分けられる。

9と8は(1)で17を分解するときに現れた数だから，7が何個の2と1に分解されるかを考えると，

$7 = 4 + 3 = (3+1) + (2+1) = (2+1+1) + (2+1)$より，

7は2個の2と3個の1に分けられる。(1)より，9は3個の2と3個の1に分けられ，8は3個の2と2個の1

に分けられるから，31は，$2 \times 2 + 3 + 3 = \mathbf{10}$（個）の2と，$3 \times 2 + 3 + 2 = \mathbf{11}$（個）の1に分けられる。

(3) ある整数xを最初の1回で○と□に分けるとき，xを分解する回数は

（○を分解する回数）＋（□を分解する回数）＋1の計算で求められる。

1と2を分解する回数をそれぞれ0回と考えて，3以上の整数を分解する回数を調べると，

$3 = 2 + 1$より，3は$0 + 0 + 1 = 1$（回） 　　　$4 = 3 + 1$より，4は$1 + 0 + 1 = 2$（回）

$5 = 3 + 2$より，5は$1 + 0 + 1 = 2$（回） 　　　$6 = 4 + 2$より，6は$2 + 0 + 1 = 3$（回）

$7 = 4 + 3$より，7は$2 + 1 + 1 = 4$（回） 　　　$8 = 5 + 3$より，8は$2 + 1 + 1 = 4$（回）

$9 = 5 + 4$より，9は$2 + 2 + 1 = 5$（回） 　　　$10 = 6 + 4$より，10は$3 + 2 + 1 = 6$（回）

$11 = 6 + 5$より，11は$3 + 2 + 1 = 6$（回） 　　$12 = 7 + 5$より，12は$4 + 2 + 1 = 7$（回）

12以上の数は分解する回数が7回以上になるので，分解する回数が6回となるのは，**10と11**である。

4 (1) $8400m = 8.4$kmの道のりを進むのに$40 - 26 = 14$（分）かかったから，14分$= \frac{14}{60}$時間$= \frac{7}{30}$時間，

$8.4 \div \frac{7}{30} = 36$より，バスの速さは，**時速36km**

(2) たろう君の家からAバス停までの道のりは$70 \times 20 = 1400$（m）だから，たろう君の家からBバス停までの道の

りは，$8.4 + 1400 \div 1000 = 9.8$（km）である。お母さんは9.8kmを時速42kmの速さで進むから，かかる時間は，

$9.8 \div 42 = \frac{7}{30}$（時間），つまり$60 \times \frac{7}{30} = 14$（分）である。よって，求める時刻は，8時25分＋14分＝**8時39分**

(3) たろう君がAバス停でバスに乗ったのは，お母さんが家を出発した$26 - 25 = 1$（分後）だから，このとき

お母さんは家から$42 \times \frac{1}{60} = 0.7$（km）のところにいた。たろう君がバスに乗ったときの2人の間の道のりは

$1400 \div 1000 - 0.7 = 0.7$（km）であり，このあと1時間に$42 - 36 = 6$（km）の割合で短くなるから，お母さんの乗った

自動車がたろう君を乗せたバスを追いこしたのは，たろう君がバスに乗った$0.7 \div 6 = \frac{7}{60}$（時間後）とわかる。

$\frac{7}{60}$時間$= 7$分より，求める時刻は，8時26分＋7分＝**8時33分**

また，この地点は，Aバス停から$36 \times \frac{7}{60} = 4.2$（km）離れたところ，つまり**4200m離れた**ところである。

5 (1) 10%の食塩水 100 g には $100 \times \frac{10}{100} = 10$ (g)の食塩が含まれている。水分を蒸発させても食塩の量は変わらないから，つくった 20%の食塩水には 10 g の食塩が含まれているので，その重さは，$10 \div \frac{20}{100} = $ **50** (g)

(2) 右のてんびん図を利用して考える。a : b は，食塩水の量の比である 30 : 50 = 3 : 5 の逆比に等しくなるので，a : b = 5 : 3 となる。これより，a : (a + b) = 5 : 8 となるから，$a = (13 - 5) \times \frac{5}{8} = 5$ (%)なので，求める濃さは，5 + 5 = **10**(**%**)

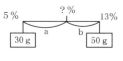

(3) 右のてんびん図を利用して考えると，a : b = (7 - 5) : (8 - 7) = 2 : 1 である。この逆比が食塩水の量の比に等しいから，5 %と 8 %の食塩水の量の比は 1 : 2 なので，5 %の食塩水の量は，$20 \times \frac{1}{2} = $ **10** (g)

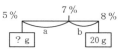

(4) A と B に入っている食塩水に含まれる食塩の量の合計は，この操作の前後で変化していないことに注目する。最初の食塩水に含まれていた食塩の量は，A が $50 \times \frac{10}{100} = 5$ (g)，B が $50 \times \frac{20}{100} = 10$ (g)である。この操作の後で A にできた食塩水には $50 \times \frac{12}{100} = 6$ (g)の食塩が含まれているから，このときの B の食塩水は，(5 + 10) - 6 = 9 (g)の食塩を含んでいる。つまり，このときの B の食塩水の濃度は $\frac{9}{50} \times 100 = 18$ (%)である。以上のことから，10%の食塩水□ g と 20%の食塩水 50 g を混ぜ合わせて，18%の食塩水をつくる場合を考えればよいとわかる。

(2)と同様に，右のようなてんびん図を利用して考えると，

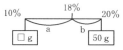

a : b = (18 - 10) : (20 - 18) = 4 : 1 より，□ : 50 = 1 : 4 だから，求める重さは，$50 \times \frac{1}{4} = $ **12.5** (g)である。

理 科

平成 ③① 年度 解答例・解説

《解答例》

1 (1)ウ　(2)エ　(3)オ　(4)オ　(5)イ　(6)オ　(7)ウ　(8)ア　(9)エ　(10)ウ

2 問１．①エ　②カ　③オ　　問２．Ｈ　　問３．イ　　問４．ウ　　問５．7056

3 問１．(1)上皿てんびん　(2)カ　(3)水平な台の上におく。　　問２．(1)イ　(2)オ　(3)一度ふたを取り，冷えたら再び
ふたをかぶせて　　問３．(1)エ　(2)ア

4 問１．Ｘ　　問２．Ａ　　問３．エ　　問４．エ　　問５．ウ　　問６．ア　　問７．(1)クレーター　(2)いん石や
すい星などがぶつかった。

5 問１．(1)19　(2)26.5　(3)40　　問２．(1)22.5　(2)200　　問３．100　　問４．9.25　　問５．①100　②16

《解 説》

1 (1)　ダイズはタンパク質を多くふくんでいて，畑の肉と呼ばれている。

(2)　棒磁石は，両はしで磁石の力がもっとも強く，中央でもっとも弱い。

(3)　日本上空には，偏西風という西風がふいているので，雲は西から東へと移動していく。したがって，ある日
の図で，西に雲がない大阪や札幌は次の日に晴れ，西に雲がある長崎や東京は次の日に雨になると考えられる。

(4)　ア，イ，ウは，水に気体をとかした水溶液だから，加熱しても固体は残らない。エとオでは，もとの金属と
は異なる物質ができ，水を蒸発させるとこれらの固体が出てくるが，エで出てくる固体は黄色である。

(5)　リスは基本的に草食だから，バッタとリスはふつう，食われるもの，食うものの関係とはしない。

(6)　ふりこが１往復する時間は，糸の長さによって決まる。糸の長さが長いほど，ふりこが１往復する時間が長く
なるので，糸の長さがもっとも長い50㎝のときに，おもりが木片にあたるまでの時間がもっとも長くなる。

(7)　川のそばの池には，川が増水したときに水を一時的にためる調整池としての役割もある。

(8)　泥，砂，れきは粒の大きさで区別されている(大きい順に，れき＞砂＞泥)。粒が大きいものほど河口近くの
浅い海にたい積し，粒が小さいものほど河口から遠くはなれた深い海にたい積するから，上にある新しい地層ほど
小さい粒がたい積しているときは，海の深さが深くなっていったと考えることができる。海面が上昇すること
は，海が深くなることと同じだから，アが正答である。

(9)　乾電池から流れる電流が小さいほど，その乾電池は長持ちする。豆電球を直列つなぎにすると電流は流れに
くくなり，乾電池を並列つなぎにすると１つの乾電池から流れる電流が小さくなるので，エが正答である。

(10)　ウ．水が氷になるときには，体積が大きくなる。このとき，重さは変化しないため，同じ体積では水よりも氷
の方が軽くなり，氷は水にうかぶ。

2 問１，２　二酸化炭素を多く含む血液は，全身からＡの大静脈を通ってＥの右心房にもどってくると，Ｇの右心
室からＢの肺動脈を通って肺に送り出される。肺で二酸化炭素と酸素の交換が行われると，酸素を多く含む血液
が，Ｄの肺静脈を通ってＦの左心房にもどり，Ｈの左心室からＣの大動脈を通って全身に送り出される。以上のこ
とから，動脈はＢとＣ，酸素を多く含む血液が流れるのはＣとＤ，肺とつながっているのはＢとＤである。また，

全身に血液を送り出す部屋はHである。なお，Hは全身に勢いよく血液を送り出すために，とくに厚い筋肉でできている。

問3 血液が流れていく方向にせまくなっていると，血液が(逆流せず)スムーズに流れる。血液の流れは問1，2解説の通りだから，イが正答である。

問4 魚類の心臓は，心房と心室が1つずつで，二酸化炭素を多く含む血液が心室からえらに送られて，えらで二酸化炭素と酸素の交換が行われる。

問5 70mL→0.07L，1日→1440分より，$0.07×70×1440＝7056$(L)である。

3 **問1(2)** 上皿てんびんで薬包紙を使う場合は，薬包紙の重さによる誤差をなくすため，両方の皿の上に薬包紙を置く。上皿てんびんで薬品などをはかり取る場合，きき手と反対側の皿の上にはかり取りたい重さの分銅を置き，きき手側の皿の上ではかり取りたい薬品の量を調節する。なお，ある物体の重さをはかる場合，きき手と反対側の皿の上に物体を置き，きき手側の皿の上で分銅を調節する。

問2(3) ふたをかぶせると，アルコールが燃えるのに必要な酸素がなくなるので，火が消える。このとき，ふたの内側に水滴がつく。この水滴によってふたが破損するおそれがあるので，水滴を蒸発させてから再びふたをかぶせる。

問3(1) ねじAは空気調節ねじ，ねじBはガス調節ねじである。どちらも上から見て左(反時計回り)に回すと開き，右(時計回り)に回すと閉まる。　　(2) 火をつけるときはカの順番に開き，消火するときは火をつけるときとは逆にアの順番に閉める。

4 **問1，2** 月は，東の地平線からのぼって，南の空でもっとも高くなり，西の地平線にしずんでいく。南を向いているときは左手(X)側が東，右手(Y)側が西だから，もっとも東にあるAがスケッチを始めた午後7時の月である。

問3 図1より，午後7時の月(A)と午後11時の月(E)の月の高さがほぼ同じである。月が西の地平線付近にあるGの月は，午後11時の月(E)の2時間後の月だから，月が東の地平線付近にある(月が見え始める)のは午後7時の2時間前の午後5時ごろだと考えられる。

問4 太陽の位置と地球の自転の向きより，図Iのように，地球上の地点の時刻を決めることができる。午後6時の南の空に見えるのはオで，オは南の空で右半分が光って見える上弦の月である。また，午前0時の南の空に見えるのはウで，ウは満月である。したがって，南にきた時刻が午後9時であるこの日の月は，ウとオの間にあるエの位置にある月だと考えられる。

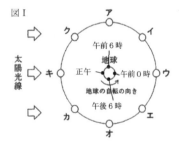

問5 問4解説より，この日の月は，上弦の月(イ)から満月に変化していくと中のウのような形をしている。

問6 月は約1か月の周期で満ち欠けをくり返す。図Iのキが新月で，この日からオの上弦の月になるまでが7〜8日，オからウの満月になるまでが7〜8日(新月から満月までが約15日)だから，エから満月までは約4日である。

問7 月にたくさんのクレーターが見られるのは，月には大気がなく，いん石などが燃えつきずに表面まで届くためだと考えられる。

5 **問1(1)** 図1より，おもりが100gのときのばねの長さが22cm，おもりが200gのときのばねの長さが25cmだから，このばねは100gで3cm伸びることがわかる。したがって，元の長さは22cmより3cm短い19cmである。
(2) 100gで3cm伸びるから，250gでは$3×\dfrac{250}{100}＝7.5$(cm)伸びて，$19＋7.5＝26.5$(cm)になる。　　(3) $20.2－19＝1.2$(cm)伸ばすので，$100×\dfrac{1.2}{3}＝40$(g)のおもりをつるせばよい。

問2 図2では，ばねBとCの長さは同じになっている。2つのばねの長さが同じになるのは，グラフで2つの直

線が交わるときの長さだから 22.5 cm である。この長さになるのはどちらのばねにも 100 g の重さがかかったときだから，おもりの重さは 100＋100＝200（g）である。

問3 グラフより，ばねBは 100 g で 7.5 cm 伸び，元の長さが 15 cm だとわかる。同様に，ばねCは 100 g で 3.5 cm 伸び，元の長さが 19 cm だとわかる。また，図3のように，おもりを2つのばねから同じ距離になるようにつるすと，おもりの重さは2つのばねに等しく分かれてかかる。元の長さは，ばねCの方が 4 cm 長く，それぞれに 100 g のおもりをつるすとその差が 4 cm 縮んで同じ長さになることから，図3のように，長さの差が 2 cm になるのは，それぞれのばねに 100 g の半分の 50 g のおもりをつるしたときである。したがって，おもりの重さは 50＋50＝100（g）である。

問4 おもりからの距離の比が，B：C＝4：16＝1：4 のとき，おもりの重さはその逆比に分かれてそれぞれのばねにかかる（B：C＝4：1）。つまり，250 g のうち，ばねBにかかる重さは $250×\dfrac{4}{4＋1}＝200$（g），ばねCにかかる重さは 250－200＝50（g）になる。このとき，ばねBの長さはグラフより 30 cm とわかり，100 g で 3.5 cm 伸びるばねCは 50 g で 1.75 cm 伸びて 19＋1.75＝20.75（cm）になっているから，ばねBの方が 30－20.75＝9.25（cm）長くなる。

問5 100 g のおもりの重さは，問4と同様に考えると，ばねBに 80 g，ばねCに 20 g に分かれてかかる。また，問2解説より，2つのばねの長さが同じになるのは，2つのばねにそれぞれ 100 g の重さがかかったときだから，おもりXによって，ばねBに 20 g，ばねCに 80 g の重さがかかるようになればよい。したがって，ばねXの重さは 20＋80＝100（g）で，これを，おもりからの距離の比が，B：C＝4：1 になるように，棒の左はしから $20×\dfrac{4}{4＋1}＝16$（cm）のところにつるせばよい。なお，このように，2か所につるしたおもりの重さは，2つのおもりの間の距離を，重さの逆比に分けるところにまとめてかかると考えてよい。ここでは，おもりの重さの比が 1：1 だから，2つのおもりの重さの合計である 200 g のおもりを棒のちょうど真ん中につるしたと考えることができ，これは図2の状態と同じになるので，2つのばねの長さが同じになることが確かめられる。

—— 《解答例》 ——

1 (1)ウ　(2)イ　(3)ア　(4)エ　(5)ア　(6)オ　(7)イ　(8)ウ　(9)ウ

2 問1．積乱雲　問2．晴れ　問3．10600　問4．(1)ア　(2)イ　(3)ア　問5．アメダス

3 問1．①4　②3　③6　問2．十円玉…4.5　五百円玉…7　問3．C．1　D．2　問4．3.75

4 問1．ア，ウ　問2．イ　問3．イ　問4．魚はえらから水にとけた酸素を使って呼吸する。　問5．イ
　問6．ウ　問7．(1)エ　(2)ア

5 問1．①胎ばん　②赤血球　問2．ほ乳類　問3．(1)気管　(2)肺の表面積を大きくし，酸素と二酸化炭素の交かんの効率が高くなる。　(3)ちっ素　問4．(1)ウ　(2)イ

—— 《解　説》 ——

1 (1)　ア．三日月は，夕方，西の空に見える。イ．月の表面に数多く見られるくぼみはクレーターである。エ．月の直径は太陽のおよそ400分の1である。オ．月は太陽の光を反射して光っている。

(2)　イ．ろうとの足の長い方をビーカーのかべにくっつけて，液体が飛び散るのを防ぐ。

(3)　イ．二酸化炭素には火を消すはたらきはない。ウ．ソフトクリームには空気などが多くふくまれているため，かき氷よりも冷たく感じない。エ．日かげでも風が吹いていればとけやすい。オ．水が蒸発するときにまわりの熱をうばうため，すずしくなる。

(4)　ホウセンカは双子葉類であり，水を運ぶ管（道管）と養分を運ぶ管（師管）が集まって束になったもの（維管束）が茎の中で輪状に並んでいる。食紅を水にとかしたので色がつくのは道管である。道管は維管束の内側を通るので，エのようになる。

(5)　生産者とは，光を受けると水と二酸化炭素を材料にして，でんぷんと酸素をつくる光合成を行う生物である。

(6)　日本付近には，陸のプレートであるユーラシアプレートと北アメリカプレート，海のプレートであるフィリピン海プレートと太平洋プレートの4つのプレートの境界がある。

(7)　ヒル，ユスリカ，ザリガニ，タニシは住宅街の側溝などのきたない水にも生息している。

(8)　「A班の乾電池－B班の豆電球－A班のソケット」のときに豆電球がついたから，A班は豆電球が原因で点灯しなかったことがわかる。また，「B班の乾電池－B班の豆電球－A班のソケット」のときに豆電球がついたから，B班はソケットが原因で点灯しなかったことがわかる。

(9)　食塩は20℃の水100gに36gまでとけるから，水の重さを100gの半分の50gにすると36gの半分の18gまでとけ，水の重さを50gの半分の25gにすると18gの半分の9gまでとける。ビーカーC…20℃の水50gに対して食塩が18gより多いのでとけ残る。ビーカーE，F…20℃の水25gに対して食塩が9gより多いのでとけ残る。

2 問1　積乱雲は激しい上昇気流が生じることによって発生する雲である。

問2　空全体の広さを10としたときに雲の占める広さが0～8のときが晴れ（0，1のときをとくに快晴という），9，10のときがくもりである。

問3 ひまわりは半径 6400＋36000＝42400(km)の円を描くように動いている。この円の円周は，42400×2×3＝254400(km)であり，24時間で一回転するためには，1時間で254400÷24＝10600(km)動く必要がある。

問4(1) ア．最大風速で「台風の強さ」を表し，強風域(風速 15m/秒以上)の半径で「台風の大きさ」を表す。

(2) 台風の中心に向かって反時計まわりに風が吹きこむ。台風の進行方向の右側では，この風の向きと台風の進行方向が同じになるため，風が強く吹く。　　(3) 台風の中心に向かって反時計まわりに風が吹きこむので，観測地に対して台風の中心が東にあるときには北向き，西にあるときには南向き，南にあるときには東向き，北にあるときには西向きの風が吹く。したがって，風向きが南→西→北と変化したときには，観測地に対して台風の中心が西→北→東の順に通過したことになるので，アが正答である。

③ 問1 支点の左右で棒をかたむけるはたらき〔かかる重さ×支点からの距離（きょり）〕が等しいときに，てんびんはつりあう。支点からAとDまでの距離を2，支点からBとCまでの距離を1とする。実験1より，一円玉以外の硬貨はすべて3gより大きいことがわかる。実験2より，2個の一円玉が棒を右にかたむけるはたらきは2×2＝4だから，五円玉は4÷1＝4(g)より軽く，五十円玉は4÷1＝4(g)だとわかる。また，十円玉，百円玉，五百円玉は4gより重く，3個の一円玉が棒を右にかたむけるはたらきは3×2＝6だから，十円玉と百円玉は6÷1＝6(g)より軽く，五百円玉は6gより重いことがわかる。

問2 実験3より，五十円玉と一円玉が棒を右にかたむけるはたらきは4×2＋1×1＝9だから，十円玉は9÷2＝4.5(g)である。また，実験4より，五十円玉と一円玉が棒を右にかたむけるはたらきは4×2＋3×2＝14だから，五百円玉は14÷2＝7(g)である。

問3 五百円玉が棒を左にかたむけるはたらきは14のままであり，十円玉が棒を右にかたむけるはたらきは4.5×2＝9だから，一円玉が棒を右にかたむけるはたらきが 14－9＝5になればよい。Cに1個，Dに2個のせると，2×2＋1×1＝5になる。

問4 五十円玉が棒を左にかたむけるはたらきは4×1＝4で，十円玉と五百円玉が棒を右にかたむけるはたらきは4.5×1＋7×1＝11.5だから，五円玉が棒を左にかたむけるはたらきは 11.5－4＝7.5である。したがって，五円玉は7.5÷2＝3.75(g)である。

④ 問1 イ．二酸化炭素を加えると白くにごるのは石灰水である。エ．鉄を入れると気体が出るのは塩酸などである。オ．緑色のBTBよう液を入れると黄色に変わるのは酸性の水よう液である(アンモニア水はアルカリ性)。

問2 塩酸は塩化水素という気体がとけてできた水よう液である。

問3 アンモニアは水に非常にとけやすいため，せんを開けると，アンモニアが水にとけて，水がAに入る。気体が水にとけると体積が非常に小さくなるため，ふたが下に動く。

問5 固体は水の温度を上げるととけやすくなるものが多いが，気体はふつう水の温度を上げるととけにくくなる。

問6 ア．アルコールが液体から気体に変化して体積が大きくなることで起こる。イ．空気があたためられて体積が大きくなることで起こる。エ．水が気体から液体に変化して体積が小さくなることで起こる。

問7(1) 塩酸とアルミニウムが反応することで気体(水素)が発生する。反応する塩酸とアルミニウムには比例の関係があるので，アルミニウムの重さが2倍になれば，必要な塩酸の体積も2倍になる。また，塩酸のこさが2倍になると，反応するアルミニウムの重さも2倍になるので，アルミニウムの重さを変えなければ，塩酸の体積は半分でよい。

(2) (1)解説より，2倍のこさの塩酸 10 cm³ ともとのこさの塩酸 20 cm³ は，同じ重さのアルミニウムと反応するので，発生する気体の体積も同じである。なお，実験3ではアルミニウムの重さを変えていないので，発生する気体の体積は最大で50 cm³(実験1と同じ)であり，イやエのようにはならない。

5 問2 ほ乳類はふつう，母親の体内で子どもを育ててから出産する。このような子の産み方を胎生という。

問3⑶ 空気にふくまれる気体の体積の割合は，ちっ素が約80%，酸素が約20%で，その他，アルゴンや二酸化炭素などがふくまれる。はき出す気体は肺で酸素と二酸化炭素が交かんされたものであるが，どちらも増減は数%であり，ちっ素の体積は変化しないので，はき出す気体に最も多くふくまれるのはちっ素である。

問4⑴ 母親と母親の体内にいる子どものヘモグロビンの酸素との結合しやすさ，はなれやすさが同じだとすると，母親の血液から子どもの血液へ酸素がわたされず，子どもの体内に血液が供給されなくなってしまう。したがって，ウが正答である。なお，このように考えると，子どものヘモグロビンの方が酸素と結合しやすいと考えられる。

⑵ 胎ばんでの酸素のう度は25で，⑴解説より，ここでは子どものヘモグロビンの方が酸素と結合しやすい（酸素と結合したヘモグロビンの割合が大きい）ので，子どものヘモグロビンの性質を表すグラフはアかイのどちらかだと考えられる。子どもの体内の酸素のう度が18であることから，酸素のう度が25と18のときの酸素と結合したヘモグロビンの割合の差に着目すると，アはほとんど差がなく，このような性質だと酸素が子どもの体内ではなれていない（子どもの細ぼうで酸素が使われていない）ことになるので，大きな差があるイが正答である。

平成㉙年度 解答例・解説

=== 《解答例》 ===

1 ⑴ア ⑵エ ⑶オ ⑷エ ⑸ウ ⑹オ ⑺ウ ⑻イ

2 問1．上腕骨 問2．ウ 問3．ウ，エ，オ，カ 問4．ア，イ，オ 問5．⑴B ⑵E，F，J

3 問1．ガラス棒 問2．右 問3．ろ過 問4．23.1 問5．ウ 問6．11.6 問7．29.4

4 問1．エ 問2．ウ 問3．ア 問4．ア 問5．ウ 問6．イ 問7．海

5 問1．エ 問2．⑴カ ⑵イ 問3．①32 ②64 問4．4 問5．⑴エ ⑵12

=== 《解 説》 ===

1 ⑴ ヘチマ，ツルレイシ，カボチャ，キュウリなどのウリ科の植物は，おしべだけをもつお花とめしべだけをもつめ花に分かれている。それ以外の植物の組み合わせであるアが正答となる。

⑵ エ以外は，ばねにおもり2個分の重さがかかる。エについては，片方のおもりはばねを固定するかべなどと同じものとして考えることができるので，ばねにおもり1個分の重さがかかる。

⑶ ＢＴＢ液を黄色に変えるのは，酸性の水よう液だから，オの炭酸水である。

⑸ イチョウ，サクラは冬に葉を落とす落葉樹である。一方，マツ，クスノキ，スギは1年中緑色の葉をつけている常緑樹である。

⑹ 空全体を10としたときに，空全体にしめる雲の割合が0～8のときが晴れ（0～1のときを特に快晴ということもある），9～10のときがくもりである。

⑺ 冬の大三角をつくる星は，オリオン座のベテルギウス，こいぬ座のプロキオン，おおいぬ座のシリウスである。なお，夏の大三角をつくる星は，白鳥座のデネブ，こと座のベガ，わし座のアルタイルである。

⑻ ア．電流計は測定したい部分に直列に接続する。ウ．回路によっては大きな電流が流れることもあるので，最初は5Aの－端子に接続する。エ．電流計の＋端子と－端子は，それぞれ乾電池の＋極側と－極側につなぐ。乾電池以外のものもふくめて回路になっているので，乾電池と両方の端子が同時につながることはない。オ．電流計の＋端子と－端子を反対につなぐと，電流計の針は－の方向にふれる。

2 問2　肺で呼吸するのは，ほ乳類，鳥類，は虫類，両生類の親である。両生類の子と魚類はえらで呼吸する。モズは鳥類，サメ，イワナは魚類，ウサギ，イルカはほ乳類だから，ウが正答となる。

問3　鳥類とは虫類は殻に包まれた卵をうむ。また，こん虫の多くも殻につつまれた卵をうむ。カエルは両生類，イワナ，メダカは魚類，モズは鳥類，イルカはほ乳類だから，モズとこん虫である。カマキリ，カブトムシ，テントウムシはすべて殻のある卵をうむ。

問4　鳥類とほ乳類は，心臓が完全に左右で分かれており，肺で気体の交かんを行う前の二酸化炭素の多い血液と，交かんを行った後の酸素の多い血液が混ざらないようになっている。ほ乳類のイヌ，ウサギ，ヒトを選ぶ。

問5(1)　○が多いほど，上下関係の順位が上になる。上から順にC，A，I，G，B，EとFとJ，D，Hとなるので，Bである。　　　(2)　E，F，Jは○の数が3つで同じだから，上下関係がはっきりしない。

3 問1　かき混ぜるためのガラス棒が足りないと考えられる。

問2　上皿てんびんを使って決まった重さのものをはかりとるときは，利きうで側の皿にはかりとるものをのせる。動かすものを利きうで側の皿にのせる。

問4　水よう液のこさは $\dfrac{とけているものの重さ}{水よう液の重さ} \times 100$ で求める。水よう液の重さは食塩と水の重さの和であることに注意しよう。$\dfrac{15}{50+15} \times 100 = 23.07\cdots \rightarrow 23.1\%$ となる。

問5　CとDは同じ水の温度だから，水ととけている硝酸カリウムの重さの割合は等しい。したがって，CとDは同じ濃さになる。

問6　硝酸カリウムは40℃の水 100g に 64g とけるので，40℃の水 60g には，$64 \times \dfrac{60}{100} = 38.4$(g) となる。したがって，$50 - 38.4 = 11.6$(g) となる。

問7　40℃の水 100g には硝酸カリウムが 64g とけるので，70g とかすには，$100 \times \dfrac{70}{64} = 109.37\cdots \rightarrow 109.4g$ 必要である。したがって，あと $109.4 - 80 = 29.4$(g) の水が必要である。

4 問1　日の出から日の入りまでの時間から，昼間の長さを求めることができる。この月の昼間の長さは 13 時間～14 時間で，日がたつにつれて昼間の長さが短くなっているので，夏至の日から秋分の日に近づいている 8 月である。

問2　春分の日→夏至の日→秋分の日の期間は，日の出の位置は真東よりも北寄りである。

問3　表より，月の出や月の入りの時刻は毎日少しずつおそくなっており，月の入りから次の月の入りまでの時間は24時間よりも長くなっていることがわかる。このため，11日には，午後1時7分に出た月がその日のうちにしずまず，次の日の午前0時50分なってからしずんだために，月の入りがなかったと考えられる。

問4　新月の日は，日の出・日の入りの時刻と月の出・月の入りの時刻が最も近くなるので，3日である。

問5　月食は，太陽，地球，月の順に一直線に並ぶ満月の日に，地球の影が月にかかって月が暗くなることで起こる現象である。したがって，新月のおよそ15日後である18日である。

問6　月の右側半分が光るのは，上弦の月が南の空にあるときである。上弦の月は新月から満月に移り変わるときのほぼ真ん中の日に見えるので，新月のおよそ7日後の11日である。

5　問1　ふりこのおもりが高い位置にあるほど，おもりの動く速さはおそくなるので，高い位置ほどおもりの数が多くなっているエが正答となる。

問2　1つの条件だけが異なる2つの実験の結果を比較することで，その条件について調べることができる。実験1と実験4では，振れ幅の条件だけが異なり，10往復の時間は同じだから，振れ幅が変わっても10往復するのにかかる時間は変わらないことがわかる。また，実験2と実験5ではおもりの重さの条件だけが異なり，10往復の時間は同じだから，おもりの重さが変わっても，10往復するのにかかる時間は変わらないことがわかる。

問3　表より，糸の長さが長くなるほど，10往復するのにかかる時間は長くなることがわかる。実験3と実験6の糸の長さは同じだから，実験6の10往復の時間も実験3と同じ32秒である。また，実験7の10往復の時間は実験2，実験5と同じだから，糸の長さは64cmだとわかる。

問4　表より，糸の長さを$\frac{1}{4}$倍にすると，10往復する時間は$\frac{1}{2}$倍になることがわかる。したがって，糸の長さを実験1の$\frac{1}{4}$倍の$16 \times \frac{1}{4} = 4$ (cm)にすると，10往復する時間は$8 \times \frac{1}{2} = 4$ (秒)になる。

問5(1)　おもりが上がる高さは，最初におもりから手をはなすときの高さと同じになる。

(2)　1往復の半分は糸の長さが64cm，もう半分は64－48＝16(cm)になるので，64cmでの10往復の時間は16秒，16cmでの10往復の時間は8秒であることから，その平均の$\frac{16 + 8}{2} = 12$(秒)となる。

平成 28 年度　解答例・解説

━━━━━━━《解答例》━━━━━━━

1 (1)ア　(2)イ　(3)ア　(4)ウ　(5)オ　(6)ウ　(7)イ　(8)エ　(9)エ

2 問1．A．液　B．固　C．体積　問2．ウ　問3．イ

　問4．(1)アンモニア水　(2)アルカリ性　(3)塩酸　問5．酸性雨

3 問1．断層　問2．津波　問3．ウ　問4．A．しん食　B．運ぱん　C．たい積　問5．①

　問6．ア　問7．ウ

4 問1．エ，オ　問2．ア，ウ　問3．綿毛がついた種子が風で運ばれるから。

　問4．ハルジオンは草たけが高いので，人が踏むところでは育ちにくいから。　問5．ア

　問6．a．0.4　b．50.0

5 問1．左側　問2．エ　問3．②　問4．イ　問5．オ　問6．⑥　問7．ウ

━━━━━━━《解　説》━━━━━━━

1 (3) 月は太陽の光を反射することで光って見えるので，太陽が西に沈むとき，南に見える月は西側半分が光っている。南を向いたときには右手側が西になるので，アが正答となる。

(4) トウモロコシとスギは風，クロモは水が花粉を運んで受粉する。

(5) ろうそくが燃え続けるには新しい空気(酸素)が必要である。温められた空気は軽くなって上に移動し，新しい空気が下から入ってくるような空気の流れをつくることができるオのろうそくが，最も大きな炎で燃え続ける。

(6) ウ．心臓から肺に向かって血液が流れている血管を肺動脈，肺から心臓に向かって血液が流れている血管を肺静脈という。なお，肺動脈には二酸化炭素を多くふくむ血液が，肺静脈には酸素を多くふくむ血液が流れている。

(7) 支点の左右でおもりの重さと支点からおもりがつるされた位置までの距離の積が等しいとき，棒は水平になる。下の棒について，Aの重さを□gとすると，□(g)×15(cm)＝60(g)×5(cm)が成り立ち，□＝20(g)となる。同様に上の棒について，Bの長さを○cmとすると，20×100＝(20＋60)×○が成り立ち，○＝25(cm)となる。

(8) 方位磁針のN極は北，S極は南を指す。南を向いたとき，左手側は東なので，太陽が見える方角は南と東の間の南東である。

(9) 水にとけるミョウバンの量は水の体積に比例する。また，水1gは1mLである。ミョウバンのとける量を求めると，アでは2.9g，イでは$2.9×\frac{100}{50}＝5.8$(g)，ウでは5.8g，エでは$5.8×\frac{100}{50}＝11.6$(g)，オでは$12.4×\frac{25}{50}＝6.2$(g)である。したがって，エが正答となる。

2 問1　ものはふつう，液体から固体にすがたが変わると体積が小さくなるが，水は例外で，液体から固体にすがたが変わると体積が大きくなる。

問2　温められた水は軽くなって上に移動する。アルコールランプで温めた部分より上の部分だけ温度が上がるので，水全体を温めるには一番下のウの位置を加熱すればよい。

問3　固体から液体，液体から気体にすがたが変わっているときには，加熱を続けていても温度が上がらない。イのグラフで，温度が一定になっている部分は，2つの姿が混ざっている状態である。

問4　右表参照。それぞれの水溶液の特徴を覚えておこう。赤色のリトマス紙を青色に変えるのはアルカリ性の水溶液である。なお，酸性の水溶液は青色のリトマス紙を赤色に変える。

	食塩水	石灰水	アンモニア水	塩酸
とけているもの（すがた）	食塩（固体）	水酸化カルシウム（固体）	アンモニア（気体）	塩化水素（気体）
性質	中性	アルカリ性	アルカリ性	酸性
鉄を入れる	変化なし	変化なし	変化なし	気体発生

問5　工場のけむりや自動車のはい気ガスにふくまれている硫黄酸化物や窒素酸化物などが酸性雨の原因とされている。

3 問3　ア．地震が起きた場所を震源といい，震源の真上の地表の点を震央という。イ．地震の規模の大きさはマグニチュードで表される。震度は観測地点でのゆれの程度を表すもので，0，1，2，3，4，5弱，5強，6弱，6強，7の10段階に分けられている。

問5　川の曲がったところでは，外側の流れが速い。なお，まっすぐなところでは，中央の流れが速い。

問6　流れが速いところではしん食作用が大きくなるので，川底が深くけずられる。また，流れが速いところでは運ぱん作用も大きくなるので，小さな石はほとんど流されてしまい，大きな石が残っている。したがって，アが正答となる。

問7　図1の状態から外側がさらにけずられ，内側には土や砂がたい積し，曲がり方が大きくなっていく。

4 問1　エ．オオカマキリが卵を産むのは秋ごろである。オ．クマゼミが羽化を始めるのは夏ごろである。

問2　ア．サクラのように1つの花にがく，花びら，おしべ，めしべがある花を完全花という。ウ．1つのサクラの花にはめしべが1本しかない。なお，1つの花におしべは多数，がくと花びらは5枚ずつある。

問6　a．(1＋0.5＋1＋0.5＋1)÷10＝0.4　10枠における平均なので，被度の合計を5ではなく，10で割ることに注意しよう。b．10枠中5枠で観察されたので，5÷10×100＝50.0(％)が正答となる。

5 問1　電池の記号の長い方が＋極，短い方が－極である。

問2　豆電球に流れる電流が大きいほど豆電球は明るくなる。直列につなぐ乾電池の数が多くなるほど豆電球に流れる電流は大きくなるので，Cが最も明るい。また，並列につなぐ乾電池の数を多くしても豆電球に流れる電流の大きさは乾電池1個のときと変わらないので，AとBは同じ明るさである。

問3　1個の乾電池から流れる電流の大きさが小さいほど，電池がはたらきつづけることのできる時間は長くなる。③では1個の乾電池から流れる電流の大きさが最も大きく，Bに流れる電流の大きさとAに流れる電流の大きさが同じなので，②の1個の乾電池から流れる電流の大きさは①の乾電池から流れる電流の大きさよりも小さい。

問4　コンデンサーに電池がたくわえられているときには乾電池とコンデンサーが並列つなぎになっており，②と同じ回路になるので，図1のBと同じ明るさで点灯する。その後，コンデンサーにたくわえられた電気がなくなっても1つの乾電池が豆電球とつながっているので，もとの明るさで点灯し続ける。

問5　乾電池の数が同じときは，直列につなぐ豆電球の数が多くなるほど豆電球に流れる電流が小さくなるので，Eが最も暗い。また，並列につなぐ豆電球の数を多くしても豆電球に流れる電流の大きさは豆電球１個のときと変わらないので，DとFは同じ明るさである。

問6，7　問5解説の通り，⑤の乾電池から流れる電流の大きさが最も小さい。また，⑥の回路の２つの豆電球にDと同じ大きさの電流を流すには，⑥の乾電池から流れる電流の大きさを④の乾電池から流れる電流の大きさの２倍にする必要があるので，⑥が最も短くなる。また，⑥の回路の乾電池を問4のコンデンサーに変えると，２個の豆電球が光っているときの明るさはD（A）と同じだが，④（①）の回路のときの２倍の大きさの電流を流す必要があるので，消えるまでの時間はAのときの半分の10秒くらいになる。

平成 ㉗ 年度　解答例・解説

――――――《解答例》――――――

1　(1)イ　(2)エ　(3)エ　(4)ウ　(5)オ　(6)オ　(7)ウ　(8)ア　(9)オ

2　問1．ア，ウ　問2．①胸　②腹　問3．イ，オ　問4．a．目　b．触角　問5．104000
　　問6．(1)オ　(2)ア，イ，オ

3　問1．地層　問2．ア，エ　問3．断層　問4．エ→ウ→イ→オ→ア　問5．火山の噴火
　　問6．イ　問7．イ，ウ

4　問1．2　問2．$\frac{1}{2}$　問3．$\frac{3}{2}$　問4．$\frac{1}{3}$　問5．$\frac{2}{3}$　問6．18，$\frac{5}{3}$

5　問1．B，D，F　問2．エ　問3．80　問4．ア　問5．ウ　問6．イ　問7．ウ
　　問8．ろ過

――――――《解　説》――――――

1　(1)マツヨイグサ，タンポポ，ハルジオンはロゼットで冬をこす。　(3)キュウリやヘチマなどのウリ科の植物はおしべだけをもつお花とめしべだけをもつめ花をさかせる。　(4)はくちょう座のデネブ，こと座のベガ，わし座のアルタイルの３つの星を結んでできる三角形を夏の大三角という。なお，おおいぬ座のシリウス，こいぬ座のプロキオン，オリオン座のベテルギウスの３つの星を結んでできる三角形を冬の大三角という。　(5)月は自ら光を出しておらず，太陽の光を反射して輝いて見えるので，月が輝いている部分から太陽の方向を考えることができる。　(6)ろうそくを燃やすと酸素が使われ，二酸化炭素ができる。　(7)赤色リトマス紙を青色に変化させるのはアルカリ性の水溶液である。アルカリ性であるア(水にアンモニアがとけたもの)とウ(水に水酸化カルシウムがとけたもの)のうち，水を蒸発させると白い固体が残るのは固体の水酸化カルシウムがとけている石灰水である。なお，イ(水に二酸化炭素がとけたもの)とエ(水に塩化水素がとけたもの)は酸性，オ(水に食塩がとけたもの)は中性である。　(8)磁石の同じ極どうしを近づけるとしりぞけ合い，ちがう極どうしを近づけると引き合う。このことから，aはS極(bはN極)，cはS極(dはN極)だとわかる。したがって，アが正答となる。

(9)栓ぬきのように作用点が真ん中にある道具は，力点で加えた力を作用点でより大きな力に変えることができる。

2　問1．タガメとアメンボはどちらもカメムシのなかまの昆虫である。　問2．昆虫のからだは頭，胸，腹の3つの部分からできており，6本（3対）のあしはすべて胸についている。　問5．$13000×(12÷1.5)=104000$
問6．⑴実験2では10匹のうち7匹が，実験3では10匹のうち4匹が，実験4では10匹のうち6匹が相手（ガラス玉）にふれずに攻撃行動を起こしているので，$10+10+10=30$（匹）のうち，ふれずににおいをかぎ分けたのは$7+4+6=17$（匹）である。⑵においのかぎ分けができなくても，ふれることで攻撃行動を起こすので，においのかぎ分けかふれることかのどちらか一方で攻撃行動を起こしていると判断できる（アとイ）。また，アリの姿とは異なる，においを付着させた小さなガラス玉に対して攻撃行動を起こしていることから，視覚ではなく，においのかぎ分けで区別していると判断できる（オ）。

3　問4．地層はふつう，下にある層ほど古い時代にたい積したものである。したがって，A～Dの層がたい積した順番は古い順にD，C，B，Aである。また，X－YのずれがA層には見られないことから，X－YのずれはA層がたい積する前にできたことがわかる。　問5．A層の観察結果（岩石が角ばっている，小さな穴がたくさんある，など）から，A層は火山ふん出物がたい積してできた層だと考えられる。　問6．B層の観察結果でアサリの化石を発見することができたので，この層はアサリが生息する環境（浅い海）でたい積したと考えられる。　問7．ア．上流は下流よりも川はばがせまく，かたむきが急であるため，流れが速い。エ．川の曲がっているところの内側では，流れがゆるやかなので，そこまで流れてきた角がとれて丸みをおびた小石や砂がたい積し，河原がつくられる。オ．れき（粒の直径が2mm以上），砂（粒の直径が0.06mm～2mm），どろ（粒の直径が0.06mm以下）は粒の大きさで区別される。粒の大きさが大きいものほど重いので，海岸に近いところにたい積する。

4　問1．糸は棒の中央についているので，棒の右端を指で押さえる力Fは左端につるしたおもりPの重さと同じである。したがって，手が糸を支える力はおもりPの2つ分の重さ（Fの2倍の力）である。　問2，3．支点の左右で，おもりの重さと支点からの距離の積が等しいとき，棒は水平になる。支点から右端までの距離と支点から左端までの距離の比が$10(cm):20(cm)=1:2$であるので，棒の右端を指で押さえる力はおもりPの重さの$\frac{1}{2}$でよい。したがって，おもりPが棒を引く力はF（Fの1倍）であり，棒の右端を指で押さえる力はFの$\frac{1}{2}$倍であるので，手が糸を支える力はFの$1+\frac{1}{2}=\frac{3}{2}$（倍）である。　問4，5．おもりPが棒を引く力はFであり，支点から左端までの距離と支点から右端までの距離の比が$20(cm):10(cm)=2:1$であるので，左端はFの$\frac{1}{2+1}=\frac{1}{3}$（倍），右端はFの$\frac{2}{2+1}=\frac{2}{3}$（倍）の力で支えればよい。　問6．棒Aの右端にはFの$\frac{2}{3}$倍の力がはたらくので，棒Bの左端にもFの$\frac{2}{3}$倍の力がはたらいている。棒Bの右端につるしたおもりQが棒Bを引く力はF（Fの1倍）であるので，手が糸を支える力はFの$\frac{2}{3}+1=\frac{5}{3}$（倍）である。また，このとき棒Bの支点から左端までの距離と右端までの距離の比は$1:\frac{2}{3}=3:2$となるので，糸は棒Bの左端から$30×\frac{3}{3+2}=18(cm)$の位置につければよい。

5　問1．食塩は水の温度が変化してもとける量がほとんど変わらないが，ホウ酸は水の温度が高いほどとける量が多くなる。　問2．グラフより，20℃の水50gにとける食塩の最大量は約18gである。2回目に加えた食塩10gがすべてとけたことから，最初にとかした食塩は約$18-10=8$（g）だとわかる。　問3．20gの食塩をとかして20％の食塩水をつくると，食塩水全体の重さは$20÷0.2=100$（g）になる。したがって，$100-20=80$（g）の水を加えればよい。　問4．グラフより，20℃の水50gには食塩が約18gまでとけることがわかる。20％の食塩水100gにとけている食塩は$100×0.2=20$（g），食塩をとかしている水は$100-20=80$（g）であり，20℃の水80gには食塩が約$18×\frac{80}{50}=28.8$（g）までとけるので，結晶は出てこない。　問5．20％の食塩水100

gのうち，30gの水を蒸発させると，水は 80－30＝50（g）になる。20℃の水 50gにとける食塩の量は約 18g
であり，20gよりも少ないので結晶は出てくる。出てくる結晶の重さは，約 20－18＝2（g）である。

問6・7．食塩とホウ酸が水にとける量はたがいに影響を与えない。問4から，20%の食塩水を 20℃まで冷やしても結晶は出てこないことがわかる。一方，グラフより，ホウ酸は 20℃の水 50gに約 2.5gまでとけることがわかるので，20℃の水 80gには約 $2.5 \times \dfrac{80}{50} = 4$（g）までとける。したがって，約 10－4＝6（g）が結晶として出てくる。　問8．液体にとけていない固体を取り出すにはろ過を行えばよい。

平成26年度　解答例・解説

━━━━━━━━━━━━━《解答例》━━━━━━━━━━━━━

1　(1)ウ　　(2)エ　　(3)ウ　　(4)オ　　(5)ア　　(6)イ　　(7)ア　　(8)エ

2　問1．メス…ア　卵…ウ　　問2．イ　　問3．ア，エ，オ　　問4．(1)A　(2)B　(3)A
　　問5．a．イ　b．ア　c．ア　d．イ
　　問6．縄張りアユが減ることで，その区域のえさが全個体にいきわたるようになるから。

3　問1．夏至…D　冬至…A　　問2．下図　　問3．ウ　　問4．エ　　問5．リゲル　　問6．ア
　　問7．下図

4　問1．二酸化マンガン，過酸化水素水〔別解〕オキシドール　　問2．ウ　　問3．イ，ウ　　問4．水
　　問5．酸素　　問6．a．3.0　b．7.5　　問7．水素…10.0　酸素…5.0

5　問1．100　　問2．20　　問3．70　　問4．160　　問5．①1000　②830　③R

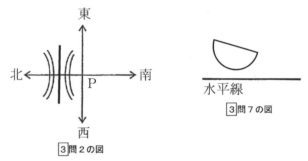

3問2の図

3問7の図

━━━━━━━━━━━━━《解　説》━━━━━━━━━━━━━

1　(1)川が蛇行しているとき，曲がっている部分の外側の流れが速く，内側の流れが遅い。たい積物は主に流れが遅いところにたまっていく。　(3)糸の長さが長くなると振り子の周期は長くなる。おもりの重さや振れ幅が変化しても振り子の周期は変化しない。　(4)鉄は塩酸と反応するが，アルカリ性の水よう液とは反応しない。
(5)ア．筋肉が骨とつながる部分をけんという。エ，オ．うでや足を曲げるときは内側の筋肉が縮み，外側の筋肉が伸びる。うでや足を伸ばすときは内側の筋肉が伸び，外側の筋肉が縮む。　(6)乾電池を並列につないでも導線を流れる電流の強さは変わらないため，方位磁針の傾く角度は大きくならない(電磁石は強くならない)。
(7)ペルー沖で海水の温度が上昇し，その状態が1年ほど続く現象をエルニーニョ現象といい，世界規模の異常気象を引き起こすことがある。

2　問1．メダカのメスの背びれには切れこみがなく，しりびれは三角形に近い形をしている。卵には付着毛が

あり，これが水草にからみつく。

3 問1．1年で太陽が真南にきたときの高さ(南中高度という)が最も高くなるのが夏至の日で，最も低くなるのが冬至の日である。太陽の高さが高いほど，かげの長さは短くなるので，太陽が真南にきた(南中した)ときに真北にのびたかげの長さに着目すると，Aが最も長いから冬至，Dが最も短いから夏至だとわかる。　問2．春分や秋分の日に太陽が真南にきたとき，影の先端は夏至と冬至に太陽が真南にきたときの影の先端の真ん中にくる。他の点でも同様に考えることができるので，春分や秋分の日の影の先端を線で結ぶと，AとDの真ん中を通るような線になる。　問3．地面が太陽から受ける光の量が最も多くなるのは太陽が南中する正午ごろである。その後，あたためられた地面によって地面の上の空気の温度が上がっていくので，気温が最も高くなるのは正午ではなく午後2時ごろになる。　問4．気温15℃のときに空気が含むことができる水蒸気量(ほう和水蒸気量という)が12.8gである。気温15℃で，湿度53%の空気には1㎥あたり　12.8g×0.53＝6.783gの水蒸気が含まれている。この水蒸気量がほう和水蒸気量となる気温になると霧ができはじめるので，表から，5℃のときだとわかる。　問6．地球は太陽のまわりを西から東へ1年(12ヶ月)で1周(360度)回転している。このため，1ヶ月後の同じ時刻に同じ星座を見ると　$360度×\frac{1ヶ月}{24ヶ月}＝30度$　西の空に動いた位置に見える。したがって，同じ星座を同じ位置に見るためには，地球が西から東へ1日(24時間)で1周(360度)回転していることから，$24時間×\frac{30度}{360度}＝2時間$　早く見ればよい。　問7．図4は，南中したときに右側半分が光って見えるので上弦の月である。この日から2週間後には下弦の月になっており，南中したときに左側半分が光って見えるので，水平線から昇ってくるときには解答例の図のようにかたむいている。

4 問1．水素は塩酸と鉄やアルミニウムなどの金属が反応すると発生することも覚えておこう。　問2．酸素は水に溶けにくい気体なので水上置換法で集める。なお，水に溶けやすく空気より軽い気体はアの上方置換法，水に溶けやすく空気より重い気体はイの下方置換法で集める。　問5．実験Bの結果に着目する。残った気体が9.0㎤であることから，残った気体はすべて水素であり，13.0㎤－9.0㎤＝4.0㎤　の水素と2.0㎤の酸素がちょうど反応したことがわかる。このことから，水素と酸素が反応するときの体積比　水素：酸素＝2：1だとわかるので，実験Dでは9.0㎤の水素と4.5㎤の酸素が反応して，6.0㎤－4.5㎤＝1.5㎤　の酸素が残っていると考えることができる。　問6．Eでは8.0㎤の水素と4.0㎤の酸素が反応して，7.0㎤－4.0㎤＝3.0㎤　の酸素が残る。Gでは5.0㎤の水素と2.5㎤の酸素が反応して，10.0㎤－2.5㎤＝7.5㎤の酸素が残る。問7．問5解説の水素と酸素の体積比を利用すると，$15.0㎥×\frac{2}{2＋1}＝10.0㎤$　の水素と　15.0㎤－10.0㎤＝5.0㎤　の酸素を混合すればよいことがわかる。

5 支点(O)からの距離とおもりの重さの積が左右で等しくなるとき棒がつりあうことを利用する。また，この問題ではOA間の距離を1として考えると問題が解きやすくなる。なお，以下の解説では，求める重さを□gとする。問1．2.5×□g＝5×50g　より，□＝100g　問2．2.5×□g＝1×50g　より，□＝20g　問3．2.5×□g＝3.5×50g　より，□＝70g　問4．2.5×□g＝3×50g＋5×50g　より，□＝160g　問5．①500gのおもりをEにつるしたとき，棒が時計回りに回転する力が最も大きくなる。2.5×□g＝5×500g　より，□＝1000g　②2.5×□g＝1.5×50g＋4×500g　より，□＝830g　③支点からの距離が近い方が，棒を反時計回りに回転する力が弱くなるので，より重い物体の重さを測定できる。例えば，問5①で，500gのおもりで測定できる最大の重さが1000gであったのに対し，皿を点Rにつるすと最大で　1.25×□g＝5×500g　より，□＝2000g　の物体を皿にのせることができる。

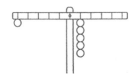

《解答例》

1 (1)エ　　(2)イ　　(3)ウ　　(4)ア　　(5)エ　　(6)オ

2 問１．ア，ウ　　問２．ア　　問３．ウ　　問４．蒸散　　問５．c－a

3 問１．南　　問２．イ　　問３．C　　問４．A　　問５．(1)エ　(2)イ　(3)ウ　(4)イ

4 問１．二酸化炭素　　問２．ア，ウ　　問３．a．0.76　b．0.84　c．3.29　　問４．2.00

5 問１．下図　　問２．下表　　問３．(a)2　(b)5　　問４．119

	A	B	C	D	E
1通り目	3	0	0	1	0
2通り目	2	1	1	0	0
3通り目	1	3	0	0	0

《解説》

1 (1)テントウムシとダンゴムシは成虫，アゲハはさなぎ，カマキリは卵で冬を越す。　(2)アルミニウムは塩酸と水酸化ナトリウム水よう液の両方にとけ，このとき水素が発生する。　(3)すべての鏡からの光が当たっているウの部分が最も明るくなる。　(4)イ，エ：川が曲がった部分では，内側の流れがおそく，下流以外でも，たい積作用によって河原ができることがある。ウ：下流では，しん食作用よりたい積作用が大きい。オ：石は，流水によって運ばれてくる間に角がとれるので，下流の石は上流の石と比べて丸みをおびている。　(5)ウリ科の植物（ヘチマ，カボチャ，ツルレイシ，ヒョウタン，キュウリなど）やマツ，トウモロコシなどは，お花とめ花の区別がある。このような花を単性花という。　(6)電池の極，棒磁石の極のうち，どちらか一方を入れかえると，コイルが棒磁石から受ける力の向きは反対になるが，電池の極，棒磁石の向きの両方を入れかえると，コイルが棒磁石から受ける力の向きは変わらない。また，クギの向きを入れかえても，コイルにできる電磁石の極は変わらないので，オが正答となる。

2 問１．アジサイは葉をすべて落とした状態で冬を越す植物（落葉樹），タンポポは葉だけを地面に広げた状態で冬を越す植物（多年草）である。　問３．根から吸収した水が通る管（道管）が赤く染まる。ホウセンカの道管は輪状（りんじょう）に分布している。　問５．A～Cでも，Dと同じだけ茎から水分を放出すると考えて，Aでは葉の裏側，Bでは葉の表側，Cでは葉の表側と裏側から水分を放出するので，葉の表側からの水分の放出を表す式は（c－a）となる。

3 問１．影の長さが一日の中で一番短くなるのは，太陽が真南の空にきて，高度が最も高くなるときだから，太郎君から見て太陽のある方角が南である。　問２．月は新月から約７日後に上弦の月（南の空で右側半分が光る月）になるので，新月から５日後では，右側の光っている部分が半分より小さいイが正答となる。　問３．月，太陽，星などの天体は，地球の自転によって東から西へ動いて見えるので，真南の月は２時間後には西の空に動いている。　問４．月は地球のまわりを公転しているので，同じ時刻に観察すると少しずつ西から東へ動いていく。したがって，３日後の同じ時刻には，月は真南よりも東側に見える。　問５．(1)エ：さそり座のアンタレスは夏の夜に南の地平線付近に見える星で，冬の星座であるオリオン座が真南の空にあるときには見

ることができない。　(2)オリオン座をつくる1等星は赤い色のベテルギウス(①)と青白い色のリゲル(⑦)である。　(3)4時間後のオリオン座は西の空にあり，南の空の星は，地平線から遠いほど動く速度が速いので，西の空ではオリオン座が右に傾いて見える。　(4)星座早見は真上にかざして見るので，地図などの方角と東西が反対になる。したがって，イは西，エは東となる。

4 問2．実験1より，Aの水よう液はアルカリ性だとわかる。　問3．a：表の数値より，Bの重さはAの重さに比例することがわかるので，$0.63(\mathrm{g}) \times \dfrac{1.20(\mathrm{g})}{1.00(\mathrm{g})} = 0.756 \to 0.76\,\mathrm{g}$ となる(表の他の値にしたがい，小数第二位までで表す)。b：3回目までは，Cの重さはAの重さに比例しているので，$0.70(\mathrm{g}) \times \dfrac{1.20(\mathrm{g})}{1.00(\mathrm{g})} = 0.84(\mathrm{g})$ となる。c：4回目以降は，固体Cの重さはAの重さに比例せず，4回目から5回目にAが $4.00(\mathrm{g}) - 3.00(\mathrm{g}) = 1.00(\mathrm{g})$ 増えたとき，Cの重さは $2.66(\mathrm{g}) - 2.03(\mathrm{g}) = 0.63(\mathrm{g})$ 増えたので，6回目は5回目の重さに0.63g加えた $2.66(\mathrm{g}) + 0.63(\mathrm{g}) = 3.29(\mathrm{g})$ が正答となる。　問4．A10.00gがすべてBになるとき，残る固体の重さは $0.63(\mathrm{g}) \times \dfrac{10.00(\mathrm{g})}{1.00(\mathrm{g})} = 6.3(\mathrm{g})$ となり，残る固体の中にAが1.00g含まれているとき，残る固体の重さは $1.00(\mathrm{g}) + 0.63(\mathrm{g}) \times \dfrac{10.00(\mathrm{g}) - 1.00(\mathrm{g})}{1.00(\mathrm{g})} = 6.67(\mathrm{g})$ となって，すべてBが残るときよりも $6.67(\mathrm{g}) - 6.3(\mathrm{g}) = 0.37(\mathrm{g})$ 増える。したがって，残る固体の重さが $7.04(\mathrm{g}) - 6.3(\mathrm{g}) = 0.74(\mathrm{g})$ 増えるのは，Aが $1.00(\mathrm{g}) \times \dfrac{0.74(\mathrm{g})}{0.37(\mathrm{g})} = 2.00(\mathrm{g})$ 含まれているときである。

5 問1．てこを左右にかたむけるはたらきは〔おもりの重さ×支点からの距離〕で表すことができ，この値が左右で等しくなるときにつり合うので，左側のおもりの支点からの距離は，右側の5倍になる。このような位置を見つければよい。　問2．左側には，支点から3マス，4マスの位置に1個ずつおもりがつるしてあるので，おもり1個の重さを1とすると，てこを左にかたむけるはたらきは $1 \times 3 + 1 \times 4 = 7$ となる。右側の4つのおもりのかたむけるはたらきの和が7になるようにおもりの位置を決めればよい。Aにつるすおもりの数から考えていくと，Aに3つのおもりをつるすとき，もう1つのおもりはDにつるせばよく，Aに2つのおもりをつるすとき，残りの2つのおもりはBとCにつるせばよい。また，Aに1つのおもりをつるすとき，残りの3つのおもりをBにつるせばよい。なお，Aにおもりを1つもつるさない場合は，つり合うつるし方はない。　問3．問2と同様の方法で考え，A，B，Cの順につるすおもりの数を考えていく。(a)てこを左側にかたむけるはたらきは $2 \times 1 + 1 \times 3 = 5$ だから，Aに2つのおもりをつるしたとき，Cに1つのおもりをつるせばよく，Aに1つのおもりをつるしたとき，Bに2つのおもりをつるせばよい。Aにおもりをつるさない場合は，つり合うつるし方はないので，2通りである。(b)てこを左側にかたむけるはたらきは $1 \times 1 + 2 \times 4 = 9$ だから，Aに2つのおもりをつるしたとき，もう1つのおもりをどこにつるしてもつり合わず，Aに1つのおもりをつるしたときは，CとEに1つずつおもりをつるすかDに2つのおもりをつるせばよい。次に，Bに2つのおもりをつるしたときは，Eに1つのおもりをつるせばよく，Bに1つのおもりをつるしたときは，CとDに1つずつおもりをつるせばよい。また，Cに3つのおもりをつるしたときにもつり合う。したがって，5通りである。　問4．左側が1個(右側が5個)のときは1通り，左側が2個(右側が4個)のときは38通り，左側が4個のときは，左側が2個のとき，左側が5個のときは左側が1個のときと同じ数のつるし方があるので，左側が3個のときは $197 - (1 \times 2 + 38 \times 2) = 119(通り)$ となる。

社　会

平成 ㉛ 年度 解答例・解説

━━━━━ 《解答例》 ━━━━━

1 問1．(1)関税　(2)ア　(3)エ　　問2．(1)ウ　(2)自動車

問3．あ．中国　い．アメリカ合衆国　う．韓国　え．オーストラリア

2 問1．(1)d　(2)a．オ　b．ア　　問2．カ　　問3．ア　　問4．信濃川　　問5．ア

問6．あ．津波　い．原子力　う．ハザードマップ　　問7．筑後川

3 問1．ウ　　問2．卑弥呼　　問3．ア　　問4．大山古墳　　問5．ワカタケル　　問6．白村江　　問7．エ

問8．エ　　問9．元寇に従軍した竹崎季長が，幕府から充分な恩賞をもらうため。　　問10．イ　　問11．イ

問12．雪舟　　問13．足利義政　　問14．カ　　問15．イ

4 問1．ア　　問2．徳川家光　　問3．ウ　　問4．ア　　問5．対馬藩

問6．文明開化を象徴するもの…洋服／ガス灯／馬車／人力車／こうもり傘 などから2つ

旧来の日本文化を象徴するもの…和服／ぞうり／まげ／唐傘 などから2つ　　問7．ウ　　問8．イ

問9．北里柴三郎　　問10．ウ　　問11．関東大震災　　問12．朝鮮　　問13．焼夷弾　　問14．エ

5 問1．国連教育科学文化機関〔別解〕ユネスコ　　問2．エ　　問3．広島市…8，6　長崎市…8，9

問4．ア　　問5．イ　　問6．<u>原爆を投下した国</u>の<u>大統領</u>が被爆地を訪れたから。（下線部は<u>核保有国</u>，<u>国家元首</u>

でもよい）　　問7．ウ

━━━━━ 《解　説》 ━━━━━

1 問1(1)　外国から安い製品が輸入されると国内の同じ製品が売れにくくなるため，輸入品に関税をかけて国内産業を守っている。　　(2)　輸入額は多い順に，機械類＞原油＞衣類となるので，アを選ぶ。資源に乏しい日本では，かつて加工貿易が行われていたが，近年は労働力が豊富で賃金の安い中国や東南アジアに工場を移し，そこで生産された機械類を日本に輸入することが増えてきている。　　(3)　エが正しい。アメリカ合衆国は小麦・とうもろこし・大豆など，中国は魚介類・野菜・衣類など，ロシアはアルミニウムなどの最大の輸入相手国である。

問2(1)　ウ．工業製品出荷額が最も高いEは機械工業で，高度経済成長時(1950年代後半〜1970年代初め)に繊維工業などの軽工業から金属や機械工業などの重工業中心に変わっていったことから，Dを金属，Fを繊維と判断する。　　(2)　現在では，自動車の輸出を想定する場合，海外に工場をつくることも多い。

問3　日本の輸入額が圧倒的に高い「あ」は中国，日本の輸出額が最も高い「い」はアメリカ合衆国である。残った3国のうち，日本の輸出額が高い「う」は地理的に近い韓国，日本の輸入額が高い「え」は資源を多く輸入しているオーストラリア，「お」はサウジアラビアとなる。

2 問1(1)　d．御嶽山は噴火警戒レベル1の段階で噴火したため，火口付近に居合わせた登山者らの多くが被災した。

(2)　aはオ，bはアである。雲仙普賢岳は長崎県，有珠山は北海道にある。

問2　カ．りんごであれば青森県，みかんであれば和歌山県・愛媛県，ももであれば山梨県・福島県が上位にくる。

問3　ア．自動車は鉄道にくらべて小回りがきき便利であるため，日本の旅客輸送部門では鉄道輸送の割合が減り，

自動車輸送の割合が増えているから，Dを鉄道，Eを自動車，Fを航空と判断する。

問4　信濃川とその上流の千曲川は，新潟県と長野県にまたがる日本最長の川である。

問5　アが誤り。「南東」でなく「北西」であれば正しい。

問6　い　福島第一原子力発電所事故の影響を受け，全国の原子力発電所が安全点検のために稼働を停止し，新たな規制基準が制定された。　う　ハザードマップには，地震や津波のほか，火山噴火や洪水，土砂災害などの自然災害について，災害が起きたときに被害が発生しやすい地域や緊急避難経路，避難場所などが示される。

問7　九州地方を流れる筑後川(筑紫次郎)は，関東地方を流れる利根川(坂東太郎)，四国地方を流れる吉野川(四国三郎)とまとめて日本三大暴れ川と言われる。

3　問1　ウが正しい。アは「金属製」の部分が誤り。イの「石包丁」は稲穂を刈り取るための道具で弥生時代のものである。エは「はにわ」でなく「土偶」であれば正しい。

問2　邪馬台国の卑弥呼が魏に使いを送り，「親魏倭王」の称号のほか，金印や銅鏡を授かったことが，中国の歴史書『魏志』の倭人伝に記されている。

問3　アが誤り。渡来人が大陸から日本列島に移り住んだのは<u>古墳時代</u>である。また，仏教は6世紀に伝わった。

問4　大阪府にある大山古墳(大仙古墳)は日本最大の前方後円墳である。

問5　埼玉県の稲荷山古墳から出土した鉄剣と，熊本県の江田船山古墳から出土した鉄刀の両方に刻まれた「獲加_{ワカ}多支鹵大王_{タケル}」の文字から，大和政権は関東から北九州までを支配していたことがわかっている。

問6　白村江の戦い(663年)後，中大兄皇子は，山城の他に大宰府に水城を築き，防人と呼ばれる兵士を九州の北部に配置した。

問7　エが正しい。　ア．問6の解説参照。　イ．「天智天皇」でなく「聖武天皇」であれば正しい。　ウ．「鑑真」でなく「行基」であれば正しい。

問8　エが正しい。11世紀中頃，社会に対する不安(末法思想)から，阿弥陀如来にすがって死後に極楽浄土へ生まれ変わることを願う浄土信仰(浄土の教え)が広まり，平等院鳳凰堂をはじめとする多くの阿弥陀堂がつくられた。ア．「北京」でなく「長安」であれば正しい。　イ・ウ．<u>奈良時代</u>についての記述である。

問9　鎌倉幕府は，将軍と，将軍に従う御家人との結びつきによって支えられた。将軍は，御恩として御家人の以前からの領地を保護したり，新たな領地を与えたりして，御家人は，奉公として京都や幕府の警備につき命をかけて戦った。御家人の竹崎季長はご恩を得ようとして元寇での活躍の様子を『蒙古襲来絵詞』に描かせたとする説がある。元寇は防衛戦であったため，幕府は十分なほうびを多くの御家人に与えることができなかった。

問10　イの鎌倉を選ぶ。征夷大将軍に任命された源頼朝は，敵の攻撃から守るのにつごうがよいなどの理由から，三方を山に囲まれて海に面している鎌倉に幕府を開き，以後，約700年間にわたる武家政治が始まった。

問11　イが正しい。書院造の特徴として，障子やふすま，畳などがある。　ア．世阿弥は，父の観阿弥とともに足利義満の保護を受けて<u>能を大成させた</u>。　ウ．<u>桃山文化</u>についての記述である。　エ．<u>元禄文化</u>についての記述である。

問12　水墨画は，雪舟筆の「秋冬山水図」である。

問13　足利義政とその妻日野富子の間には長らく男子が生まれず，やむなく義政は弟の義視を養子にして後継者とした。しかし，その後に日野富子が男子の義尚を産むと，彼女は自らの子が将軍の地位に就くことを望み，義視と対立した。そこに山名氏と管領の細川氏との対立がからみ，応仁の乱のきっかけをつくった。

問14　カ．種子島(鹿児島県)はc，堺(大阪府)はe。日本に鉄砲を伝えたのは，種子島に漂着したポルトガル人で，その後戦国大名に注目され，堺や国友(滋賀県)の刀鍛冶の職人によって生産された。　aは五島列島，bは屋久島，dは神戸である。

問 15　イ．Ｘは薩摩(鹿児島県)を支配した島津氏，Ｙは豊後(大分県)を支配した大友氏と判断する。大友義鎮(宗麟)はキリシタン大名としても有名で，大村純忠や有馬晴信らキリシタン大名とともに，ローマ法王のもとに天正少年使節を送った。大内氏は周防・長門(山口県)など，長宗我部氏は讃岐(香川県)などを支配した戦国大名である。

④　問 1　アが正しい。関ヶ原の戦い(1600 年)は，徳川家康を中心とする東軍と石田三成を中心とする西軍の戦いである。この戦いに勝利した徳川家康は天下統一を果たし，全国支配の実権をにぎった。　　イ．「豊臣秀吉」でなく「豊臣秀頼」であれば正しい。　　ウ・エ．<u>徳川家光</u>についての記述である。

　　問 3　ウが正しい。1837 年，元大阪町奉行所の与力大塩平八郎は，天保のききんに苦しむ人々に対する奉行所の対応を批判し，彼らを救うために挙兵して乱を起こした(大塩平八郎の乱)。　　ア．江戸時代の百姓一揆の件数が最も多かったのは <u>19 世紀</u>の天保のききんのときであった。　　イ．島原・天草一揆(1637 年)は <u>17 世紀</u>のできごとである。エ．「下落」でなく「高騰」であれば正しい。

　　問 4　アが正しい。　　イ．<u>江戸時代</u>，三井高利の考案した「現金かけ値なし」は，掛け売りしない，現金での定価販売である。当時は，客との話し合いで値段を決め，後日支払う掛け売りが一般であった。　　ウ．Ⅱの図は<u>東　洲斎写楽</u>筆の「三世大谷鬼次の奴 江戸兵衛」である。近松門左衛門は人形浄瑠璃の脚本家である。　　エ．本居宣長は『古事記伝』を書いた国学者である。

　　問 5　鎖国体制下では，対馬藩が朝鮮，松前藩がアイヌの人々(蝦夷地)，薩摩藩が琉球王国，長崎がオランダ・中国との窓口になった。

　　問 6　「文明開化」は，明治時代，欧米の文化を急速にとりいれて人々の生活文化が変化したことをいう。「文明開化を象徴するもの」は，解答例のほか，「ザンギリ頭」「帽子」「コート」「靴」なども良い。

　　問 7　ウが正しい。　ア．「福沢諭吉」でなく「板垣退助」であれば正しい。　　イ．「農民」でなく「不平士族」であり，西南戦争以降，武力による行動から言論による運動にかわっていった。　　エ．<u>自由民権運動家の千葉卓三郎らが起草した五日市憲法草案がある</u>。

　　問 8　イが正しい。　ア．八幡製鉄所の建設は <u>19 世紀末期</u>である。　　ウ．「筑豊炭田」でなく「足尾銅山」であれば正しい。　　エ．電気冷蔵庫が一般家庭に普及したのは<u>昭和時代</u>である。

　　問 9　北里柴三郎はペスト菌の発見をした細菌学者である。

　　問 10　ウが正しい。1918 年，日本ではシベリア出兵を見こした大商人らが米を買い占めたため，国内で米不足が起こって米価が高騰し，富山県の漁村で起きた暴動から米騒動に発展した。　　ア．女性の国会議員が登場したのは<u>昭和時代</u>である。　　イ．「全国水平社」でなく「新婦人協会」であれば正しい。　　エ．1925 年成立の普通選挙法では，満 25 歳以上の<u>男子</u>にのみ選挙権が与えられた。

　　問 12　甲午農民戦争(東学党の乱)で，反乱をしずめるため朝鮮政府が清に救援を求めると，日本も対抗して朝鮮に軍隊を派遣した。これがきっかけとなり，日清戦争が始まった。

　　問 14　エが正しい。　ア．「南京」でなく「北京」であれば正しい。　　イ．ソ連の対日参戦は<u>1945 年</u>である。<u>ウ．太平洋戦争の開始当初は日本が優位な立場で戦争を進めていた</u>。1942 年のミッドウェー海戦で敗北して以降，戦況は徐々に悪化していき，サイパン島が陥落したことで，アメリカ軍の攻撃が本土に到達するようになった。

⑤　問 1　ユネスコは，教育や科学，文化の面での協力を通じて，世界平和を促進することを目的としている。

　　問 2　エ．端島(軍艦島)では石炭の採掘がさかんに行われていたが，1960 年代に主要なエネルギー源が石炭から石油にかわるエネルギー革命が起こると，1970 年代前半にはすべての島民が島を離れた。

　　問 4　アが誤り。21 世紀に入って選ばれた<u>鳩山由紀夫，菅直人，野田佳彦などの内閣総理大臣は民主党所属である</u>。

問5 イが正しい。衆議院には解散があるため，任期が短くなる場合もある。 ア．衆議院議員総選挙では，全国を 289 に分けた小選挙区制と，全国を 11 のブロックに分けた比例代表制が並立してとられている(<u>小選挙区比例代表並立制</u>)。 ウ．参議院議員の任期は 6 年(<u>3 年ごとに半数改選</u>)である。 エ．<u>参議院議員は全員選挙によって選ばれる。</u>

問6 オバマ大統領の広島訪問は，戦争で唯一核兵器を使ったアメリカの現職大統領による被爆地訪問ということで注目を集めた。

問7 ウが誤り。日本国憲法では<u>「子女に普通教育を受けさせる義務(26 条)」「勤労の義務(27 条)」「納税の義務(30 条)」を三大義務</u>として規定している。

━━━━━━《解答例》━━━━━━

1 問1．X．北緯15／東経60　Y．南緯45／西経90　　問2．(1)A．オ　B．エ　C．ア　(2)ウ　　問3．イ
問4．①エ　②ウ

2 問1．①オ　②エ　③ウ　　問2．X．石狩平野　Y．奥羽山脈　Z．北上川　　問3．①イ　②ウ
問4．①エ　②ア　　問5．①イ　②エ

3 問1．ウ　　問2．唐　　問3．イ　　問4．御成敗式目〔別解〕貞永式目
問5．てがらをあげてほうびの土地をもらうため。　　問6．ウ　　問7．ア　　問8．種子島　　問9．ア
問10．近松門左衛門

4 問1．下田／函館　　問2．イ　　問3．イ，エ　　問4．富岡製糸場　　問5．エ　　問6．エ
問7．ウ　　問8．八幡製鉄所　　問9．国家総動員法　　問10．イ

5 問1．ウ　　問2．より慎重な話し合いをおこなうこと。〔別解〕衆議院の独善の防止。
問3．(1)象徴　(2)内閣　(3)国事行為　　問4．平和主義　　問5．立法　　問6．自由民主党〔別解〕自民党
問7．車いすのまま電車に乗れるようにエレベーターが設置されている。〔別解〕目の不自由な人が駅を利用できる
よう点字ブロックを設けている。

━━━━━━《解　説》━━━━━━

1 問1　例をもとにして，例から西(左)にいくほど東経の経度は小さくなり，イギリスのロンドンを通る本初子午線よ
り西は西経になる。また，緯線は例の2つ下の線が緯度0度の赤道であり，それより南(下)に進むと南緯になる。
問2(1)　日本より人口の多い国は覚えておきたい。ベトナムの人口は約9200万人，ドイツの人口は約8200万人。
(2)　インドの人口の約80％がヒンドゥー教徒だから，ヒンドゥー教徒は約10億人いることになる。
問3　115年の間に人口が10倍近く増えたAがアフリカ，2015年の時点で最も人口が多いCが中国やインドを含む
アジア，最も人口増加が緩やかなBがヨーロッパと判断する。
問4　米はア，野菜はイである。

2 問1　①は夏の降水量が多く，気温の年較差が小さいことから，南西諸島の気候のオである。②は夏の降水量が多く，
気温の年較差がある程度大きいことから，太平洋側の気候のエである。③は1年を通して雨が少なく，気温の年較差
が④より小さいことから，瀬戸内の気候のウである。1年を通して雨が少ない瀬戸内の気候と内陸性の気候(中央高
地の気候)の違いは，海洋性の瀬戸内の気候は気温の年較差が比較的小さく，内陸性の中央高地の気候は気温の年較
差が大きくなることである。④は内陸性の気候のイ，⑤は日本海側の気候のアである。
問3①　米は北海道と東北地方が上位のイである。　　②　キャベツは愛知県が入ったウである。　アはきゅうり，
エはりんごである。
問4①　豚の飼養頭数は，鹿児島県と宮崎県の両方が入ったエである。　　②　海面漁獲量は長崎県と静岡県の両方
が入ったアである。イは乳牛の飼養頭数，ウは木材の生産量である。

問5　すべての項目に愛知県が入っていることから，残りの2都道府県から判断する。　①　印刷関連業は，東京都や大阪府などの大都市圏に集中するからイである。　②　輸送用機械器具は，ＮＩＳＳＡＮの工場がある神奈川県，ＨＯＮＤＡの工場がある静岡県が上位に入ったエである。　アは鉄鋼業，ウは食料品の生産額である。

③ 問1　租は収穫した稲の約3％を納める税，庸は労役の代わりに布を納める税である。

問2　平城京は唐の都の長安にならってつくられた。碁盤目状に区画された都には約10万人が住んでいた。

問3　645年，蘇我入鹿を暗殺し，蘇我蝦夷を自害に追い込んだ乙巳の変から大化の改新は始まった。

問4　御成敗式目は，鎌倉幕府の3代執権である北条泰時によって制定された。武家の慣習法であって，公家には適用されなかったことは覚えておきたい。

問5　絵1は『男衾三郎絵詞』の「笠懸」である。将軍と御家人は，土地を仲立ちとした御恩と奉公の関係で結ばれていたため，御家人は幕府のために戦い，幕府は御家人に新たな領地を与えたり，古くからの領地を保護したりした。

問6　刀狩を行い，農民を農業に専念させたのは豊臣秀吉だから，ウが誤り。

問7　アが正しい。大名に人手や資金を負担させたことを手伝い普請という。イ．関ヶ原の戦いで戦ったのは石田三成である。ウ．朝鮮に軍隊を送ったのは豊臣秀吉である。エ．勘合貿易を行ったのは足利義満である。

問8　鉄砲は，当時「種子島」と呼ばれた。

問9　江戸幕府の第3代将軍は徳川家光だから，アが誤り。豊臣氏が滅ぼされた大坂夏の陣は，第2代将軍の徳川秀忠のときである。

問10　近松門左衛門の作品には『曽根崎心中』や『国姓爺合戦』などがある。

④ 問1　1853年，神奈川県の浦賀沖に，アメリカ大統領フィルモアの国書をもったペリーが黒船で来航した。日米和親条約では，下田と函館(箱館)において，物資の供給が約束された。

問2　大久保利通は初代内務卿を務め，内閣制度が発足する前の明治政府のリーダーであったが，紀尾井坂の変で暗殺された。

問3　イとエが正しい。明治政府は，地租改正を行うことで農民の負担が少なくなると説明していたが，実際には農民の負担はあまり変わらなかったため，地租改正反対一揆が起きた。

問5　エが正しい。ア．1885年の輸出品の第一位は生糸である。イ．1885年には，輸出額が輸入額を上回っていた。ウ．1885年の砂糖の輸入額は2936×0.159≒467(万円)，1899年の砂糖の輸入額は22040×0.08≒1763(万円)だから，1885年より増加している。

問6　エが正しい。ア．ラジオは大正時代，電気冷蔵庫は昭和の高度経済成長期に広まった。イ．明治政府の学制では，男女の義務教育がおこなわれた。ウ．太陰暦に代わり太陽暦が取り入れられた。

問7　日露戦争の講和条約であるポーツマス条約では賠償金を獲得できなかったから，ウが誤り。

問8　官営八幡製鉄所は，中国からの鉄鉱石の輸入と筑豊炭田の石炭の輸送に便利な北九州に建設された。

問10　サンフランシスコ平和条約は1951年，日ソ共同宣言と国際連合加盟は1956年，大阪での万国博覧会開催は1970年，瀬戸大橋の開通は1988年，阪神淡路大震災は1995年のことである。東海道新幹線は東京オリンピック開催に合わせて1964年に開通したから，イが正しい。

⑤ 問1　ウが誤り。参議院議員通常選挙は，任期を3年ずらして半数ずつを改選している。

問2　「良識の府」とは，衆議院のように政党の立場にとらわれず，さまざまな視点からものごとを審議する機関としての参議院を意味する。「再考の府」とは，衆議院で可決された法案を再度審議し是正する機関としての参議院を

意味する。

問5　日本国憲法第41条にある文言である。

問6　衆議院本会議では，議長席に向かって左側から所属する議員の多い政党順に割り振られている。また，参議院本会議では，議席中央が所属する議員の最も多い政党に割り振られ，そこから左右に議員の多い政党順に割り振られている(右図参照)。

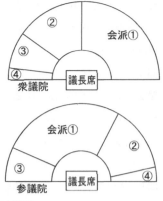

平成㉙年度　解答例・解説

━━━━━━━━━━━━━━━━━━━━ 《解答例》 ━━━━━━━━━━━━━━━━━━━━

1　問1．①オーストラリア　②イギリス　③アメリカ合衆国

　　問2．A．カナダ　C．オーストラリア　E．イギリス　　問3．(1)ア　(2)イ

2　問1．A．ア　B．オ　　問2．(1)カ　(2)ウ　　問3．(1)①対馬海流　②千島海流〔別解〕親潮　(2)イ

　　問4．(1)D．カ　E．エ　(2)太平洋ベルト　　問5．(1)ア　(2)屋久島

3　問1．ウ　　問2．他の地域との交流もあったという特徴。　　問3．銅鐸　　問4．ア　　問5．大宝律令

　　問6．エ　　問7．応仁の乱　　問8．イ　　問9．正倉院　　問10．ウ　　問11．人形浄瑠璃　　問12．イ

　　問13．冠位十二階　　問14．織田信長　　問15．古事記　　問16．6　　問17．東大寺　　問18．ア

　　問19．イ　　問20．世阿弥　　問21．ウ

4　問1．アイヌ(民族)　　問2．相手国に<u>領事裁判権</u>を認め，日本に関税自主権がなかった点。(下線部は<u>治外法権</u>でも可)

　　問3．ウ　　問4．新渡戸稲造　　問5．ア　　問6．平塚らいてう　　問7．イ　　問8．ウ

　　問9．(1)ウ　(2)イ

5　問1．イギリス　　問2．憲法改正　　問3．エ　　問4．日本国と日本国民統合の象徴と定めている。

　　問5．ウ　　問6．ア　　問7．(ドナルド・)トランプ

━━━━━━━━━━━━━━━━━━━━ 《解　説》 ━━━━━━━━━━━━━━━━━━━━

1　問1②　経度0度の本初子午線は，イギリスのロンドン郊外にある旧グリニッジ天文台を通る。

　　問2　わかりやすいものから順番に考える。Bは面積・人口からアメリカと判断できる。アメリカより面積が大きい国はロシアかカナダなので，Aはカナダである。Cは輸出品目上位がすべて資源なのでオーストラリアである。Dは航空機が上位なのでフランスである。Eは5か国中面積が最も小さいのでイギリスである。

　　問3(1)　Xは日本以外の5か国いずれも自給率が100%を超え，中でもオーストラリアとフランスの割合が高いので，穀類である。Zは日本以外の5か国も自給率が100%未満であるが，日本の割合が比較的大きいことから，魚介類と判断できる。したがって，残ったYが肉類となるから，アが正答となる。

　　(2)　野菜類の自給率は1980年時点で97%だったが，2000年以降は80%前後で推移しているから，イは誤り。

2　問2(1)　Xは，北海道が4分の3を占め，2位に長崎県があることからじゃがいもである。Yは，佐賀県・兵庫県からたまねぎである。兵庫県の淡路島でたまねぎの生産がさかんである。Zは北海道の割合が小さく，秋田県が上位だから米である。よって，カが正答となる。　　(2)　Cにあてはまる県は新潟県だから，ウが正答となる。

問3(1)　日本近海を流れる海流について，右図参照。

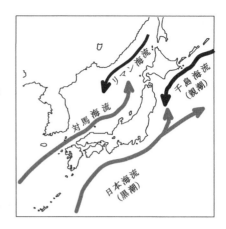

問4(1)　Dは，輸送用機械工業がほかの都道府県を大きく引き離しているから愛知県である。愛知県は，ＴＯＹＯＴＡの本社がある豊田市を中心に，輸送用機械（自動車）の生産がさかんである。Eは，石油化学工業が特にさかんだから，京葉工業地域の広がる千葉県である。

問5(1)　イは最も主要な供給エネルギーだから石油，ウは2014年の割合が0.0％だから原子力，エは一貫して全体に占める割合が小さいから水力である。よって，残ったアが石炭となる。

(2)　日本にある世界自然遺産は，北海道の知床，青森県・秋田県にまたがる白神山地，東京都の小笠原諸島，鹿児島県の屋久島の計4つである（2017年6月現在）。

3 **問1**　ウの水墨画は，室町時代に広まったものなので，平等院鳳凰堂とは直接関連しない。

問2　青森県の三内丸山遺跡からは，長野県の和田峠で採れる黒曜石や，新潟県の姫川流域で採れるひすいなどがそれぞれ見つかっている。

問3　弥生時代には，銅鐸のほか，銅矛・銅剣などの青銅器が祭りの道具として用いられた。

問4　イについて，十七条の憲法を制定したのは聖徳太子である。ウについて，中国から来日したのは鑑真である。エについて，聖武天皇が建立したのは東大寺であり，寝殿造は平安時代の貴族の邸宅に用いられた。

問5　大宝律令は，701年，文武天皇の治世の頃，藤原不比等や刑部親王らによって編纂された。

問6　お茶を楽しむようになったのは，千利休がわび茶の作法を完成させてからのことなので，エは誤り。

問7　細川氏（細川勝元）と山名氏（山名持豊）の幕府内での勢力争いや，8代将軍足利義政の跡継ぎ争いなどを理由として，1467年に京都を主戦場とする応仁の乱が始まった。この戦いの後，京都は荒廃し，全国各地で下剋上の風潮が広まって戦国時代が始まった。

問8　アについて，今川義元を倒したのは織田信長，石田三成を倒したのは徳川家康である。ウは織田信長について述べた文である。エについて，朝鮮出兵の際，日本は朝鮮の李舜臣率いる水軍に苦戦した。

問10　アについて，平清盛は保元の乱・平治の乱に勝利して大きな力をもつようになった。イについて，平清盛は武士としてはじめて太政大臣に就任した。エについて，源義仲ではなく源義経ならば正しい。

問11　近松門左衛門による人形浄瑠璃の代表作として，『曽根崎心中』や『国姓爺合戦』などがあげられる。

問12　埴輪は，古墳（権力者の墓）の上や周囲に並べて置かれたから，イが正答となる。

問13　徳・仁・礼・信・義・智をそれぞれ大小に分けた12階の官位が制定された。

問14　「安土」から考える。織田信長は琵琶湖のほとりに安土城を築き，全国統一の拠点とした。

問15　仏教や儒教が伝わる以前の日本人の精神を明らかにしようとする学問を国学という。本居宣長は『古事記』を研究し，『古事記』に注釈をつけ『古事記伝』を著し，国学を大成させた。

問16　6世紀の半ば（538年と552年説がある）に，百済の聖明王によって，日本に伝えられた。

問17　聖武天皇が国を治めていた頃，伝染病の流行や貴族の反乱などのため，社会の情勢は不安定だった。そのため，聖武天皇は仏教の力で国を守ろうとし，国ごとに国分寺をつくり，総国分寺として都に東大寺を建てた。

問18　イ〜エは江戸時代の産業について述べた文である。

問19　アは足利尊氏，ウは足利義政，エは豊臣秀吉について述べた文である。

問 21　ウのような命令が出されたことはない。また，絹織物は高級品なので，綿織物の代わりに着るように命じるものとしては不適切と判断することもできる。

4　問2　領事裁判権とは，日本にいる外国人が罪を犯しても，日本の法律では裁かれず，本国の法律で裁判を受ける権利のことをいう。関税自主権とは，国家が輸入品に対して自由に関税をかけることができる権利のことをいう。

問3　アは1877年，イとエは1873年，ウは1890年のできごとである。

問5　イは1931年の柳条湖事件で，日露戦争とは関連しない。ウについて，小村寿太郎ではなく東郷平八郎ならば正しい。エについて，ポーツマス条約で，日本は賠償金を得ることができなかった。

問7　大正時代は1912年に始まり，1926年に終わった。ウは1922年のできごとである。アは明治時代のできごと，ウは昭和時代のできごと，エは平成のできごとである。

問8　選挙権年齢の歴史について，右表参照。

問9　日本はサンフランシスコ平和条約で，アメリカをはじめとする資本主義陣営48か国と講和を結び，これらの国との戦争状態を終

選挙法改正年 (主なもののみ抜粋)	直接国税の要件	性別による制限	年齢による制限
1889 年	15 円以上	男子のみ	満 25 歳以上
1925 年	なし	男子のみ	満 25 歳以上
1945 年	なし	なし	満 20 歳以上
2015 年	なし	なし	満 18 歳以上

結させた。ソ連とは日ソ共同宣言(1956年)，中国とは日中共同声明(1972年)で国交が回復した。

5　問2　憲法改正にあたっては，まず国会で各議院の総議員の3分の2以上の賛成を得た後に，国会が国民の審議を求めて憲法改正の発議を行う。そして，国民投票で有効投票の過半数の賛成を得られた場合，天皇がただちに国民の名で改正された憲法を公布する。

問3　ア．選挙権は18歳から認められ，オーストリアが16歳と選挙権年齢が最も低い。イ．わが国ではどのような投票率でも選挙は成立する。ウ．期日前投票ができる。

問5　アについて，参議院議員の被選挙権は満30歳以上である。イについて，衆議院の任期は4年で解散があり，参議院の任期は6年で解散がない。エについて，国会議員ではなく内閣ならば正しい。

問6　内閣総理大臣は，国会によって指名され，天皇によって任命される。

平成㉘年度 解答例・解説

━━━━━━━━━━━━━━━━ 《解答例》 ━━━━━━━━━━━━━━━━

1 問1．A．北上高地　B．越後山脈　C．紀伊山地　　問2．⑴カ　⑵ウ　⑶ケ

問3．⑴[記号／平野名]　①[ク／讃岐平野]　②[コ／宮崎平野]　③[ウ／庄内平野]　④[イ／十勝平野]

⑤[キ／濃尾平野]　⑵a．二毛作　b．促成

2 問1．A．エ　B．オ　C．ア　　問2．D．オーストラリア　E．アメリカ合衆国　F．ブラジル

G．サウジアラビア　　問3．H．エ　I．ア　J．イ

3 問1．イ　　問2．ア　　問3．ウ，オ　　問4．紫式部　　※問5．a．御恩　b．奉公　※aとbは順不同

問6．ア　　問7．執権　　問8．ほうびの土地がもらえずに経済的に追い込まれたから。　　問9．イ

問10．近松門左衛門　　問11．⑴浮世絵　⑵エ

4 問1．イ　　問2．ア　　問3．八幡製鉄所　　問4．与謝野晶子　　問5．エ　　問6．上海

問7．生糸　　問8．関東大震災　　問9．アメリカ合衆国　　問10．ウ　　問11．ア　　問12．エ

5 問1．エ　　問2．18　　問3．公共の福祉　　問4．裁判員制度　　問5．ウ，オ　　問6．イ

問7．ア　　問8．法人税　　問9．ギリシャ　　問10．エ

━━━━━━━━━━━━━━━━ 《解　説》 ━━━━━━━━━━━━━━━━

1 問2．⑴利根川は日本最長の河川で，関東地方を流れる。　⑵最上川は米沢盆地や山形盆地を通り，庄内平野を経て日本海に流れ込んでいる。最上川は日本三急流の一つであり，ほかに山梨県と静岡県を流れる富士川，熊本県を流れる球磨川がある。　⑶日本の暴れ川のうち，関東地方を流れる利根川を「坂東太郎」，九州地方を流れる筑後川を「筑後次郎」，四国地方を流れる吉野川を「四国三郎」と呼ぶ。

問3．⑴①「ため池」や「塩田」などから判断する。冬の北西の季節風は，暖流の対馬海流の上空で大量の水蒸気をふくんだ後，中国山地にぶつかって，日本海側に大量の雪や雨を降らせる。その後，乾いた風が瀬戸内地方に吹きこみ，乾いた風のまま，四国山地をこえて太平洋まで達する。そのため，瀬戸内海に面する讃岐平野は1年を通して降水量が少ない。　②「畜産業がさかん」などから判断する。　③「雪解け水」などから判断する。　④「畑として利用され」から判断する。アの石狩平野では稲作がさかんである。　⑤「輪中」などから判断する。　エは仙台平野，オは富山平野，カは関東平野，ケは筑紫平野である。

⑵a．二毛作は，同じ耕地で1年に2回異なる作物を作ることをいう。二毛作と似た言葉に二期作があり，こちらは同じ耕地で同じ作物（主に米）を作ることをいう。　b．促成栽培と抑制栽培について，下表参照。

名称	出荷時期	地域	主な野菜
抑制栽培	遅らせる	長野県・群馬県(嬬恋村)・岩手県など	レタス・白菜など
促成栽培	早める	宮崎県・高知県など	ピーマン・なすなど

2 問1．1960年当時は繊維工業がさかんだったから，輸出品の1位はエの繊維品，輸入品の1位はオの繊維原料である。Cを見ると，1960年・2014年ともに，主要な輸入品目となっているから，アの原油が最も適当。

問3．2012年現在，米の自給率は100％近く(H)，大豆の自給率は小麦より低い(K)。また，肉類と野菜類ではより鮮度を必要とする野菜の方が国内自給率は高いから，Jが野菜類であり，残ったIが肉類となる。

(46)

3 問1．今から 2000 年ほど前の日本列島は弥生時代だから，イが正答。アは旧石器時代，ウは古墳時代の日本列島の人びとのようすについて述べた文である。エについて，東北地方の蝦夷が平定されたのは平安時代の初期のことであり，大和政権が日本列島の中心となっていたのは古墳時代〜飛鳥時代のことだから，過去の日本列島の人びとのようすとして適さない。

問2．ア．鴻臚館は，大宰府の外交施設で博多湾岸に置かれた。遣唐使の停止後は，外国人の検問や貿易の場としても用いられた。　イ．行基は日本の僧である。　ウ．聖徳太子は遣隋使を派遣した。第1回遣唐使の派遣は，聖徳太子の死後の 630 年である。　エ．菅原道真が遣唐使の延期を進言し，宇多天皇がそれを聞き入れた。

問3．エは足利義政によって建てられた銀閣（室町時代），カは藤原頼通によって建てられた平等院鳳凰堂（平安時代）である。

問4．『源氏物語』は，平安王朝の宮廷や貴族の日常生活などを描いた長編小説である。

問5．将軍は，御恩として御家人らの以前からの領地を保護したり，新たな土地を与えたりした。御家人は，奉公として京都や幕府の警備についたり，命をかけて戦ったりした。

問8．元寇（蒙古襲来）は防衛戦であったため，幕府は十分な恩賞を与えることができなかった。そのため生活に困窮する御家人が増え，領地を手放す者も少なからずいた。そこで幕府は永仁の徳政令を出し，御家人がただで領地を取り戻せるとしたが，長期的に見れば混乱を招いただけで終わった。

問9．アは長崎，ウは江戸に関する文である。エについて，大阪で反乱を起こしたのは，元大阪町奉行所の与力であった大塩平八郎である。

問11．(2)エは 1637〜1638 年にかけて起こったできごとで，市川蝦蔵が生まれるより前である。

4 問1．ア．岩倉使節団は不平等条約の改正に失敗した。　ウ．沖縄県の設置は 1879 年，台湾の獲得は 1895 年（下関条約による）である。　エ．大正時代のできごとである。

問3．八幡製鉄所は，中国のターイエ鉄山から鉄鉱石を輸入しやすく，筑豊炭田から石炭を輸送しやすい北九州の地につくられた。

問5．ア．米騒動は第一次世界大戦末期の 1918 年に起こった。　イ．アメリカではなくロシアならば正しい。　ウ．日露戦争について述べた文である。　エ．正しい。日清戦争と日露戦争の比較について，上表参照。

下関条約（1895 年）の主な内容	ポーツマス条約（1905 年）の主な内容
○清国は日本に賠償金を支払う	○賠償金規定はなし
○清国は日本に台湾・澎湖諸島・遼東半島を譲り渡す　※ロシア主導の三国干渉を受け，遼東半島は後に清に返還	○ロシアは旅順・大連の租借権，南満州鉄道の利権，南樺太を日本に譲り渡す
○清国は朝鮮の独立を認める	○ロシアは日本の韓国に対する優越権を認める

問7．生糸は，開国以来日本の主要な輸出品目であり，工女と呼ばれる女性らが生糸の生産にあたっていた。

問9．1929 年，ニューヨークのウォール街で株価が大暴落したことから世界恐慌が始まった。日本国内では，多くの会社が倒産して町には失業者があふれ，アメリカへの生糸の輸出が激減したことなどを受け，農家の生活は苦しくなった（昭和恐慌）。　／問10．ウ．満州国は中国の東北部に建国された。

問11．イ．第一次世界大戦について述べた文である。　ウ．このような事実はない。　エ．ポツダム宣言は日本に対して無条件降伏を求めたものである。　／問12．エ．農地改革は，1940 年代後半に行われた。

5 問1．右表参照。ア～ウは衆議院について述べた文である。

問2．右下表参照。 ／問3．公共の福祉のため，個人の利益より社会全体の利益が優先される場合がある。

問4．裁判員制度は，重大な刑事事件の一審について，くじで選ばれた国民が裁判官とともに裁判に参加し，有罪か無罪か，有罪であればどのような量刑が適当かを決定する制度である。

	衆議院	参議院
被選挙権	満25歳以上	満30歳以上
議員数	475人	242人
任期	4年	6年 （3年ごとに半数ずつ改選）
解散	あり	なし

法改正年 （主なもののみ抜粋）	直接国税の要件	性別による制限	年齢による制限
1889年	15円以上	男子のみ	満25歳以上
1925年	なし	男子のみ	満25歳以上
1945年	なし	なし	満20歳以上
2015年	なし	なし	満18歳以上

問5．ウ．日本において，代理人が投票することは認められていない。 オ．2016年3月現在，インターネットによる投票は行われていない。 ／問7．アは内閣の仕事である。

問9．ギリシャはIMFから借りた資金を期限までに返せず，深刻な財政危機に陥った。その後，借金の返済は進められているが，増税が実施されるなど国民生活は厳しさを増している。

平成 ㉗ 年度 解答例・解説

―――――《解答例》―――――

1 問1．イ 問2．エ 問3．A．オ C．ウ E．カ F．エ 問4．ウ 問5．イ
問6．津波 問7．⑴カ ⑵ウ

2 問1．A．ア B．ウ C．オ D．イ E．エ 問2．⑴北方領土〔別解〕北方四島 ⑵沖ノ鳥島
⑶ウ 問3．ウ 問4．1．千島海流〔別解〕親潮 2．日本海流〔別解〕黒潮 3．200 4．遠洋
問5．A．ロシア連邦〔別解〕ロシア D．大韓民国〔別解〕韓国 E．フィリピン

3 問1．イ 問2．エ 問3．イ 問4．防人 問5．庸 問6．ア 問7．イ
問8．延暦寺 問9．菅原道真 問10．エ 問11．ア 問12．ウ 問13．エ
問14．応仁の乱で京都が戦場になったため。 問15．フランシスコ＝ザビエル 問16．イ
問17．伊能忠敬 問18．前野良沢

4 問1．エ 問2．エ 問3．ウ 問4．西郷隆盛 問5．大隈重信 問6．イ 問7．ア
問8．イ 問9．米騒動 問10．ポツダム 問11．⑴原爆ドーム ⑵広島 問12．ア

5 問1．アメリカ合衆国〔別解〕アメリカ 問2．集団的自衛権 問3．⑴オ ⑵イ 問4．象徴
問5．基本的人権 問6．5，3 問7．イ 問8．国民投票 問9．ア

―――――《解 説》―――――

1 A．兵庫県 B．静岡県 C．愛知県 D．広島県 E．宮城県 F．栃木県 G．青森県 H．岩手県
問1．S君は，山陽新幹線・東海道新幹線を利用して東京駅に向かった。 イ．信濃川は，長野県・新潟県を流れる河川である。

問2．T君は，東北新幹線と特急列車を乗り継いで札幌駅に向かった。ア．山形県 イ．秋田県 ウ．新潟県

問3．A．明石市を日本の標準時子午線（東経135度の経線）が通る。 C．愛知県豊田市で自動車産業がさかんである。 E．仙台市は，東北地方で最も人口が多い。 F．「日光東照宮」などから考える。

問4．ウ．西に位置する県から順に並べる。

問5．イ．南に位置する県から順に並べる。

問6．三陸海岸は，複雑な海岸線を持つリアス海岸であったため，津波の被害が大きくなった。

問7．⑴X．交通網が発達しているため，1世帯当たり乗用車保有台数が少ない東京都である。　Y．水稲の収穫量が多いことから，石狩平野で稲作がさかんな北海道である。　Z．輸送用機械器具の出荷額が多いことから，工業がさかんな福岡県である。　よって，カが正答。　⑵ウ．東京－福岡間は新幹線で結ばれているため，東京－北海道間より航空機での旅客輸送量は少ない。なお，アの航空路線に定期便はない。

② 問1．A．ロシア　B．中国　C．北朝鮮　D．韓国　E．フィリピン　ア．人口密度から，世界で最も面積が広いロシアである。　ウ．人口から，世界で最も人口が多い中国である。　残ったイ・エ・オで，最も輸出額・輸入額が多いイは韓国であり，最も輸出額・輸入額が少ないオは北朝鮮である。よって，エはフィリピンとなる。

問2．⑵⑶右表参照。

問3．X．衣類が上位だから中国である。　Y．資源が上位だからロシアである。　Z．バナナが上位だからフィリピンである。　よって，ウが正答。

最北端		最西端	
島名	所属	島名	所属
択捉島	北海道	与那国島	沖縄県
最東端		最南端	
島名	所属	島名	所属
南鳥島	東京都	沖ノ鳥島	東京都

③ 問1．イ．6世紀中ごろ／アの漢字伝来より後のできごとである。　ウ・エ．弥生時代

問3．ア．聖徳太子は蘇我氏と協力して政治を進めた。　ウ．桓武天皇は京都に都を移す際，東寺と西寺を除き新たに寺院を建てることを禁じた。　エ．聖徳太子は，家柄より手柄や功績を重視する冠位十二階の制度を定めた。

問5．調は成年男子に課せられた税で，都まで布を運ぶ際の食料も自分で用意しなければならず，重い負担だった。

問7．イ．九州で起こった貴族の反乱をきっかけとして，聖武天皇は恭仁京（京都府）・難波宮（大阪府）・紫香楽宮（滋賀県）と相次いで都を移し，その後再び平城京へと都を移した。

問9．菅原道真は，航海の危険と唐の衰退を理由として，遣唐使の派遣の中止を進言した。

問10．ア．『源氏物語』ではなく『枕草子』ならば正しい。　イ．校倉造ではなく寝殿造ならば正しい。　ウ．生け花や茶の湯は，室町時代に発達した文化である。

問11．イ．明ではなく宋ならば正しい。　ウ．安徳天皇ではなく高倉天皇ならば正しい。　エ．平清盛は，壇ノ浦の戦い（1185年）より前に亡くなっていた。

問12．ア．執権となったのは北条氏である。　イ．後醍醐天皇ではなく後鳥羽上皇ならば正しい。　エ．北条時宗ではなく竹崎季長ならば正しい。北条時宗は，元寇（蒙古襲来）のときに執権だった人物である。

問13．ア．唐獅子図屏風（狩野永徳／安土桃山時代）　イ．神奈川沖浪裏（葛飾北斎／江戸時代）　ウ．薬師寺吉祥天像（作者不明／奈良時代）　エ．天橋立図（雪舟／室町時代）

問14．1467年，8代将軍足利義政の跡継ぎ争いなどから，京都を主戦場として応仁の乱が始まった。この戦いは11年間にわたって続けられ，公家や僧などの文化人は，戦火を逃れようと京都を離れ，地方に散らばった。

問16．ア．大阪ではなく安土ならば正しい。　ウ．江戸幕府の政策である。　エ．豊臣秀吉の政策である。

問18．空欄⑱と同じ行に「杉田玄白」の名があることに注意しよう。

④ 問1．1858年にアメリカやヨーロッパの5か国と結ばれた通商条約を，まとめて安政の五か国条約という。

問2．エはオランダについて述べた文である。ポルトガルは，1639年に日本との貿易を禁止された。

問3．第一次世界大戦：1914〜1918 年　第二次世界大戦：1939〜1945 年　ア．1910 年　イ．国際連合ではなく国際連盟ならば正しい文となる（1920 年）。　ウ．1931 年　エ．1873 年（徴兵令）

問5．国会の開設に備え，1881 年に板垣退助が自由党を，1882 年に大隈重信が立憲改進党を結成した。

問6．ア．伊藤博文はドイツ（プロイセン）で憲法理論を学んだ。　ウ．日本国憲法の内容である。「主権者である国民の代表者が集まる議会」は国会のこと。　エ．言論の自由など国民の権利は，法律の範囲内で認められた。

問7．イ．帝国議会は，衆議院と貴族院の二院制であった。　ウ．第一回帝国議会の開催（1890 年）より前の 1885 年に伊藤博文は内閣制度を創設し，自ら初代の内閣総理大臣に就任した。　エ．帝国議会の傍聴は許されていた。

問8．「この当時」は大正時代である。　ア．明治時代（文明開化）　ウ．北里柴三郎ではなく野口英世で，昭和時代初期のできごとである。　エ．昭和時代のできごと（東京オリンピックの開催：1964 年）

問9．ロシア革命（1917 年）の後，社会主義の動きが自国に波及することを恐れた各国政府は，シベリアに軍を送り，革命に干渉した。このとき，日本ではシベリア出兵を見こした大商人らが米を買い占めたため，国内で米不足が起こって米価が高騰し，米騒動（1918 年）に発展した。

問11．⑵1945 年 8 月 6 日に広島，8 月 9 日に長崎に原爆が投下された。

問12．ア．都市部にすむ小学生は，空襲を避けるため農村へ集団疎開した。

5　問1．1951 年，日本はアメリカと日米安全保障条約を結んだ。1960 年に新安保条約が結ばれ，以後 10 年ごとに自動延長されている。

問2．集団的自衛権…ある国が攻撃されたとき，その国と密接な関係にある国が共同して防衛する権利

問3．⑴オ．インターネットは，双方向のやり取りができる代表的なメディアである。

問6．現在，11 月 3 日は文化の日，5 月 3 日は憲法記念日として国民の祝日となっている。

問7．イ．これを環境権という。新しい人権として，プライバシー権・知る権利・自己決定権などが認められている。

問8．国民投票では，満 18 歳以上の国民が投票できると定められている。

問9．ア．国会議員の数は，公職選挙法で定められている。

平成 26 年度　解答例・解説

=== 《解答例》 ===

1　問1．A．エ　B．カ　C．イ　D．コ　E．ウ　問2．1．（北西）季節　2．札幌　問3．⑴ア
⑵ア　⑶ウ　⑷酪農（らくのう）　⑸石炭…エ　石油…ウ　問4．ウ

2　問1．イ　問2．西経 120 度　問3．南鳥島　問4．B．チリ　D．ベトナム　問5．記号…A
国名…アメリカ合衆国　問6．オ

3　問1．フランシスコ＝ザビエル　問2．島原・天草一揆（しまばら・あまくさいっき）　問3．ア　問4．太政大臣　問5．ウ
問6．明　問7．法隆寺（ほうりゅうじ）　問8．ウ　問9．校倉造（あぜくらづくり）　問10．ア　問11．足利義政（あしかがよしまさ）
問12．エ　問13．エ　問14．関ヶ原（せきがはら）　問15．武家諸法度（ぶけしょはっと）　問16．イ　問17．ア
問18．本居宣長（もとおりのりなが）　問19．イ

4 問1. イ　　問2. 下田　　問3. ア　　問4. エ　　問5. ウ　　問6. ウ　　問7. 真珠湾(しんじゅわん)

　問8. エ　　問9. カ　　問10. エ

5 問1. ニューヨーク　　問2. ア　　問3. 安全保障理事会　　問4. (1)ウ　(2)イ

　問5. EU〔別解〕ヨーロッパ連合　　問6. ウ　　問7. ア

《解　説》

1 ※問1. Aさん:「耕地にしめる水田の割合は非常に高い」から, 北陸地方の県である。中でも, エの富山県は耕地にしめる水田の割合は96%と, 非常に高い。　Bさん:「火山灰におおわれた土地」とはシラス台地のこと。鹿児島県では牧畜(ぼくちく)(畜産)がさかんである。　Cさん:香川県は瀬戸内の気候に属しており, その気候を生かした農業が行われている。　Dさん:乳牛の飼育数が日本一であるという記述に着目する。　Eさん:「東京湾(わん)に面した海岸部」「鉄鋼業」などから千葉県と判断する。

問2. 1. 季節風は, 冬は北西から, 夏は南東から吹く。冬の季節風は, 日本海側で冬の降水量が多い理由となっている。

問3. (1)ア. 米の生産は, 新潟県・北海道を除くと, 東北地方の県でさかんに行われている。　(3)ウ. 瀬戸内地方は海上交通の便がよかったため, 鉄鋼業など重工業の工場は, 長い橋(瀬戸大橋(せとおおはし))ができる以前から建設されていた。

(5)ア. チリからの輸入が最も多いから銅鉱(どうこう)。　イ. オーストラリアのほか, ブラジルからの輸入が多いから鉄鉱石。ウ. 中東の国からの輸入が多いから石油。　エ. インドネシアやロシアからの輸入が多いから石炭。

問4. ウ. 農業では, 後継者(こうけいしゃ)不足による農業人口の高齢化(こうれいか)が進んでいる。

2 問1. イ. 赤道は, マレー半島の先端にあるシンガポール付近を通る。

問2. 東経と東経, 西経と西経の組み合わせ部分は引き算で求められるから, 東経180度までの部分は

180−135＝45(度)。105−45＝60(度)より, 求める経線は, 180−60＝(西経)120(度)。左下図参照。

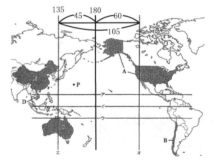

最北端		最西端	
島名	所属	島名	所属
択捉島	北海道	与那国島	沖縄県
最東端		最南端	
島名	所属	島名	所属
南鳥島	東京都	沖ノ鳥島	東京都

問3. 右上表参照。

※問5. A. アメリカ合衆国　C. オーストラリア　E. 中華人民共和国　人口はそれぞれ, Aが約3億1300万人, Cが約2200万人, Eが約13億4800万人だから, E→A→Cの順となる(2011年)。

問6. ①日本からの輸出額・日本の輸入額がともに極めて多いからEの中華人民共和国。②日本からの輸出額が日本の輸入額を大幅に上回っているから, 巨大な貿易赤字を抱えるAのアメリカ合衆国。③日本の輸入額が多いから, Cのオーストラリア。よって, オが正答。

3 問1. フランシスコ＝ザビエルは, 鹿児島から平戸(ひらど)・山口・京都と西日本各地を訪れた後, 豊後国(ぶんごこく)を回って2年あまりで日本を去った。

問2. 1637年の島原(しまばら)・天草一揆(あまくさいっき)の発生を受け, 幕府はキリスト教弾圧(だんあつ)を強め, 1639年にはポルトガル船の来航を禁止し, 鎖国(さこく)体制を固めていった。

問3．ア．遣隋使や遣唐使は，瀬戸内海を通り，九州北部を経由して中国を目指した。

問5．ア．日本は生糸などを輸入し，主に銀を輸出した。　イ．横浜が港町として栄えるようになったのは，日米修好通商条約が結ばれた1858年以降のこと。　エ．有田焼を作る技術は，16世紀末の朝鮮出兵の際に連れてこられた李参平が伝えた。

問6．明王朝は，1368年に成立し，17世紀中頃まで続いた。

問8．ウ．聖武天皇と光明皇后は，仏教の力で国を守るため，国ごとに国分寺・国分尼寺を，都に東大寺を建て大仏をつくった。

問10．ア．天皇が居住する内裏が，南部ではなく，北部につくられた。

問12．ア．8世紀　イ．7世紀　ウ．5世紀　エ．6世紀

問13．エ．高麗は，10世紀前半に新羅を滅ぼして成立し，14世紀末まで続いた。

問14．関ヶ原の戦いは，徳川家康を中心とする東軍と石田三成を中心とする西軍の戦いである。東軍が勝利し，徳川家康は全国支配を強固なものとした。

問15．武家諸法度は，徳川家康によって定められ，徳川家光のとき，参勤交代の制度が加えられた。

問17．イ．『解体新書』を著した医者。　ウ．『東海道五十三次』などを描いた浮世絵師。　エ．『ポッピンを吹く女』などを描いた浮世絵師。

問18．本居宣長は，仏教や儒教が伝わる以前の日本の文化を明らかにしようとする国学を大成した。

問19．イ．鑑真ではなく菩提僊那。なお，東大寺の大仏の開眼式は752年，鑑真の来日は753年のことである。

4　問1．(1)1837年　(2)1858年　(3)1854年　(4)1867年　よって，イが正答。

問3．ア．幕府の役人とペリーの間で結ばれたのは日米和親条約である。

問4．(1)1890年　(2)1874年（民撰議院設立建白書の提出）　(3)1945年　(4)1925年　よって，エが正答。

問5．ウ．直接国税15円以上を納めた満25歳以上の男性に選挙権が与えられた。エは，女性に選挙権がなかったため，誤り。

問6．(1)1931年　(2)1895年　(3)1941年　(4)1905年　よって，ウが正答。

問8．エ．日露戦争の講和条約であるポーツマス条約では，日本はロシアから賠償金を得ることができなかった。

問9．(1)1956年　(2)1972年　(3)1951年　(4)1946年　よって，カが正答。

問10．ア．大日本帝国憲法が停止されたことはない。　イ．大日本帝国憲法に関する文である。　ウ．GHQによる改正案をもとに，国会で審議され，大日本帝国憲法は改正された。

5　問1．国際連合の本部はニューヨークに置かれ，国際連盟の本部はスイスのジュネーブに置かれていた。

問3．安全保障理事会は，5つの常任理事国(アメリカ合衆国・中国・ドイツ・フランス・ロシア)と，任期2年の非常任理事国10か国で構成される。

問4．(1)ア．政府開発援助　イ．国連平和維持活動　ウ．世界保健機関　エ．非政府組織

問5．EUは，経済的な統合を目指して結成され，共通通貨ユーロを導入している。

問7．ア．2013年現在，65歳以上の人々の医療費も一部自己負担となっている。

※出典…1 問1．『データでみる県勢2012』，2 問5．『世界国勢図会2012/13』

―――――――――― 《解答例》 ――――――――――

1　問1．A．エ　C．ウ　D．ア　H．イ　　問2．(1)イ　(2)ウ　　問3．(1)最上川　(2)エ

　　問4．<u>日本海</u>で発生した水蒸気が季節風によって運ばれ，中央の<u>山地</u>にぶつかり雪が降るから。

　　問5．イ　　問6．ウ　　問7．ウ　　問8．中国山地　　問9．ウ　　問10．ア

2　問1．エ　　問2．イ　　問3．エ　　問4．富岡製糸場　　問5．日露戦争の軍資金を確保するため。

　　問6．イ　　問7．イ　　問8．ウ　　問9．第一次世界大戦　　問10．エ　　問11．イ　　問12．ウ

　　問13．ア　　問14．ア　　問15．エ　　問16．イ　　問17．ア　　問18．ウ　　問19．ウ

3　問1．ウ　　問2．ア　　問3．法律　　問4．エ　　問5．(1)イ　(2)ウ　(3)オ　　問6．ウ

―――――――――― 《解　説》 ――――――――――

1　問1．A－エ.畜産の割合より北海道地方。C－ウ.米の割合より北陸地方。D－ア.野菜の割合より関東・
東山地方。よって，残ったHはイ。

　　問2．(2)ア.高知，イ.新潟県，エ.長野県。

　　問3．(2)エ.三陸海岸沖でぶつかり，潮目(潮 境)を形成する。

　　問4．季節風は，冬は北西から，夏は南東から吹く。そのため，夏は太平洋側で降水量が多くなり，冬は日本
海側で降水量が多くなる。

　　問5．イ.都市部は交通網が発達しているため，一世帯あたりの乗用車の保有台数は少なくなる。

　　ア.富山県，ウ.広島県，エ.北海道。

　　問6．ウ.工業出荷額と機械の割合に着目する。

　　ア.阪神工業地帯，イ.瀬戸内工業地域，エ.京浜工業地帯，オ.北九州工業地域。

　　問7．ウ.昼夜間人口比率が唯一 100％を超えていることに着目する。　　ア.滋賀県，イ.奈良県，エ.和歌山県。

　　問9．ウ.香川県は年間降水量が少なく，特に8月に乾燥する瀬戸内の気候なので，水不足に備えてため池が
多く作られてきた。

　　問10．ア.林業・素材生産量に着目する。イ.長崎県，ウ.沖縄県，エ.福岡県。

2　問1．エ.これらは主に弥生時代の遺跡で発見された。

　　問2．ア.古墳時代，イ.平安時代，ウ.鎌倉時代，エ.安土・桃山時代。

　　問3．ア.函館，イ.新潟，ウ.兵庫，エ.福岡。開港地のあと1つは長崎。

　　問5．1904年に始まった日露戦争では，国家予算を大きく超える戦費を必要としたため，国民は相つぐ増税に
苦しんだ。

　　問6．ア.大正時代，ウ.明治時代，エ.高等学校→中学校で，戦後の政策。

　　問7．イ.都で天然痘がはやり，九州地方で反乱がおきると，聖 武天皇は恭仁 京 ・紫香楽宮・難波宮と次々
に都を移した。

　　問8．ア.稲の 収 穫の3％を納める税。　　イ.都における労役の代わりに布を納める税。　　ウ.地方の特産物を
納める税。　　エ.律令とは関連しない。

問 9．第一次世界大戦でヨーロッパ各国のアジアへの輸出が止まると，日本は輸出を拡大させたため，好況となって物価が上昇した(大戦景気)。

問 10．応仁の乱(1467〜1477年)。ア.『東海道五十三次』―江戸時代，イ.『蒙古襲来絵詞』―鎌倉時代，ウ.『源氏物語絵巻』―平安時代，エ.『天橋立図』―室町時代。

問 11．ア.アメリカやイギリス→スペインやポルトガル。　ウ.ロシアには貿易を許可していない。　エ.当初，明治政府はキリスト教の信仰を禁止した。

問 12．ア.聖徳太子→聖武天皇。　イ.鎌倉時代以前から海上交通はなされていた(遣隋使・遣唐使など)。エ.カステラは南蛮貿易でもたらされた。

問 13．イ.シャクシャイン→尚氏。　ウ.琉球王国→長崎。　エ.参勤交代ではなく，将軍の代がわりごとに慶賀使・王の代がわりごとに謝恩使を送った。

問 16．ア.1911年，ウ.1941年，エ.太平洋戦争終結後。

問 17．ア.徳川家光は参勤交代を制度として定めたが，このような規定はない。

問 18．ア.西郷隆盛→板垣退助。　イ.農民も参加していた。　エ.自由民権運動は国会開設の約束後も続き，農民の反乱も続いた(秩父事件など)。

問 19．ア.ラジオ放送は大正時代。　イ.携帯電話の普及は平成時代。　エ.明治時代。

3 問 2．ア.衆議院：480人，参議院：242人。　イ.衆議院4年，参議院6年。　ウ.参議院に解散はない。エ.参議院→衆議院。

問 3．憲法第41条に，国会は国の唯一の立法機関と定められている。

問 4．ア.天皇→国会。　イ.日本国憲法下において元首は存在しない。　ウ.憲法に内閣総理大臣の任期の規定はない。　エ.「内閣総理大臣は，国会議員の中から…指名する。」(憲法第67条)より，正しい。

問 6．ア・イ.知事は住民による選挙で選ばれる。　エ.このような規定はない。

■ ご使用にあたってのお願い・ご注意

（1）問題文等の非掲載

　著作権上の都合により，問題文や図表などの一部を掲載できない場合があります。

　誠に申し訳ございませんが，ご了承くださいますようお願いいたします。

（2）過去問における時事性

　過去問題集は，学習指導要領の改訂や社会状況の変化，新たな発見などにより，現在とは異なる表記や解説になっている場合があります。過去問の特性上，出題当時のままで出版していますので，あらかじめご了承ください。

（3）配点

　学校等から配点が公表されている場合は，記載しています。公表されていない場合は，記載していません。

　独自の予想配点は，出題者の意図と異なる場合があり，お客様が学習するうえで誤った判断をしてしまう恐れがあるため記載していません。

（4）無断複製等の禁止

　購入された個人のお客様が，ご家庭でご自身またはご家族の学習のためにコピーをすることは可能ですが，それ以外の目的でコピー，スキャン，転載（ブログ，ＳＮＳなどでの公開を含みます）などをすることは法律により禁止されています。学校や学習塾などで，児童生徒のためにコピーをして使用することも法律により禁止されています。

　ご不明な点や，違法な疑いのある行為を確認された場合は，弊社までご連絡ください。

（5）けがに注意

　この問題集は針を外して使用します。針を外すときは，けがをしないように注意してください。また，表紙カバーや問題用紙の端で手指を傷つけないように十分注意してください。

（6）正誤

　制作には万全を期しておりますが，万が一誤りなどがございましたら，弊社までご連絡ください。

　なお，誤りが判明した場合は，弊社ウェブサイトの「ご購入者様のページ」に掲載しておりますので，そちらもご確認ください。

■ お問い合わせ

　解答例，解説，印刷，製本など，問題集発行におけるすべての責任は弊社にあります。

　ご不明な点がございましたら，弊社ウェブサイトの「お問い合わせ」フォームよりご連絡ください。迅速に対応いたしますが，営業日の都合で回答に数日を要する場合があります。

　ご入力いただいたメールアドレス宛に自動返信メールをお送りしています。自動返信メールが届かない場合は，「よくある質問」の「メールの問い合わせに対し返信がありません。」の項目をご確認ください。

　また弊社営業日（平日）は，午前9時から午後5時まで，電話でのお問い合わせも受け付けています。

2025 春

株式会社教英出版

〒422-8054　静岡県静岡市駿河区南安倍3丁目12-28

TEL　054-288-2131　　FAX　054-288-2133

URL　https://kyoei-syuppan.net/

MAIL　siteform@kyoei-syuppan.net

K 教英出版　2025　30の1　青雲中7年分

算 数 科 （中）

（注意）　円周率はすべて 3.14 を使い，解答はすべて解答用紙に記入しなさい。
解答用紙の右側の余白は計算用紙として使用してよい。

（60分）

1　次の各問いに答えなさい。

(1)　$37＋84－(86÷2－8×2)$ を計算しなさい。

(2)　$4.7－3.4＋2.5＋2.8－1.6$ を計算しなさい。

(3)　$71×\dfrac{1}{7}＋36×\dfrac{3}{14}－33×\dfrac{5}{21}$ を計算しなさい。

(4)　$8＋16＋32＋64＋128＋256＝8×(\square－1)$ となるとき，□にあてはまる数を求めなさい。

(5)　Aさんはリンゴを 8 個買おうと思いましたが，持っているお金では 400 円足りませんでした。そこで，6 個買ったら 200 円残りました。このリンゴ 1 個の値段はいくらですか。

(6)　池のまわりに 1 周 4 km の道があります。兄と弟が同じ場所から 9 時ちょうどに反対の向きに走りだしました。弟が途中で立ち止まり休んでいたら，休み始めてから 4 分後の 9 時 16 分に，兄と弟は出会いました。兄の走る速さは分速 160 m です。弟の走る速さは分速何 m ですか。ただし，兄は出会うまで休まずに走りました。

(7)　右の図のような辺 AD と辺 BC が平行である台形 ABCD の面積が 90 cm² であるとき，辺 AD の長さは何 cm ですか。

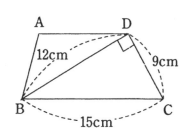

4 8人を2人組の4つのチームA，B，C，Dに分けて，次のようなルールですもう大会を
   行います。
   ①　対戦は，各自が他のチームの6人全員と行います。
   ②　それぞれの対戦に引き分けはありません。
   ③　すべての対戦が終わった後，大会の順位はチーム2人の勝ち数で決めます。
   このとき，次の各問いに答えなさい。

(1)　大会が終了するまでに対戦は全部でいくつ行われますか。

(2)　優勝チームが決まるとき，優勝チームの勝ち数はいろいろな場合があります。その中
   で，もっとも少ない勝ち数で1チームだけが優勝したとき，最下位のチームは何勝何
   敗でしたか。

(3)　Aチームのメンバーは山口君と田中君です。大会の途中で，山口君は自分以外の7
   人全員に何人と対戦したかたずねたところ，その人数は「0人」から「6人」まで，
   全員がちがう人数を答えました。田中君は何人と対戦していましたか。

5 底面の直径が72 cm，高さが24 cm の円柱形の容器に
   水が入っています。この容器に，直径が12 cm の鉄の
   球9個を，その球すべてが容器の底に着くように入れ
   たら，水面の高さは6 cm になりました。さらに，底
   面の直径が12 cm，高さが12 cm の鉄の円柱形の棒を，
   その底面が容器の底に着くように，15個入れました。
   このとき，水面の高さは12 cm になりました。次の各問いに答えなさい。

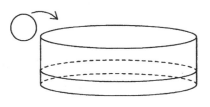

(1)　水の体積は，何個の円柱形の棒の体積と等しいですか。

(2)　球も円柱形の棒もまだ入れていないときの，水面の高さを求めなさい。

理科（中）

（注意）解答はすべて解答用紙に記入しなさい。

（40分）

1 次の（1）〜（10）の問いについて，それぞれ**ア〜オ**の中から適当なものを1つずつ選んで，記号で答えなさい。

（1）次の植物の種子の中で，タンパク質をもっとも多くふくんでいるものはどれですか。

　ア イネ　　**イ** ゴマ　　**ウ** ダイズ　　**エ** アブラナ　　**オ** ジャガイモ

（2）棒磁石に砂鉄をまんべんなくふりかけたときの砂鉄のつき方について，正しく述べたものはどれですか。

N極				S極
A	B	C	D	E

　ア Aにたくさんつき，B，C，D，Eの順につく量が減っていく。

　イ Eにたくさんつき，D，C，B，Aの順につく量が減っていく。

　ウ Cにたくさんつき，AとEにはほとんどつかない。

　エ AとEにたくさんつき，Cにはほとんどつかない。

　オ どこでもつく量に大きな差はない。

（3）右図は4月のある日の気象衛星の雲の画像です。白いところは雲を表しています。次の日の同じ時刻の各都市の天気予報として，もっとも適当なものはどれですか。

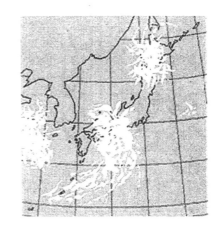

	長崎	大阪	東京	札幌
ア	晴れ	雨	晴れ	雨
イ	晴れ	雨	雨	晴れ
ウ	晴れ	晴れ	雨	雨
エ	雨	雨	晴れ	雨
オ	雨	晴れ	雨	晴れ

（4）次の液体を蒸発皿で加熱したあとに，白いつぶが残るものはどれですか。

　ア 塩酸

　イ 炭酸水

　ウ アンモニア水

　エ 塩酸にスチールウールをとかした水溶液

　オ 塩酸にアルミニウムをとかした水溶液

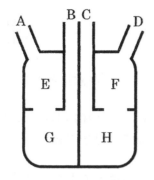

2 　右図は，正面からみたヒトの心臓断面を模式的に示したものです。A〜Dは血管を，E〜Hは心臓の部屋を表しています。後の問いに答えなさい。

問1 　図の A〜D の血管で，次の①〜③それぞれにあてはまる血管を正しく組み合わせたものを，下の**ア〜カ**の中から1つずつ選んで，記号で答えなさい。
① 　動脈
② 　酸素を多く含む血液が流れている
③ 　肺とつながっている

ア 　AとB　　**イ** 　AとC　　**ウ** 　AとD　　**エ** 　BとC
オ 　BとD　　**カ** 　CとD

問2 　全身に血液を送り出す部屋は E〜H のうちどれですか。

問3 　心臓の中には血液がスムーズに流れるように弁があります。弁の向きを正しく表しているものを，次の**ア〜エ**の中から1つ選んで，記号で答えなさい。

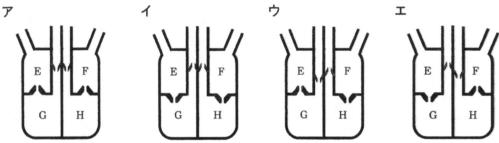

問4 　フナやメダカの心臓について正しく述べたものを，次の**ア〜エ**の中から1つ選んで，記号で答えなさい。
ア 　ヒトと同じように酸素を多く含む血液と二酸化炭素を多く含む血液が，それぞれ別々に流れている。
イ 　酸素を多く含む血液だけが流れている。
ウ 　二酸化炭素を多く含む血液だけが流れている。
エ 　酸素を多く含む血液と二酸化炭素を多く含む血液が混ざり合った血液が流れている。

問5 　ヒトの心臓が1分間に 70 回拍動（はくどう）して，1回の拍動で 70mL の血液を送り出すとすると，1日に何 L の血液を送り出すことになりますか。

③

3 次の図1～3の実験器具について、後の問いに答えなさい。

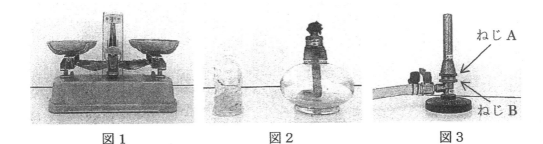

図1   図2   図3

問1 図1はものの重さをはかる器具です。次の（1）～（3）に答えなさい。
（1）この器具の名称（めいしょう）を答えなさい。
（2）20gの粉末状の薬品をはかり取るときの薬包紙と20gの分銅の置き方として、正しく組み合わせたものはどれですか。次のア～カの中から1つ選んで、記号で答えなさい。ただし、実験者は右利きとします。

	薬包紙	20gの分銅
ア	右の皿のみに置く	右の皿の上に置く
イ	左の皿のみに置く	右の皿の上に置く
ウ	両方の皿の上に置く	右の皿の上に置く
エ	右の皿のみに置く	左の皿の上に置く
オ	左の皿のみに置く	左の皿の上に置く
カ	両方の皿の上に置く	左の皿の上に置く

（3）この器具を使うときには、どのような場所に置かなければなりませんか。

問2 図2のアルコールランプについて、次の（1）～（3）に答えなさい。
（1）しんの長さとして、適当なものはどれですか。次のア～オの中から1つ選んで、記号で答えなさい。
ア 1～2mm   イ 5～6mm   ウ 9～10mm
エ 13～14mm   オ 18～20mm
（2）使う前のアルコールランプに入っているアルコールの量として、適当なものはどれですか。次のア～カの中から1つ選んで、記号で答えなさい。
ア 2分目未満   イ 2分目   ウ 5分目未満
エ 5分目   オ 8分目   カ 10分目
（3）アルコールランプを消火し、かたづけるまでの手順について説明した文中の
　　　　に適当な内容を20～30字で書きなさい。

　　ランプを三きゃくの下からゆっくりとりだし、ランプをおさえ、ななめ上からふたをかぶせて火を消す。火が消えたら　　　　　　　、かたづける。

問5　この日，Sさんが Cの位置で見た月の形としてもっとも適当なものを，次の**ア**〜
　　カの中から1つ選んで，記号で答えなさい。ただし，灰色の部分は欠けて見えない
　　ことを表しています。

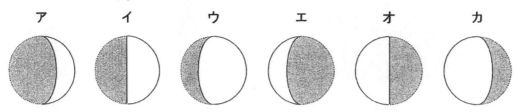

問6　満月となるのは，この日から約何日後ですか。次の**ア**〜**オ**の中から1つ選んで，
　　記号で答えなさい。
　　ア　4日後　　　　**イ**　8日後　　　　**ウ**　12日後　　　　**エ**　15日後
　　オ　21日後

問7　月を天体望遠鏡で観察すると，月の表面には右図
　　のような丸いくぼみのような地形がたくさん見られ
　　ます。次の（1），（2）に答えなさい。
　　（1）このような地形を何といいますか。
　　（2）このような地形ができた原因を説明しなさい。

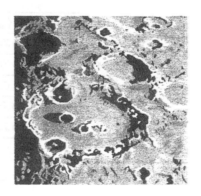

5　　ばねにおもりをつるしたとき，ばねが元の長さから何 cm 伸びるかは，つるしたおもりの重さに比例することがわかっています。これについて，後の問いに答えなさい。

図 1 のように，ばね A に 100 g のおもりをつるすと，ばねの長さは 22cm，200 g のおもりをつるすと，ばねの長さは 25cm になりました。ただし，ばねの重さは考えないものとします。

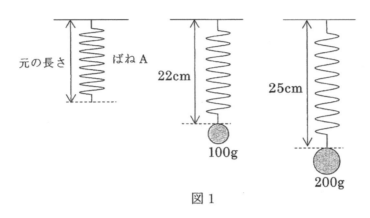

図 1

問 1　ばね A について，次の（1）〜（3）に答えなさい。
　（1）ばね A の元の長さは何 cm ですか。
　（2）ばね A に 250 g のおもりをつるしたとき，ばね A の長さは何 cm になりますか。
　（3）ばね A の長さを 20.2cm にするには，何 g のおもりをつるせばよいですか。

　下のグラフに示されるような性質のばね B，ばね C を使った実験（図 2〜図 5）を行いました。ただし，棒の長さは 20cm で，棒の重さ，糸の重さは考えないものとします。

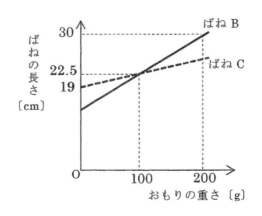

社 会 科 （中） 社中平31

(注意)　解答はすべて解答用紙に記入しなさい。

1 （40分）
□ 世界とつながる日本の工業と貿易について述べた次の文章を読んで，後の問いに答えなさい。

　天然資源にめぐまれない日本では，工業生産に使う原料や燃料の多くを①輸入にたよっています。輸入さ
原料は，国内の各地の工場で加工されて②工業製品となり，国内で使用されるだけでなく，世界のさまざま
へ③輸出されています。

問1　下線部①に関して，次の問いに答えなさい。

(1)　輸入品にかけられる税金を何というか答えなさい。

(2)　次のグラフは，日本が輸入している品目と輸入総額に占めるその割合を示したものです。グラフ中のA
にあてはまる品目を正しく組み合わせたものを，下のア～エから一つ選んで記号で答えなさい。

		液化天然ガス		
A	B	C		その他
25%	8%	5%	5%	57%

二宮書店『データブック オブ・ザ・ワールド 2018 年版』より作成

ア．A―機械類　　B―原油　　　　C―衣類
イ．A―原油　　　B―機械類　　　C―とうもろこし
ウ．A―衣類　　　B―とうもろこし　C―自動車
エ．A―肉類　　　B―原油　　　　C―野菜と果実

(3)　日本が輸入している鉄鉱石，石炭，牛肉の最大の輸入相手国は同じ国です。その国はどこですか。次の
ら一つ選んで記号で答えなさい。

ア．アメリカ合衆国　　イ．中国　　ウ．ロシア　　エ．オーストラリア

問2　下線部②に関して，次の問いに答えなさい。

(1)　次の表は，1960年，1980年，2015年の工業製品出荷額に占める各種工業の生産割合(%)を表したもの
表中のD～Fには，繊維，金属，機械工業のいずれかがあてはまります。表中のD～Fにあてはまる工
正しく組み合わせたものを，下のア～カから一つ選んで記号で答えなさい。

	D	E	化学	食料品	F	その他
1960 年	18.8	25.8	11.1	13.1	12.3	18.9
1980 年	17.1	31.8	15.5	10.5	5.2	19.9
2015 年	13.4	45.0	13.7	12.3	1.3	14.3

二宮書店『データブック オブ・ザ・ワールド 2018 年版』より作成

ア．D―機械　E―金属　F―繊維　　イ．D―機械　E―繊維　F―金属
ウ．D―金属　E―機械　F―繊維　　エ．D―金属　E―繊維　F―機械
オ．D―繊維　E―金属　F―機械　　カ．D―繊維　E―機械　F―金属

5 年表中④の大雪は平成17～18年にかけて発生したため、「18豪雪」ともよばれています。これに関して、この大雪の原因や、影響を受けた地域について述べた文として**誤っているもの**を、次の中から一つ選んで記号で答えなさい。

ア．この大雪は南東方向から吹いてくる季節風によってもたらされた。

イ．この大雪は風が海をわたってくるときに水分を含むことでもたらされた。

ウ．この大雪の被害が大きかったのは、おもに日本海側の地域である。

エ．この大雪の被害は島根県や広島県でもみられた。

6 年表中⑤に関して、次の文章は東日本大震災について述べたものです。文章中の空欄 あ ～ う にあてはまる語句をそれぞれ答えなさい。

2011年3月11日、三陸沖を震源とするマグニチュード9.0の大地震が発生しました。この地震では地震の揺れに加えて、最大40.1mを記録した あ が発生し、沿岸部の広い範囲で大きな被害をもたらしました。さらに福島第一 い 発電所の放射能汚染事故により、避難を余儀なくされた人々もいました。

このような自然災害から身を守るためにも、被害を予測し災害範囲や避難経路などを示した う を作成し、被害が発生したとき速やかに避難できる取り組みをすることが大切です。

7 年表中⑥の豪雨では、地図中②の河川の支流をはじめ多くの河川で氾濫がおきました。②の河川の名前を答えなさい。

日本各地の名所や旧跡について述べた次の**A・B**の文章を読んで、後の問いに答えなさい。

A 鹿児島県にある栫ノ原遺跡は国指定の遺跡です。①縄文時代の多くの住居跡や生活の道具や炉のあとが、この遺跡から発見されています。

弥生時代を代表する遺跡として佐賀県の吉野ヶ里遺跡があります。祭殿として使用されたと考えられる大型建物や支配者の墓が発見され、当時 ② という女王が治めていた③邪馬台国との関わりが議論されています。

5世紀には全国的に④古墳がつくられるようになりました。熊本県の江田船山古墳から発見された鉄刀には、大和朝廷の大王である ⑤ が当時この地域を支配していたことを示す文字が残されています。

7世紀の遺跡として、朝鮮半島での ⑥ の戦いに敗れた後、防衛を固めるために築造された水城跡が福岡県にあります。奈良時代には、奈良の東大寺を全国の総国分寺として、九州を含めた各地に国分寺が造営されました。⑧平安時代には、菅原道真を祀る太宰府天満宮が創建されました。

問 下線部①に関して、縄文時代の遺跡について述べた文として正しいものを、次の中から一つ選んで記号で答えなさい。

ア．動物をつかまえるために使われた、金属製の矢じりが多く出土している。

イ．つかまえた動物の皮をはぐための石包丁が出土している。

ウ．貝がらや動物の骨などを捨てた場所の跡は、貝塚とよばれている。

エ．豊かな恵みを願って作られた人形は、はにわとよばれている。

問2 空欄 ② にあてはまる語句を答えなさい。

問3 下線部③について述べた文として**誤っているもの**を，次の中から一つ選んで記号で答えなさい。

　ア．多くの渡来人が住んでおり，鉄器や仏教を伝えていた。

　イ．女王は中国に使者を送り，皇帝はそのお返しに倭王の称号を与えた。

　ウ．中国の『魏志』の倭人伝に，くにぐにの様子が記されている。

　エ．くにぐにの王たちが相談して女王を立てると，国内の争いがおさまった。

問4 下線部④について，大阪府にある日本最大の古墳の名前を答えなさい。

問5 空欄 ⑤ にあてはまる人名をカタカナで答えなさい。

問6 空欄 ⑥ にあてはまる語句を答えなさい。

問7 下線部⑦に関して，東大寺や東大寺の大仏について述べた文として正しいものを，次の中から一つ選んで記号で答えなさい。

　ア．東大寺の造営にあたり，全国から防人が集められた。

　イ．天智天皇は大仏をつくる詔（天皇の命令）を出した。

　ウ．僧侶の鑑真は弟子たちとともに大仏づくりに協力した。

　エ．大仏の開眼式に使われたものが正倉院に残されている。

問8 下線部⑧の時代のできごととして正しいものを，次の中から一つ選んで記号で答えなさい。

　ア．唐の都である北京を目指して，遣唐使が派遣された。

　イ．『日本書紀』や『古事記』などの朝廷の歴史を記した本が作られた。

　ウ．貴族の間では和歌が流行し，優れた和歌をあつめた『万葉集』が作られた。

　エ．末法の考え方が広まり，宇治に平等院鳳凰堂が建てられた。

B 博多湾沿岸に残る防塁は，⑨元寇に備えて⑩幕府がつくらせたものです。南九州の武士を率いて防塁を
つくった X 氏は，後に鹿児島県を支配する戦国大名になりました。また福岡県香椎地区の防塁を〔つくっ〕
た Y 氏は，戦国時代には現在の大分県を支配する有名なキリシタン大名となりました。

　14世紀に入ると足利氏が京都に新しく幕府を開き，この地を中心に⑪室町文化が栄えました。中国に〔渡り〕
⑫水墨画の技術を高めた僧侶が作ったといわれる庭が，山口県内に残っています。

　北陸の戦国大名朝倉氏の城下町である福井県の一乗谷では，⑬応仁の乱で荒廃した京都から多くの公〔家や〕
文化人が移り住み，京都の文化を受け継いだ町並みが生まれました。また城下町の遺跡からは金属を溶か〔すの〕
に用いる坩堝や鉛玉，バネなどが出土し，この地で⑭鉄砲が生産されていたと考えられています。

問9 下線部⑨に関して，右の絵は「蒙古襲来絵詞」の一部分で，この
の絵を描かせた肥後国（熊本県）の御家人が幕府に出向いたとき
のようすです。この御家人の名前を答えながら，この御家人が
出向いた理由を30字以内で答えなさい。

4 下線部④に関して，次のⅠ・Ⅱの図は江戸時代の町人の生活や文化を描いた浮世絵（えが）です。これらの図について述べた文として正しいものを，下のア〜エから一つ選んで記号で答えなさい。

Ⅰ 　Ⅱ

ア．Ⅰの図は「えちごや本店」を描いた図で，この店では主に呉服（ごふく）が販売（はんばい）されていた。

イ．Ⅰの図に描かれている「現金かけねなし」の商法は，鎌倉時代から広く用いられていた。

ウ．Ⅱの図は歌舞伎役者を描いた図で，近松門左衛門などの浮世絵師が描いた。

エ．Ⅱの図に描かれている本居宣長は，江戸時代を代表する歌舞伎役者である。

5 下線部⑤に関して，鎖国下の日本で朝鮮との交流の窓口になっていた藩の名前を答えなさい。

　明治時代になっても，東京での火災は頻発（ひんぱつ）しました。1872年には銀座で4000戸以上が焼失（しょうしつ）する大火があり，この火災の後に⑥銀座のレンガ街が形成され，文明開化の象徴（しょうちょう）となりました。
　東京の防火対策を進展させたのが，三島通庸（みしまみちつね）です。三島は⑦自由民権運動に参加する人々と対立しながらも各地の近代化を進め，東京では蒸気ポンプを利用した放水による消火方式を導入して，東京の大火を大幅（おおはば）に減らしました。この蒸気ポンプは防火設備だけでなく水道や工場，鉱山などでも導入され，⑧都市や産業の近代化に役立ちました。特にポンプを利用した水道の整備により，東京の⑨伝染病（でんせんびょう）は大きく減少しました。安全性が増した東京には一層人口が集中し，⑩大正時代には職業婦人とよばれる女性労働者が増加しました。このような東京の変化は，人々の政治意識の変化にも影響（えいきょう）を与（あた）えました。

6 下線部⑥に関して，次に示す銀座のレンガ街の浮世絵には，文明開化を象徴するものと，旧来の日本文化を象徴するものが混在しています。この図を見ながら，文明開化を象徴するものと，旧来の日本文化を象徴するものをそれぞれ2つずつあげなさい。

問7 下線部⑦について述べた文として正しいものを，次の中から一つ選んで記号で答えなさい。

ア．福沢諭吉は都市の知識人を中心に自由民権運動を指導し，自由党を結成した。

イ．西郷隆盛は農民を中心として西南戦争を起こし，自由民権運動のさきがけとなった。

ウ．自由民権運動では，地租を軽くすることや条約改正を進めることも要求にあげられた。

エ．政府は，自由民権運動に関わる人々が憲法草案を発表することを徹底的に禁止した。

問8 下線部⑧に関して，明治時代後期の都市や産業の近代化について述べた文として正しいものを，次の中から一つ選んで記号で答えなさい。

ア．製糸業の発達にともない，20世紀初頭には官営富岡製糸場が建設された。

イ．日露戦争の後には重工業が発達し，八幡製鉄所などで鉄鋼が生産された。

ウ．排水ポンプの導入で拡大した筑豊炭田の鉱毒被害を受け，田中正造が被害を天皇に直訴した。

エ．都市部では水道の他にガスや電気が普及し，電気冷蔵庫が多くの家庭に広まった。

問9 下線部⑨に関して，ドイツで破傷風の治療法を発見し，帰国後に伝染病研究所をつくった人物を答えなさい。

問10 下線部⑩について述べた文として正しいものを，次の中から一つ選んで記号で答えなさい。

ア．女性がバスの車掌や国会議員として活躍し，女性の社会進出が進んだ。

イ．平塚らいてうは，女性の地位向上をめざして全国水平社を結成した。

ウ．米の値上がりに反発した主婦の暴動から，米騒動が起こった。

エ．大正時代に普通選挙が実現し，25歳以上の男女に選挙権が与えられた。

D 大正時代最大の大火は，1923年の ⑪ によるものです。この災害では10万人以上の死者が出ました。その大半は火災による焼死です。この災害からの復興計画を立てたのは，⑫日清戦争後の台湾行政で手腕を揮った後藤新平です。災害から立ち直った東京の都心部ではデパートも開店し，東京は市民文化の中心となりました。

東京で多数の犠牲者を出した最後の大火は，1945年の東京大空襲によるものです。このときには火災を引き起こす特殊な爆弾である ⑬ が大量に投下され，8万〜10万人が犠牲になったと言われています。⑭これまでの日本の戦争はすべて国外で行われており，この空襲は大きな衝撃となりました。戦後は死者が100人を超えるような大規模火災は起こっていませんが，冬場の強風の時期には大火が発生しています。

問11 空欄 ⑪ にあてはまる災害の名前を答えなさい。

問12 下線部⑫について，この戦争は「ある国」の支配権をめぐる清との対立から始まり，戦後の条約では「ある国」が清から独立することが認められました。この「ある国」の名前を答えなさい。

問13 空欄 ⑬ にあてはまる語句を答えなさい。

問14 下線部⑭に関して，1930年代から起こった日本の戦争について述べた文として正しいものを，次の中から一つ選んで記号で答えなさい。

ア．日本軍と中国軍が南京の郊外で衝突し，日中戦争が始まった。

イ．日中戦争が始まると同時に，ソ連も日本との戦争を始めた。

ウ．太平洋戦争の開始直後から，アメリカは日本の基地を次々と陥落させた。

エ．太平洋戦争が長引くと，兵力を補うため大学生も兵士として動員された。

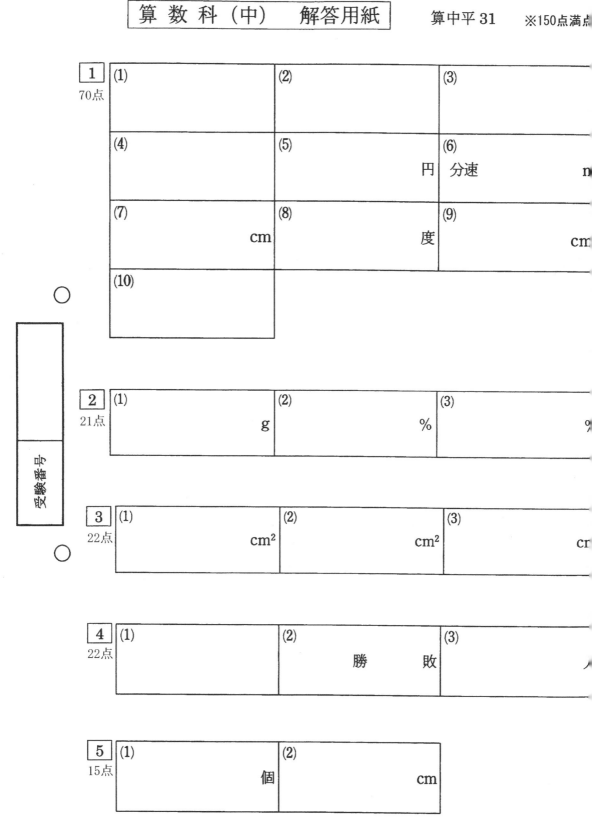

算 数 科（中） 解答用紙　　算中平 31　※150点満点

1 70点

(1)	(2)	(3)
(4)	(5)	(6) 円　分速　　m
(7) cm	(8) 度	(9) cm
(10)		

受験番号

2 21点

| (1) g | (2) % | (3) % |

3 22点

| (1) cm² | (2) cm² | (3) cm |

4 22点

| (1) | (2) 勝　　敗 | (3) |

5 15点

| (1) 個 | (2) cm |

理科（中）解答用紙

1 20点

(1)	(2)	(3)	(4)	(5)	(6)	(7)	(8)	(9)	(10)

2 21点

問1	①		②		③		問2		問3	

問4		問5		L	

受験番号

3 18点

問1	(1)			(2)	
	(3)				

問2	(1)		(2)		
	(3)				

問3	(1)		(2)	

社会科（中）　社中平31

受験番号 ☐

解答用紙

○　　　○

※100点満点

1　18点(2点×9)

問1 (1)		(2)		(3)		問2 (1)		(2)
問3 あ		い		う		え		

2　22点(2点×11)

問1 (1)		(2) a		b		問2		問3		問4
問5		問6 あ				い		う		
問7										

3　20点(問7，8．2点×2　問9．4点　他1点×12)

問1		問2		問3		問4	
問5		問6		の戦い 問7		問8	

4

23点 〔問1，3，4，7，8，10，14．2点×7　問6．3点（文明開化は完答1点，日本文化は各1点）　他1点×6〕

問1		問2		問3		問4		問5

問6	文明開化を象徴するもの			
	旧来の日本文化を象徴するもの			

問7		問8		問9		問10		問11

問12		問13		問14

問14		問15

5

17点〔問6．3点　他2点×7〕

問1		問2	

問3	広島市：	月　　　日	長崎市：	月　　　日	問4		問5

問6		問7

4 20点

問1		問2		問3	
問4		問5		問6	

問7	(1)	
	(2)	

5 21点

問1	(1)	cm	(2)	cm	(3)	g
問2	(1)	cm	(2)	g		
問3		g				
問4		cm				
問5	①		②			

【計算用紙】

次の文章を読んで，後の問いに答えなさい。

2018年6月末，バーレーンで開催されていた①世界遺産委員会において，「長崎と天草地方の潜伏キリシタン関連遺産」が世界文化遺産として登録されました。2015年に登録された②「明治日本の産業革命遺産」に続く新たな世界文化遺産の誕生は，これまで長崎県で育まれてきた歴史と文化が持っている重みと高い価値を，あらためて認識させるできごととなりました。

ところで，長崎県の歴史を語る際に忘れてはならないのが，③1945年に投下された原子爆弾に関係する場所です。長崎市北部にある爆心地公園や平和公園一帯には原爆資料館をはじめとする多くの関連施設や慰霊碑があり，各地から多くの人々が訪れています。2018年の原爆祈念式典には，④内閣総理大臣や国務大臣，⑤衆議院・参議院の議長，国際連合のグテーレス事務総長など多くの人々が出席しました。これらの場所は，⑥広島市の平和記念公園や沖縄県糸満市の沖縄県営平和祈念公園など各地に設置されている戦没者を追悼する施設とともに，⑦日本国憲法にも示されている平和主義の意味を考えるためにも大切にしておきたいところです。

1　下線部①について，この委員会が属している国際連合の専門機関の名前を答えなさい。なお，略称をカタカナで答えてもかまいません。

2　下線部②に関して，右の写真はこの遺産の一つが存在する端島を撮影したものです。現在は無人島になっている端島には，以前どのような施設がありましたか。最も適切なものを次の中から一つ選んで記号で答えなさい。
ア．製鉄所　　　イ．造船所　　　ウ．銀山　　　エ．炭鉱

3　下線部③に関して，広島市と長崎市に原子爆弾が投下された日付(月，日)をそれぞれ答えなさい。

4　下線部④について述べた文として**誤っているもの**を，次の中から一つ選んで記号で答えなさい。
ア．21世紀に入って選ばれた内閣総理大臣は，すべて自由民主党に所属している。
イ．内閣総理大臣は，必ず国会議員でなければならない。
ウ．国務大臣の過半数は，国会議員でなければならない。
エ．内閣総理大臣は，国務大臣をやめさせることができる。

5　下線部⑤について述べた文として正しいものを，次の中から一つ選んで記号で答えなさい。
ア．衆議院議員を選ぶ選挙は，すべて小選挙区制で行われている。
イ．衆議院議員の任期は4年であるが，それよりも短くなる場合もある。
ウ．参議院議員を選ぶ選挙は，6年ごとに行われている。
エ．参議院議員のうちの一定数は，政府の推薦によって選ばれている。

6　下線部⑥に関して，2016年5月にこの場所をアメリカ合衆国のオバマ大統領が訪問しました。この訪問は日本国内のみならず，アメリカや世界各国においても，たいへん大きな関心をよびました。オバマ大統領の訪問が注目された最も大きな理由を簡単に述べなさい。

7　下線部⑦について述べた文として**誤っているもの**を，次の中から一つ選んで記号で答えなさい。
ア．日本国憲法は，1946年11月3日に公布された。
イ．日本国憲法では，天皇は日本国と日本国民統合の象徴とされた。
ウ．日本国憲法では，国民の義務を二つだけ定めている。
エ．日本国憲法は，これまで一度も改正されたことはない。

4 近世・近代の江戸・東京の火災について述べた次のA〜Dの文章を読んで，後の問いに答えなさい。

A 「火事と喧嘩は江戸の華」と言われるように，近世の江戸はたくさんの火災に見舞われました。記録に残る
戸最初の火事は1601年のことで，①徳川家康が征夷大将軍に就任する前のことです。1641年には桶町火事
よばれる大火が発生し，3代将軍の ② が自ら江戸城大手門に出て鎮火の陣頭指揮にあたったと言われ
います。

問1 下線部①について述べた文として正しいものを，次の中から一つ選んで記号で答えなさい。
　　ア．関ヶ原の戦いで，対立する石田三成らを破った。
　　イ．大阪の陣で，豊臣秀吉を倒した。
　　ウ．武家諸法度で，大名たちに参勤交代を命じた。
　　エ．長崎の出島に，オランダ人を収容した。
問2 空欄 ② にあてはまる人名を答えなさい。

B 江戸時代の火災の原因は様々です。原因の一つに失火があり，江戸の人々は火の始末には十分に配慮しまし
1787年の③天明の打ちこわしのときには暴徒がわざわざ家屋内に入り込み，炊事の火などをていねいに鎮
した後に家屋を破壊したそうです。また失火を恐れた江戸の庶民は自宅に風呂を設けませんでした。このた
江戸には銭湯がたくさん現れ，④式亭三馬の『浮世風呂』に見られるように町人の交流の場になっていました
　　江戸時代の火災には，放火によるものも多いようです。火災の件数はしだいに増加し，19世紀には17世
の4倍以上の件数になっています。19世紀になると政治改革の失敗や⑤鎖国政策の動揺などの影響で幕府
権威が低下し，放火などの犯罪の増加につながったと考えられます。

問3 下線部③に関して，江戸時代の百姓一揆や打ちこわしについて述べた文として正しいものを，次の中か
　　一つ選んで記号で答えなさい。
　　ア．江戸時代の百姓一揆の件数が最も多かったのは，17世紀のききんのときであった。
　　イ．18世紀には，キリスト教禁圧に抵抗した人々による島原・天草一揆が起こった。
　　ウ．19世紀には，ききんに対する幕府の政策に抗議して大塩平八郎が反乱を起こした。
　　エ．幕末には米の値段が急激に下落したため，米商人を中心とする打ちこわしが起こった。

問10　下線部⑩に関して，当時幕府がおかれていた場所として正しいものを，地図中の**ア～エ**から一つ選んで記号で答えなさい。

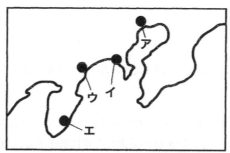

問11　下線部⑪について述べた文として正しいものを，次の中から一つ選んで記号で答えなさい。
　　ア．世阿弥が狂言や能を田楽に発展させた。
　　イ．現在の和室の起源といわれる書院造が広まった。
　　ウ．千利休が安土城の城下町で茶会を開いた。
　　エ．京都の町人・商人の間に歌舞伎が広まった。

問12　下線部⑫に関して，右の水墨画を描いたこの僧侶の名前を答えなさい。

問13　下線部⑬に関して，応仁の乱は8代将軍の後継者（こうけいしゃ）争いなどを原因としておこりました。この8代将軍の名前を答えなさい。

問14　下線部⑭に関して，ポルトガル人が初めて鉄砲を伝えた島と，その主な生産地である堺（さかい）の場所の組み合わせとして正しいものを，下のア～カから一つ選んで記号で答えなさい。

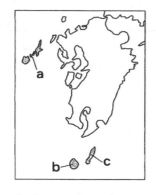 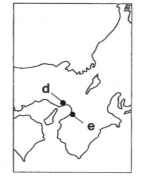

　　ア．aとd　　　イ．aとe　　　ウ．bとd　　　エ．bとe　　　オ．cとd　　　カ．cとe

問15　空欄　**X**　・　**Y**　にあてはまる氏族名の組み合わせとして正しいものを，次の中から一つ選んで記号で答えなさい。
　　ア．**X**－島津（しまづ）　　**Y**－大内
　　イ．**X**－島津　　**Y**－大友
　　ウ．**X**－長宗我部（ちょうそ・かべ）　　**Y**－大内
　　エ．**X**－長宗我部　　**Y**－大友

問2 年表中①の台風は，全国のりんご農家をはじめ各地の農産物に大きな被害を与えたことから「りんご台~~ともよばれています。これに関して，次の表は，りんご・みかん・もも の生産上位の県とその割合を示~~たものです。表のA～Cの農産物名を正しく組み合わせたものを，下のア～カから一つ選んで記号で答え~~さい。

A	(%)
1 山　梨	31.3
2 福　島	23.0
3 長　野	12.6
4 和歌山	7.8
5 山　形	7.2

B	(%)
1 青　森	58.5
2 長　野	18.6
3 山　形	6.0
4 岩　手	5.7
5 福　島	3.5

C	(%)
1 和歌山	20.0
2 愛　媛	15.9
3 静　岡	15.1
4 熊　本	10.4
5 長　崎	6.2

矢野恒太記念会『日本国勢図会 2018/19』より作成

ア．A－りんご　B－みかん　C－もも　　　イ．A－りんご　B－もも　　C－みかん

ウ．A－みかん　B－りんご　C－もも　　　エ．A－みかん　B－もも　　C－りんご

オ．A－もも　　B－みかん　C－りんご　　カ．A－もも　　B－りんご　C－みかん

問3 年表中②の地震では，高速道路の橋脚が倒れたり，鉄道が寸断されたりして，多くの交通機関が被害~~受けました。これに関して，次の表は日本の旅客における輸送機関別輸送量の推移を示したものです。~~中D～Fの交通機関を正しく組み合わせたものを，下のア～カから一つ選んで記号で答えなさい。なお~~1970年のＪＲの数値は，当時の国鉄の数値を使用しています。

	輸送機関別構成比（％）			
	D	E	F	旅客船
1970年	49.2	48.4	1.6	0.8
1990年	29.8	65.7	4.0	0.5
2009年	28.7	65.6	5.5	0.2

二宮書店『データブック オブ・ザ・ワールド 2018 年版』より作成

ア．D－鉄道(JR・民鉄)　E－自動車　　　F－航空

イ．D－鉄道(JR・民鉄)　E－航空　　　　F－自動車

ウ．D－自動車　　　　　E－鉄道(JR・民鉄)　F－航空

エ．D－自動車　　　　　E－航空　　　　F－鉄道(JR・民鉄)

オ．D－航空　　　　　　E－自動車　　　F－鉄道(JR・民鉄)

カ．D－航空　　　　　　E－鉄道(JR・民鉄)　F－自動車

問4 年表中③の地震は，地図中１の河川の近くで発生し，がけ崩れなどの被害をもたらしました。１の河川~~名前を答えなさい。

(2) 次のグラフは，日本が輸出している工業製品の品目の中から輸出額が多い4つの品目と輸出総額に占めるその割合を示したものです。Gにあてはまる輸出品目を答えなさい。

精密機械　鉄鋼

機械	G			その他
35%	22%	6%	4%	33%

二宮書店『データブック オブ・ザ・ワールド 2018年版』より作成

問3　下線部③に関して，次の表は，日本の主な貿易相手国の輸出額と輸入額を表したものです。**あ～お**には中国，アメリカ合衆国，韓国，オーストラリア，サウジアラビアのいずれかがあてはまります。**あ～え**の国名を答えなさい。

	あ	**い**	**う**	**え**	**お**
日本の輸出額	123,614	141,429	50,204	15,321	5,463
日本の輸入額	170,190	73,221	27,221	33,211	21,249

単位は億円

二宮書店『データブック オブ・ザ・ワールド 2018年版』より作成

2　次の表は，日本で起きた大きな自然災害をまとめたものです。右の地図も参考にしながら，後の問いに答えなさい。

1991年	a 雲仙普賢岳の噴火
1991年	台風19号による被害 ……①
1995年	阪神・淡路大震災 ………②
2000年	b 有珠山の噴火
2004年	新潟県中越地震 …………③
2005年	大雪による被害 …………④
2011年	c 霧島山新燃岳の噴火
2011年	東日本大震災 ……………⑤
2014年	d 御嶽山の噴火
2017年	九州北部豪雨による災害…⑥

問1　年表中a～dの火山について，次の問いに答えなさい。

(1) この火山は長野県と岐阜県にまたがり，戦後最大の死者・行方不明者を出した噴火で知られる火山です。この火山にあてはまるものを年表中a～dから一つ選んで記号で答えなさい。

(2) a・bの火山の位置を地図中**ア～カ**からそれぞれ選んで記号で答えなさい。

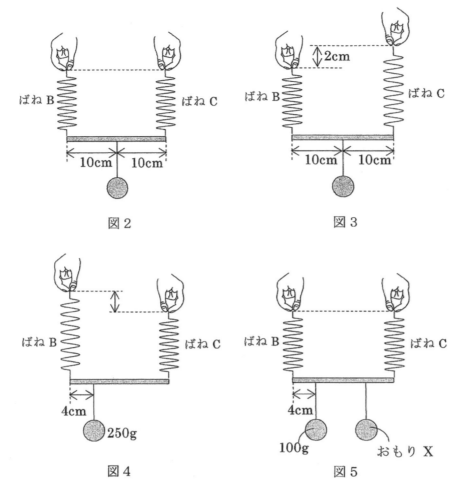

図2　　　　　　　　　　　　　図3

図4　　　　　　　　　　　　　図5

問2　図2のように，棒の両はしにばねBとばねCをつなぎ，棒の真ん中におもりをつるすと，ばねは同じ長さになり，棒は水平になってつり合いました。次の（1），（2）に答えなさい。

（1）ばねBの長さは何cmですか。

（2）おもりの重さは何gですか。

問3　図3のように，図2で使ったおもりを別の重さのおもりに交換して棒を水平にすると，ばねCのほうがばねBよりも2cm長くなりました。おもりの重さは何gですか。

問4　図4のように，棒の左はしから4cmのところに250gのおもりをつるして棒を水平にすると，ばねBのほうがばねCよりも何cm長くなりますか。

問5　図5について述べた次の文の（　①　），（　②　）に適する数値をそれぞれ答えなさい。

　　100gのおもりを棒の左はしから4cmのところにつるし，（　①　）gのおもりXを，棒の左はしから（　②　）cmのところにつるすと，ばねは同じ長さになり，棒は水平になってつり合いました。

4 次の文章を読んで，後の問いに答えなさい。

Sさんは9月のある日の夜，南向きの窓から見える月を観察しました。午後7時から1時間ごとに午前1時までの7回，月の位置をスケッチしていくと図1のA〜Gのようになりました。Sさんの部屋からは真南の方角に一番高い山の山頂が見えますが，Cのスケッチをしたとき，ちょうどその山頂の真上に月が見えました。

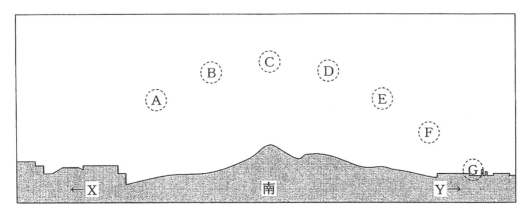

図1

問1　図1の矢印X，Yのうち，東の方角を指しているのはどちらですか。

問2　午後7時の月は図1のA〜Gのうち，どの位置に見えましたか。

問3　この日，Sさんの部屋から月が見え始めたのは何時ごろですか。もっとも近いものを次のア〜カの中から1つ選んで，記号で答えなさい。
　　ア　午後2時ごろ　　イ　午後3時ごろ　　ウ　午後4時ごろ
　　エ　午後5時ごろ　　オ　午後6時ごろ　　カ　午後7時ごろ

問4　この日の月の位置として適当な場所はどこですか。右図のア〜クの中から1つ選んで，記号で答えなさい。

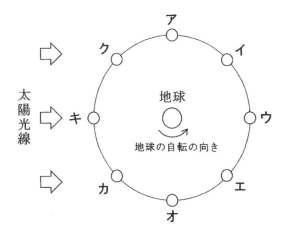

問3　図3のガスバーナーについて，次の（1），（2）に答えなさい。

（1）ガスを出すときのねじの回し方として正しいものはどれですか。次の**ア**〜**エ**の中から1つ選んで，記号で答えなさい。

ア　ねじAを右に回す（時計回り）　　　**イ**　ねじAを左に回す（反時計回り）
ウ　ねじBを右に回す（時計回り）　　　**エ**　ねじBを左に回す（反時計回り）

（2）消火するときのねじA，ねじBおよび元せんを閉める順番として，正しいものはどれですか。次の**ア**〜**カ**の中から1つ選んで，記号で答えなさい。

ア　ねじA → ねじB → 元せん　　　　**イ**　ねじA → 元せん → ねじB
ウ　ねじB → ねじA → 元せん　　　　**エ**　ねじB → 元せん → ねじA
オ　元せん → ねじA → ねじB　　　　**カ**　元せん → ねじB → ねじA

（8）地層を観察したところ，泥の層，砂の層，れきの層が右図のように重なっていました。れきの層が一番古く，泥の層が一番新しいことが分かっています。この地層がつくられたときに起きたこととして，適当なものはどれですか。

　ア　温暖化によって海面が上昇した。
　イ　津波によって土砂が運ばれてきた。
　ウ　火山が噴火して火山灰が積もった。
　エ　地震によって地面が隆起した。
　オ　さんご礁ができてやがて死滅した。

（9）同じ性質の豆電球と同じ性質の乾電池を使って，回路をつくりました。乾電池がもっとも長持ちするものはどれですか。

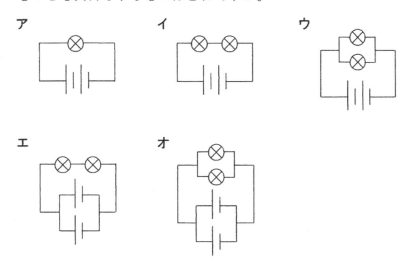

（10）水に関して述べた次の文中の下線部のうち，**あやまっているもの**はどれですか。

　　水を冷やしていくとァ0℃でこおり始めます。水がすべて氷になるまでィ0℃のまま温度は変わりません。また，水が氷になるとゥ体積は減り，氷が水にもどると体積はェもとにもどります。同じ体積では水よりも氷の方がォ軽くなります。そのため，氷は水にうかびます。

（5）食われるもの，食うものの**関係ではないもの**はどれですか。

ア ミミズ － モグラ　　**イ** バッタ － リス　　**ウ** ミジンコ － メダカ

エ カエル － タガメ　　**オ** フナ － サギ

（6）下図のように，天じょうからつるしたおもりを静かにはなしたとき，おもりが木片にあたるまでの時間がもっとも長くなる組み合わせはどれですか。

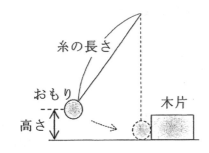

	ア	**イ**	**ウ**	**エ**	**オ**
おもりの重さ〔g〕	100	200	300	300	100
おもりの高さ〔cm〕	10	10	5	10	10
糸の長さ〔cm〕	40	40	45	45	50

（7）川の氾濫による洪水を防ぐための工夫として，**適切ではないもの**はどれですか。

ア　地下に巨大な空間をつくり，水を一時たくわえられるようにする。

イ　曲がりくねった川を，まっすぐ流れるように工事をして川の道筋を変える。

ウ　水が増えすぎるのを防ぐため，川のそばの池を埋め立てる。

エ　水が流れ出さないように，川岸に石を積み上げて堤防をつくる。

オ　植物が水をたくわえることを利用して，山に植林をする。

2 容器Aに濃度6％の食塩水が100g，容器Bに濃度12％の食塩水が200g入っています。下に示すような操作を行います。

操作① Bから20gをAに移し，よく混ぜる。

操作② 操作①の後，Aから20gをBに移し，よく混ぜる。

操作③ 操作②の後，Bから20gをAに移し，よく混ぜる。

このとき，次の各問いに答えなさい。

(1) はじめの，A，Bの食塩水に含まれる食塩は合わせて何gですか。

(2) 操作①の後の，Aの食塩水の濃度を求めなさい。

(3) 操作③の後の，Aの食塩水の濃度を求めなさい。

3 図1のような，1辺の長さが3cmの正方形を4つ合わせた2種類のピースA，Bがたくさんあります。斜線部分は幅1cmののりしろで，これらのピースA，Bを，のりしろがぴったりと重なるようにつなぎ合わせていきます。最初はピースAの右側にピースBをつなぎます。次に，その右側にピースAをつなぎます。このように，A，B，A，B，…の順につなぎ合わせていきます。図2は，4個のピースをつなぎ合わせてできる図形を示しています。このとき，次の各問いに答えなさい。

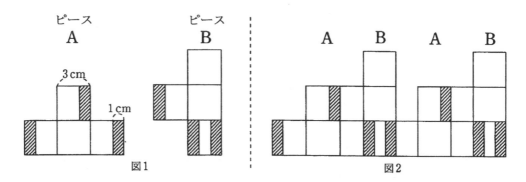

ピース A　　ピース B　　　　A B A B

図1　　　　　　　　　図2

(1) 2個のピースをつなぎ合わせてできる図形の面積を求めなさい。

(2) 6個のピースをつなぎ合わせてできる図形の面積を求めなさい。

(3) 31個のピースをつなぎ合わせてできる図形の面積を求めなさい。

(8) 右の図は，三角形 ABC の内部に AP＝BP＝CP となる
　　ような点 P をとったものです。このとき，⑥ の角度を
　　求めなさい。

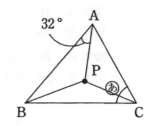

(9) 右の図は，正方形と円を重ねたものです。
　　斜線部分の面積を求めなさい。

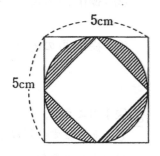

(10) 右の図のような正六角形 ABCDEF があります。点 P が
　　この正六角形の辺上を A から F まで A → B → C → D →
　　E → F の順で頂点を通って，一定の速さで移動します。
　　このとき，点 P が頂点 A を出発してから移動した時間と
　　三角形 APF の面積との関係をグラフで表すと，下の (ア)
　　～(エ) のグラフのうちどれになりますか。

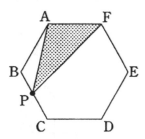

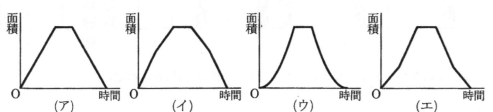

算数科（中）　　算中平 30

(60分)

（注意）　円周率はすべて 3.14 を使い，解答はすべて解答用紙に記入しなさい。

1 次の各問いに答えなさい。

(1) $42-(19\times3-5)\div4$ を計算しなさい。

(2) $7.5\div0.7\times0.56-1.1\times4$ を計算しなさい。

(3) $\dfrac{5}{2}\div\left(3\dfrac{2}{3}-2\dfrac{1}{2}\right)$ を計算しなさい。

(4) $\left(\boxed{}\times4-1\right)\times431=8189$ となるとき，$\boxed{}$ にあてはまる数を求めなさい。

(5) 分速 150 m で x 時間走ったあと，2 km 歩いたとき，移動した合計の道のりは y km でした。x と y の関係を式に表すと以下のようになります。$\boxed{}$ にあてはまる x を用いた式を求めなさい。

$$y=\boxed{}$$

(6) 一郎さんは，10 本入り 1 箱 900 円のえん筆を 2 割引きで 1 箱買い，次郎さんは 8 本入り 1 箱 600 円のえん筆を 1 箱買いました。「えん筆 1 本あたり」で比べた以下の文章の $\boxed{\text{ア}}$ ，$\boxed{\text{イ}}$ にあてはまる名前や金額を答えなさい。

$\boxed{\text{ア}}$ さんが買ったえん筆のほうが，1 本あたり $\boxed{\text{イ}}$ 円安い。

4 かおりさんは，今年の1月1日月曜日から1年間，貯金をすることにしました。1週間のうち，月曜日から金曜日までは毎日10円，土曜日には15円，日曜日には20円貯金します。次の各問いに答えなさい。今年の各月の最終日は以下の表の通りです。

月	1	2	3	4	5	6	7	8	9	10	11	12
最終日	31	28	31	30	31	30	31	31	30	31	30	31

(1) 1月31日まで貯金するといくらになりますか。

(2) 12月31日まで貯金するといくらになりますか。

(3) 貯金額が3000円をこえるのは何月何日ですか。

5 同じ大きさの白い立方体の積み木をすき間なく積み重ねて図のような立体をつくり，表面すべてに赤い色をぬりました。ただし，表面すべてとは，底の面も含まれます。次の各問いに答えなさい。

(1) 積み木を何個積み重ねていますか。

(2) 1つの面だけが赤い積み木は何個ですか。

(3) 赤い面が1つもない積み木は何個ですか。

(4) 2つの面だけが赤い積み木は何個ですか。

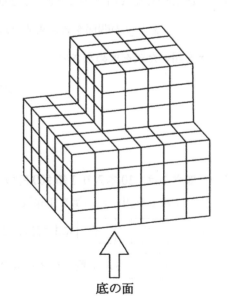

底の面

理科 （中）

理中平30

（注意）解答はすべて解答用紙に記入しなさい。

（40分）

1 次の（1）～（9）の問いについて，それぞれ**ア**～**オ**の中から適当なものを1つずつ
選んで，記号で答えなさい。

（1）月について正しく述べたものはどれですか。
- **ア** 三日月は，夕方，東の高い空に見える。
- **イ** 月の表面には「海」とよばれる円形のくぼみが，数多く見られる。
- **ウ** 月の表面温度は約−170℃～約130℃である。
- **エ** 月の大きさは太陽とほぼ同じである。
- **オ** 月はみずから光を出している。

（2）実験器具の使い方や実験の方法として**あやまっているもの**はどれですか。
- **ア** メスシリンダーのめもりを読むときは，目の位置を液面と同じ高さにする。
- **イ** 水よう液をろ過するときは，ろうとの足はビーカーの中央にもってくる。
- **ウ** 上皿てんびんで重さをはかるときは，分銅を重いものから軽いものにかえていく。
- **エ** 水よう液のにおいをかぐときは，直接吸い込まないように手であおぐ。
- **オ** リトマス紙はピンセットで持ち，ガラス棒を使って水よう液をつける。

（3）身のまわりの現象について，正しく説明したものはどれですか。
- **ア** 炭火をうちわであおげば，酸素が送られて火のいきおいが強くなるんだよ。
- **イ** ローソクの火に息を吹き付ければ，二酸化炭素が送られるから消えるんだよ。
- **ウ** ソフトクリームよりかき氷が冷たく感じるのはそれだけ温度が低いからだよ。
- **エ** ソフトクリームは日なたより風のすずしい日かげで食べた方がとけにくいよ。
- **オ** 地面に打ち水をすれば，冷たい水が地面を冷やすからすずしくなるんだよ。

（4）食紅をとかした水でホウセンカを3日間育てたあと，くきを横に切って色のつき方を
調べました。食紅の色がついたところをぬりつぶして示したものはどれですか。

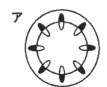  

3 　一円玉の重さがちょうど１ｇであることを教えてもらったので，学校で習ったてんびんを使って，他の硬貨の重さを調べる実験を行いました。後の問いに答えなさい。
　　求める数値がわり切れない場合は，四捨五入して小数第２位まで答えなさい。

[準備] 　てんびんは，図のように，一様な
　　（均質な）軽い棒の中央を支点とし，
　　支点から左右に等間隔の４か所に軽
　　い皿Ａ〜Ｄを糸でつるして，何もの
　　せないときにちょうどつりあうよう
　　に作った。

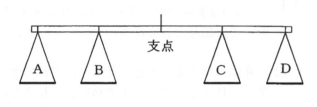

　　硬貨は，五円玉・十円玉・五十円玉・百円玉・五百円玉をそれぞれ１個ずつと，
　　一円玉を３個準備した。

[実験１] 　Ａに五円玉をのせ，Ｄに一円玉を１個ずつ追加しながら３個までのせたが，
　　Ｄは上がったままで下がることはなかった。Ａにのせる硬貨をかえて同じ操作
　　を行ったが，どの硬貨の場合もＤは上がったままで下がることはなかった。

[実験２] 　Ｂに五円玉をのせ，Ｄに一円玉を１個ずつ追加しながらのせたところ，２個
　　目の一円玉をのせたところでＤが下がってしまった。Ｂにのせる硬貨をかえて
　　同じ操作を行ったところ，十円玉・百円玉では３個目の一円玉をのせたところ
　　でＤが下がってしまったが，五十円玉では２個目でちょうどつりあい，五百円
　　玉では３個のせてもＤが下がることはなかった。

問１　実験１・２でわかったことを次のようにまとめてみました。（　①　）〜（　③　）に
　　適する数値をそれぞれ答えなさい。
　　　「五十円玉の重さは（　①　）ｇであり，五円玉は（　②　）ｇより重いが（　①　）ｇ
　　　より軽く，十円玉・百円玉は（　①　）ｇより重いが（　③　）ｇより軽い。五百円玉は
　　　（　③　）ｇより重い。」

[実験３] 　Ａに十円玉をのせ，Ｄに五十円玉を，Ｃに一円玉を１個のせたところ，ちょ
　　うどつりあった。

[実験４] 　Ａに五百円玉をのせ，Ｄに五十円玉と一円玉３個をのせたところ，ちょうど
　　つりあった。

問２　十円玉と五百円玉の重さはそれぞれ何ｇですか。

問３　実験４で，Ｄの五十円玉を十円玉にかえると，Ａの五百円玉とちょうどつりあうよう
　　にするためには，一円玉をＣとＤにそれぞれ何個ずつのせればよいですか。

[実験５] 　Ａに五円玉を，Ｂに五十円玉をのせ，Ｃに十円玉と五百円玉をのせるとちょ
　　うどつりあった。

問４　五円玉の重さは何ｇですか。

③

4 気体に関して，次の問いに答えなさい。

問1　アンモニア水について正しく述べたものを次の**ア〜オ**の中からすべて選んで，記号で答えなさい。
　　ア　とう明である。　　　**イ**　二酸化炭素を加えると白くにごる。
　　ウ　鼻をさすような強いにおいがする。　　　**エ**　鉄を入れると気体が出る。
　　オ　緑色のＢＴＢよう液を入れると黄色に変わる。

問2　アンモニア水と同様に気体がとけてできた水よう液はどれですか。次の**ア〜オ**の中から１つ選んで，記号で答えなさい。
　　ア　食塩水　　　**イ**　塩酸　　　**ウ**　ミョウバン水　　　**エ**　砂糖水
　　オ　セッケン水

問3　図1のように，ふたが上下に動く容器Aを用意
　　し，水が入った容器Bとつなぎました。この容器
　　Aに気体のアンモニアを入れてふたが動かなくな
　　るまで放置しました。その後，せんを開けると，
　　容器Bから容器Aに水が入りました。このとき，
　　ふたはどうなりますか。正しいものを次の**ア〜ウ**
　　の中から選んで，記号で答えなさい。
　　ア　もとの位置より上に動く。
　　イ　もとの位置より下に動く。
　　ウ　ふたの位置はかわらない。

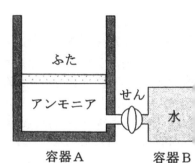

図1

問4　酸素は水にとけにくい気体ですが，わずかに水にとけています。酸素が水にとけていることがわかる身近な例を１つ示しなさい。

問5　水の温度を上げると，水に対する気体のとけやすさはどうなりますか。次の**ア〜ウ**の中から１つ選んで，記号で答えなさい。
　　ア　とけやすくなる　　　**イ**　とけにくくなる　　　**ウ**　変わらない

問6　問5と関係のある現象を次の**ア〜エ**の中から１つ選んで，記号で答えなさい。
　　ア　ポリぶくろに液体のアルコールを入れて密閉し，熱湯をかけるとポリぶくろがふくらむ。
　　イ　空の試験管の口にセッケン水のまくをはって試験管をあたためると，セッケン水のまくがふくらむ。
　　ウ　炭酸水の入ったボトルをあたためると，あわがさかんに出てくる。
　　エ　少量の水を入れたアルミ缶を加熱して水を沸とうさせ，アルミ缶を密閉して冷たい水の中に入れるとアルミ缶がつぶれる。

問1 文章中の空らん（ ① ），（ ② ）に入る適切な語を，それぞれ答えなさい。

問2 下線部1について，このような動物のなかまを何といいますか。

問3 下線部2について，ヒトが行う呼吸に関する次の（1）～（3）に答えなさい。

（1）口や鼻と肺の間をつなぐ空気の通り道を何といいますか。

（2）肺は，肺ほうとよばれる小さなふくろのようなつくりがたくさん集まってできています。肺が1つの大きなふくろではなく，肺ほうのような小さなふくろの集合体であることの利点は何ですか。2行以内で説明しなさい。

（3）はき出す気体に最も多くふくまれる気体は何ですか。

問4 下線部3について，次の（1）および（2）に答えなさい。

（1）母親と母親の体内にいる子どものヘモグロビンの酸素との結合しやすさ，はなれやすさが同じだとすると，どのようになると考えられますか。次のア～ウの記述の中から1つ選んで，記号で答えなさい。

　ア　母親から酸素を受け取ることができ，正常に酸素を使うことができる。

　イ　母親から酸素を受け取ることができるが，子どもの体内で酸素が放出されず，正常に酸素を使うことができない。

　ウ　母親から酸素を受け取ることができずに，正常に酸素を使うことができない。

（2）図2の曲線Aは，母親のもつヘモグロビンについて，さまざまな酸素のう度で酸素と結合している割合をグラフに表したものです。例えば，酸素のう度が100のときでは，95%のヘモグロビンが酸素と結合しています。体内にいる子どものヘモグロビンの性質を表すグラフとして最も適当なものを，図2中のア～エのうちから1つ選んで，記号で答えなさい。ただし，（ ① ）での酸素のう度は25，子どもの体内の酸素のう度は18です。

（40分）

1 世界の国々や人口について述べた次の文章を読んで，後の問いに答えなさい。

　地球儀や地図をみると，同じ緯度を結んで緯度をあらわす緯線，北極と南極を結んだ経度をあらわす経線が
書いてあります。この①緯度と経度で地球上でのすべての位置を示すことができます。
　世界地図をみると，大陸や海には国境が描かれ，②人口が1億人を超える国や，文化，宗教，生活習慣がこと
なるたくさんの国があります。また，大陸ごとの人口の動きをみると20世紀ころから③人口が急に増えた大陸
もあります。なかには④食糧不足でなやんでいるところもあります。

問1　下線部①に関して，次の地図中のX・Yの地点について，下の例のように緯度と経度で表しなさい。な
　　　緯線と経線は15度ごとに引かれています。

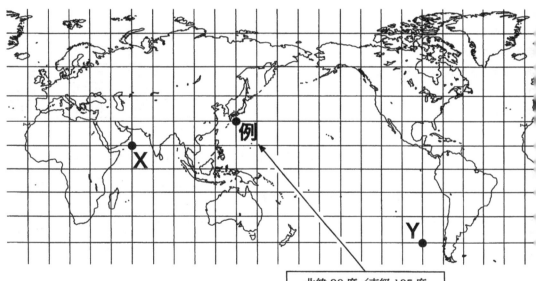

北緯30度／東経135度

次の表は，地図中の**ア～オ**の都市の１月と８月の降水量と気温の年較差を表したものです。表中の①・②・③は**ア～オ**のどれにあてはまりますか。それぞれ記号で答えなさい。

	降水量（mm）		気温の年較差
	１月	８月	（℃）
①	107.0	240.5	11.9
②	58.6	282.5	21.2
③	38.2	85.8	22.6
④	35.9	92.1	25.1
⑤	259.5	168.3	23.9

二宮書店『データブック オブ・ザ・ワールド 2017 年版』より作成

気温の年較差とは，最も気温が高い月と，最も気温が低い月の月平均気温の差をいいます。

地図中の**X**の平野名，**Y**の山脈名，**Z**の河川名をそれぞれ答えなさい。

次の表１～表３は，農産物，畜産・林産・水産物，工業製品の都道府県別生産量または生産額などが全国１～３位の都道府県を，**順位に関係なく五十音順に**並べたものです。それぞれの表について問いに答えなさい。

右の表１のア～エは，米，キャベツ，りんご，きゅうりの生産量のいずれかです。このうち，次の①・②はア～エのどれにあてはまりますか。それぞれ記号で答えなさい。

① 米

② キャベツ

表１　農産物の生産量

ア	群馬県	福島県	宮崎県
イ	秋田県	新潟県	北海道
ウ	愛知県	群馬県	千葉県
エ	青森県	長野県	山形県

二宮書店『データブック オブ・ザ・ワールド 2017 年版』より作成

右の表２のア～エは，乳牛の飼養頭数，豚の飼養頭数，木材（製材用・木材チップの合計）の生産量，海面漁獲量のいずれかです。このうち，次の①・②はア～エのどれにあてはまりますか。それぞれ記号で答えなさい。

① 豚の飼養頭数

② 海面漁獲量

表２　畜産・林産・水産物

ア	静岡県	長崎県	北海道
イ	熊本県	栃木県	北海道
ウ	岩手県	北海道	宮崎県
エ	鹿児島県	千葉県	宮崎県

二宮書店『データブック オブ・ザ・ワールド 2017 年版』より作成

右の表３のア～エは，印刷・印刷関連業，輸送用機械器具（自動車や造船など），鉄鋼業，食料品の生産額のいずれかです。このうち，次の①・②はア～エのどれにあてはまりますか。それぞれ記号で答えなさい。

① 印刷・印刷関連業

② 輸送用機械器具

表３　工業製品の生産額

ア	愛知県	千葉県	兵庫県
イ	愛知県	大阪府	東京都
ウ	愛知県	埼玉県	北海道
エ	愛知県	神奈川県	静岡県

矢野恒太記念会『日本国勢図会 2017/18』より作成

③ 次の文章A～Cは「史料」について述べたものです。これらの文章を読んで，それぞれの問いに答えなさ

A　右の写真は，木簡の写真です。この木簡は①全国各地から都に税と
して届けられる特産物に荷札として付けられていた木の札です。木簡
は，8世紀に都としてさかえた②平城京の跡からたくさん出土していま
す。また，木簡は平城京以外からも出土しており，藤原京跡で発見され
た木簡によって，③大化の改新とよばれる政治改革の実態の一部が明ら
かになりました。

問1　下線部①に関して，律令政府に対して地方の特産物などを納める税を何といいますか。次のア～ウ
一つ選んで記号で答えなさい。
　ア．租　　イ．庸　　ウ．調

問2　下線部②に関して，平城京は，中国の都にならってつくられたものです。このときの中国の王朝名（国
を答えなさい。

問3　下線部③に関して，中大兄皇子や中臣鎌足は改革政治を始めるにあたり，当時の朝廷で力をもっていた
族を滅ぼしました。このとき滅ぼされた豪族として正しいものを，次の中から一つ選んで記号で答えなさ
　ア．大伴氏　　イ．蘇我氏　　ウ．物部氏　　エ．藤原氏

B　歴史を考えるときには，絵が「史料」として用いられることがあります。次の絵1には，④鎌倉時代の⑤武
たちが武芸に励むようすが描かれています。絵2は，1575年におこなわれた長篠の戦いのようすを描いた
のです。この戦いでは，⑥織田信長・⑦徳川家康の連合軍が，約3000丁もの⑧鉄砲を用いて武田軍を破
した。この絵には，武田軍の騎馬による突撃に備えて木のさくを作り，そこに多数の鉄砲隊を並べて戦った
うすが描かれています。

絵1

絵2

下線部⑤に関して，横浜は明治時代における重要な貿易港であり，この鉄道は東京と貿易港を結ぶという味をもっていました。次の表は，1885年と1899年の日本の貿易額，輸出入の上位三品目とその割合を示します。この表から読み取ることのできる内容を，下のア〜エから一つ選んで記号で答えなさい。

1885 年				1899 年			
輸出 (3,715 万円)		輸入 (2,936 万円)		輸出 (21,493 万円)		輸入 (22,040 万円)	
生糸	35.1%	綿糸	17.7%	生糸	29.1%	綿花	28.2%
緑茶	18.0%	砂糖	15.9%	綿糸	13.3%	砂糖	8.0%
水産物	6.9%	綿織物	9.8%	絹織物	8.1%	機械類	6.2%

東洋経済新報社『日本貿易精覧』より作成

ア．1885年には，水産物が輸出品の第一位であった。

イ．1885年には，輸入額が輸出額を上回っていた。

ウ．1899年には，砂糖の輸入額が1885年よりも減少していた。

エ．1899年には，綿花の輸入額が綿糸の輸出額を上回っていた。

　下線部⑥について述べた文として最も適当なものを，次の中から一つ選んで記号で答えなさい。

ア．ラジオや電気冷蔵庫が家庭に広まった。

イ．男子のみを対象に義務教育がおこなわれた。

ウ．太陽暦に代わり太陰暦が取り入れられた。

エ．洋服を着る人や牛肉を食べる人が増えた。

　下線部⑦に関して，日露戦争前後の日本の状況について述べた文として**誤っているもの**を，次の中から一つ選んで記号で答えなさい。

ア．ロシアとの戦争にそなえ，日英同盟を結んだ。

イ．戦費を調達するために増税をおこなった。

ウ．戦争の結果，ロシアから賠償金を獲得した。

エ．戦争の後，韓国を併合した。

　下線部⑧に関して，日清戦争後の1901年に生産をはじめた官営製鉄所の名称を答えなさい。

　下線部⑨に関して，1938年に制定された国民や物資のすべてを統制できる権限を政府に与えた法律の名を答えなさい。

問10 下線部⑩に関して，東海道新幹線が開通したのは次のア～エのどの時期ですか。あてはまるものを一つ〔選〕んで記号で答えなさい。

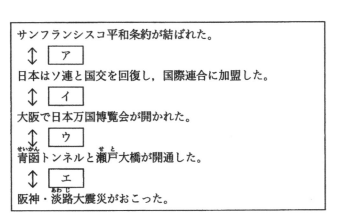

```
サンフランシスコ平和条約が結ばれた。
    ↕   ［ ア ］
日本はソ連と国交を回復し，国際連合に加盟した。
    ↕   ［ イ ］
大阪で日本万国博覧会が開かれた。
    ↕   ［ ウ ］
青函トンネルと瀬戸大橋が開通した。
    ↕   ［ エ ］
阪神・淡路大震災がおこった。
```

5　次の文章は，中学１年生のＳさんが，国会議事堂の見学に行ったときのようすを報告したものです。〔こ〕の文章を読んで，後の問いに答えなさい。

　私は，この夏休みを利用して国会議事堂の見学に行きました。国会は，①衆議院と参議院の両院があります〔。〕私は午前中に参議院，午後に衆議院を見学しました。受付のあと係の人について見学コースを回りますが，〔参議〕院でまず案内されるのは参観ロビーです。ここには議員席を体験できるコーナーや，②参議院の役割を示した〔展〕示物などがありました。次に，本会議場を傍聴席から見学しました。中央上段に議長席，それを囲むように〔議〕員席が460あります。開会式では，天皇の臨席のもと，衆参両院のすべての国会議員がこの参議院本会議場に〔集〕まります。国会議事堂には「御休所」という部屋があります。③天皇が国会に出席するときは，この部屋を使〔用〕するということで，豪華な装飾がたくさんみられました。そのあと，皇族室，中央広間，最後に外に出て前庭〔を〕案内されました。前庭からは国会議事堂の正面からの全景を見ることができます。1936(昭和11)年に完成し〔た〕議事堂は，当時の最高の技術と材料を用いて建てられていて，現在の④日本国憲法にいう「国権の最高機関であ〔り〕国の唯一の［ ⑤ ］機関」にもふさわしい，美しく堂々としたものだと思いました。

　午後は，衆議院の見学をしました。見学するところは参議院とほとんど同じです。ただし衆議院には参観ロ〔ビ〕ーがないこと，本会議場は写真撮影が許可されていること，⑥議員席は議長席に向かって左から順に議席数〔の〕多い会派に割り振られていることが，参議院との違いです。ところで，国会の見学ではエレベーターを使いませ〔ん〕。古い建物ですので階段が急で段差も多く，⑦バリアフリー対応が必要な人は相談した方がいいと思いま〔す〕

算 数 科 （中）　解答用紙　算中平 30

※150点満

2018(H30)　青雲中
Ⓚ 教英出版　解答用紙3の1

1　60点

(1)	(2)	(3)
(4)	(5)	
(6)ア　　　　　　さん	(6)イ　　　　　　円	(7)
(8)　　　　　　枚	(9)　　　　　　cm	(10)

受験番号

2　20点

(1)　　　　　　m	(2)　　　　時　　　分	(3)

※100点満点

理中平 30

4 問1 [　　　　] 問2 [　] 問3 [　]

20点 問4 [　　　　　]

問5 [　] 問6 [　] 問7 (1) [　] (2) [　]

5 問1 ① [　] ② [　] 問2 [　]

20点 問3 (1) [　]

(2) [- - - - - - - -]

(3) [　]

問4 (1) [　] (2) [　]

4 20点

問1		
問4	問5	
問8	問9	

	問2	問3
	問6	
	問10	問7

問6	問7	問8
問9	問10	

5 20点

問1	
問2	
問3 (1)	(2)	(3)
問4	問5	問6

問7

10

20

30

社会科（中）

社中平30

受験番号　○　　　○

解答用紙

※100点満点

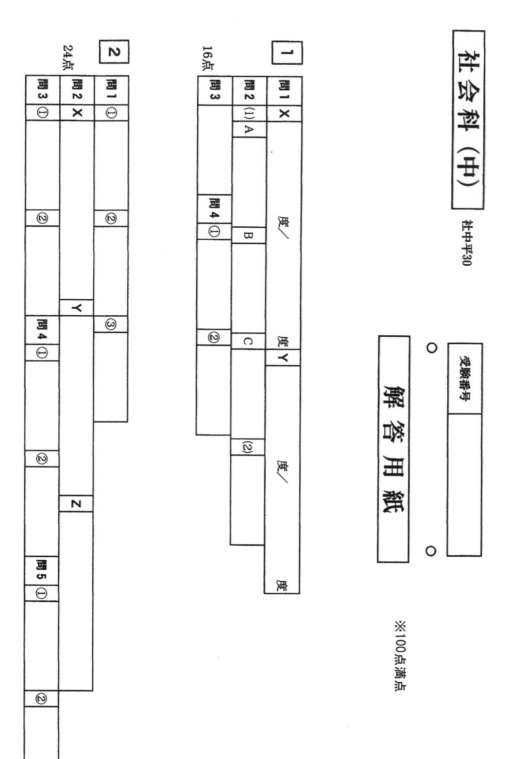

1 16点

問1	X	度／	Y	度／	度
問2 (1)	A		B	C	
問3			問4 ①		②

2 24点

問1 ①	②	③
問2 X	Y	Z
問3 ①	②	問4 ①	②	問5 ①	②

理科（中）解答用紙

受験番号

1	（1）	（2）	（3）	（4）	（5）	（6）	（7）	（8）	（9）
18点									

2	問1		問2			
21点	問3　時速　　　km	問4	（1）	（2）	（3）
	問5					

3	問1　①	②	③	
21点	問2　十円玉　　　g	五百円玉　　　g	
	問3　C　　　個　D　　　個	問4　　　g	

3	(1)	(2)	(3)
21点	cm	cm²	:

4	(1)	(2)	(3)
21点	円	円	月　　日

5	(1)	(2)	(3)
28点	個	個	個
	(4)		
	個		

1 下線部①に関して，衆議院と参議院の議員について述べた文として**誤っているもの**を，次の中から一つ選んで記号で答えなさい。

ア．いずれも国民の代表者として選挙で選ばれる。

イ．衆議院議員は任期の4年をまっとうできないことがある。

ウ．参議院議員通常選挙は6年に1度おこなわれる。

エ．議員に立候補できる年齢は衆議院と参議院で異なる。

2 下線部②に関して，参議院は「良識の府」「再考の府」とよばれることがあります。こうしたよび方があることを参考として，参議院の役割について簡単に説明しなさい。

3 下線部③に関して，「国会の召集」のほかに，日本国憲法には天皇の公的な仕事の内容が定められています。このことについて，次の文章のように説明しました。この文章の空欄 (1) ～ (3) にあてはまる語句を答えなさい。ただし， (3) は漢字4字で答えなさい。

日本国憲法において，天皇は日本国および日本国民統合の (1) であり，国政に対する権能をもたないと定められています。天皇は (2) の助言と承認に基づいて，国会の召集，衆議院の解散，内閣総理大臣や最高裁判所長官を任命するなどの (3) をおこなうこととされています。

---

4 下線部④に関して，日本国憲法の三大原則は，「国民主権」「基本的人権の尊重」と，あと一つは何かを答えなさい。

5 空欄 ⑤ にあてはまる語句を答えなさい。

6 下線部⑥に関して，2018年1月に開かれる国会において，衆議院本会議場の議長席に向かって最も左側に着席しているのはどの政党の衆議院議員ですか。政党の名称を答えなさい。

7 下線部⑦に関して，近年，電車の駅では交通バリアフリー法に基づいた配慮がなされるようになりました。右の写真を参考にして，その配慮とはどのようなことか，一点あげて30字以内で説明しなさい。

4　次の文章を読んで，後の問いに答えなさい。

　近代日本の発展の歴史は，鉄道の発展の歴史でもありました。江戸時代の終わりごろ，①日米間に国交を開くことを要求するために来航したペリーは，蒸気機関車の模型を将軍に献上しました。同じころ，蒸気機関車の模型がこのほかにも日本列島にもたらされ，②のちに倒幕運動の中心となった有力な藩のなかには，この模型を自力で製作したところもあります。

　明治になると，政府は富国強兵をすすめて③地租改正事業や徴兵令の布告をおこなうとともに，近代的な産業をおこす④殖産興業政策を重視し，1872年には⑤わが国初の鉄道が新橋と横浜の間に開通しました。同じころ，さまざまな⑥西洋風の新しい制度や文化がしだいに広がっていきました。その後の日清・日露戦争にあたって，軍部は戦争における鉄道の重要性を主張し，鉄道の国有化を強く求めました。これを受けて，⑦日露戦争が終わった後の1906年に鉄道国有法が制定され，主要な民間の鉄道が国有化されました。

　1914年に始まった第一次世界大戦により，日本経済は大きな発展をとげ，⑧重化学工業の比率が増大し，日本の幹線鉄道網も着々と整備されました。大戦の終了とともに長期の不況に襲われた日本は，大陸進出によってこの苦境を脱しようとしました。この大陸進出によって日本は中国やアメリカと鋭く対立するようになり，やがて日中戦争から太平洋戦争へと突入することになります。この戦争において，⑨鉄道は国内輸送を任されました。

　戦争が終わると，戦地からの復員や農村への買い出しなどで，鉄道は大きな役割を果たしました。やがて1950年代の中ごろには高度経済成長が始まり，日本国民の生活が大きく様変わりしていく中で，1964年には⑩東海道新幹線が開通しました。

問1　下線部①に関して，これにより日米和親条約が結ばれました。この条約によってアメリカ船を受け入れた港を二つ答えなさい。

問2　下線部②に関して，倒幕運動の中心となり，明治政府の主導者として活躍した大久保利通が所属していた藩を，次の中から一つ選んで記号で答えなさい。
　　ア．会津藩　　イ．薩摩藩　　ウ．長州藩　　エ．水戸藩

問3　下線部③に関して，明治政府によってつくられた新しい税制度について述べた文として正しいものを，次の中から二つ選んで記号で答えなさい。
　　ア．収穫高を検査し，その50％を米で納入させることにした。
　　イ．土地の価格を決め，その３％を現金で納入させることにした。
　　ウ．江戸時代と比べて，民衆の負担ははるかに重くなった。
　　エ．江戸時代と比べて，民衆の負担はあまり変わらなかった。

問4　下線部④に関して，2014年に世界遺産に指定された，群馬県の官営模範工場の名称を答えなさい。

4 下線部④に関して，鎌倉時代に武士の裁判基準としてつくられた法律の名称を答えなさい。

5 下線部⑤に関して，武士たちが日ごろから武芸に励んでいたのはなぜですか。解答欄の書き出しに続いて20字以内で説明しなさい。

6 下線部⑥について述べた文として**誤っているもの**を，次の中から一つ選んで記号で答えなさい。

ア．ヨーロッパから伝来したキリスト教を保護した。

イ．将軍を京都から追放し，室町幕府を滅ぼした。

ウ．刀狩をおこない，農民を農業に専念させるようにした。

エ．安土の城下町では，自由な商売を認めていた。

7 下線部⑦について述べた文として**正しいもの**を，次の中から一つ選んで記号で答えなさい。

ア．全国の大名に人手や資金を分担させ，江戸城を建設した。

イ．関ヶ原の戦いで明智光秀と戦い，これを破った。

ウ．二度にわたって朝鮮に軍隊を送った。

エ．中国との間で勘合貿易をおこなった。

8 下線部⑧に関して，1543年にポルトガル人が流れ着き，鉄砲が伝えられた島の名称を答えなさい。

　次の史料は，『慶安のお触書』とよばれるものの一部です。⑨江戸幕府の第3代将軍のときに農民統制のために出されたものであると説明されてきました。ところが，この史料は信頼できるのかどうか疑問が出されました。その後の史料の分析と検討によって，⑩元禄年間に出された甲府藩の法で，これが諸国に広まるときに「慶安年間に幕府から出された決まりごとである」という言い方が加わったことが分かってきました。このように，史料を用いるときには，その史料が信頼できるものかどうかを十分に検討する必要があります。

- 朝は早起きして草をかり，昼は田畑を耕作し，晩には縄をない俵をあんで，それぞれの仕事に油断なくはげむこと。
- 男は畑仕事，女房ははたおりやその他の仕事をして，夫婦ともにかせぐこと。たとえ美人の女房でも，夫をおろそかにしたり，茶をたくさん飲み，見物など遊び好きな女房は離別すること。
- 百姓は，着物は木綿で，帯や着物の裏にも木綿以外のものを使ってはいけない。
----

9 下線部⑨に関して，第3代将軍のときのできごととして**誤っているもの**を，次の中から一つ選んで記号で答えなさい。

ア．大阪の豊臣氏が滅ぼされた。

イ．オランダ商館が長崎の出島に移転した。

ウ．島原・天草一揆が発生した。

エ．参勤交代が制度として定められた。

10 下線部⑩に関して，この時期には大阪の町人を中心とする文化が生まれました。この文化を代表する，人形浄瑠璃の脚本作家の名前を答えなさい。

問4 下線部④に関して，次の表は日本の米，小麦，野菜，肉類の食料自給率を表したものです。このうち，米の①・②はア～エのどれにあてはまりますか。それぞれ記号で答えなさい。

① 小麦　　② 肉類

（単位：％）

	ア	イ	ウ	エ
1960 年	102	100	91	39
2014 年	97	80	55	13

二宮書店『データブック オブ・ザ・ワールド 2017 年版』より作成

2 次の**A・B**の問いに答えなさい。

A 次の地図を見て，後の問いに答えなさい。

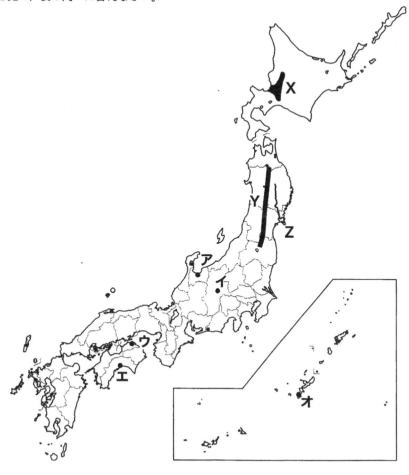

下線部②に関して，次の(1)・(2)に答えなさい。

次の図は人口が1億人を超える国を示したものです。図中のA〜Cにあてはまる国を，下のア〜オから選ん
，それぞれ記号で答えなさい。

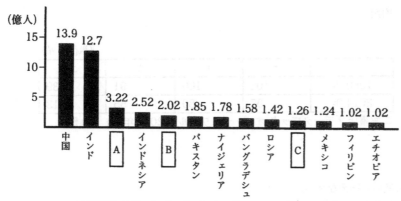

二宮書店『データブック オブ・ザ・ワールド 2017 年版』より作成

ア．日本　　イ．ベトナム　　ウ．ドイツ　　エ．ブラジル　　オ．アメリカ

インドの国民の半数以上が信仰する宗教は何ですか。次の中から一つ選んで記号で答えなさい。
ア．キリスト教　　イ．仏教　　ウ．ヒンズー教　　エ．イスラム教

　下線部③に関して，次の表はアジア，アフリカ，ヨーロッパの1900年，1950年，2000年，2015年の人
を示しています。A〜Cにあてはまる地域の組み合わせとして正しいものを，下のア〜カから一つ選んで記
で答えなさい。

（単位：百万人）

	1900 年	1950 年	2000 年	2015 年
A	120	229	814	1186
B	401	549	726	738
C	937	1394	3714	4393

二宮書店『データブック オブ・ザ・ワールド 2017 年版』より作成

ア．A—アフリカ　　B—アジア　　C—ヨーロッパ

イ．A—アフリカ　　B—ヨーロッパ　C—アジア

ウ．A—アジア　　B—アフリカ　　C—ヨーロッパ

エ．A—アジア　　B—ヨーロッパ　C—アフリカ

オ．A—ヨーロッパ　B—アジア　　C—アフリカ

カ．A—ヨーロッパ　B—アフリカ　　C—アジア

⑤ 次の文章を読んで，後の問いに答えなさい。

　動物の中には，ヒトのように，₁母親の体内で子どもを育てる動物がいます。母親の体内で育つ子どもは，自分で食事や₂呼吸ができないので，成長するために必要な物質や子どもの体内でできた不要な物質などを，（　①　）というところで母親から受け取ったり，母親にわたしたりします。

　ヒトは，生きるために細ぼう※で酸素を使います。これは母親の体内にいる子どもも同じです。母親の体内にいる子どもは，大気中から酸素を得ることができないので，母親から酸素を受け取ります。ヒトの体内では，酸素は血液中にふくまれる（　②　）によって運ばれます。（　①　）で母親の（　②　）から子どもの（　②　）に酸素が受けわたされることで，子どもの細ぼうは酸素を使うことができます。図１は，母親の体内における血液の流れと，体の各部位の酸素のう度（酸素の量の割合）の高低を示したものです。

　（　②　）には，酸素と結合する「ヘモグロビン」とよばれる物質がふくまれています。ヘモグロビンには，酸素のう度が高いところでは酸素と結合しやすく，酸素のう度が低いところでは酸素とはなれやすいという性質があります。母親の血液と体内にいる子どもの血液は，直接まざり合うことはありませんが，母親の体内にいる子どもは酸素を使うことができます。それは，₃母親のもつヘモグロビンと体内にいる子どものもつヘモグロビンでは，酸素との結合のしやすさと，はなれやすさが異なるからです。

※細ぼう…肺や心臓などの体の各臓器や器官をつくる最小の基本構造

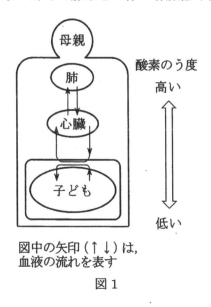

図中の矢印（↑↓）は，
血液の流れを表す

図１

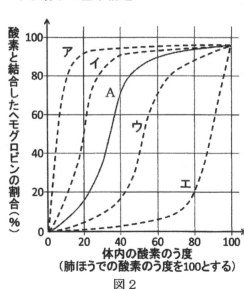

図２

7 次の実験について，後の（1），（2）に答えなさい。

［実験1］同じこさの塩酸が 10 cm³，20 cm³，30 cm³，
40 cm³，50 cm³ 入った5つの三角フラスコに，同
じ重さのアルミニウムをそれぞれ入れ，発生した
気体の体積を測定した。その測定値を図2のグラ
フに記入した。

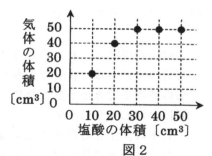
図2

［実験2］アルミニウムの重さだけを実験1の2倍にして，
実験1と同様の測定をした。

［実験3］塩酸のこさだけを実験1の2倍にして，実験1と同様の測定をした。

（1）実験2と実験3でアルミニウムをすべてとかすのに必要な塩酸の体積は，実験1と比
べてどうなりますか。正しいものを次のア〜オの中から1つ選んで，記号で答えなさい。

　　ア　実験2も実験3も変わらない。
　　イ　実験2も実験3も半分になる。
　　ウ　実験2も実験3も2倍になる。
　　エ　実験2は2倍になり，実験3は半分になる。
　　オ　実験2は半分になり，実験3は2倍になる。

（2）実験3で発生する気体の体積は，実験1と比べてどうなりますか。正しいものを次の
ア〜エの中から1つ選んで，記号で答えなさい。

　　ア　10 cm³ のフラスコから発生する気体の体積は，実験1の 20 cm³ のフラスコから
　　　　発生する気体の体積と等しい。
　　イ　30 cm³ のフラスコから発生する気体の体積は，実験1の 30 cm³ のフラスコから
　　　　発生する気体の体積の2倍になる。
　　ウ　40 cm³ のフラスコから発生する気体の体積は，実験1の 20 cm³ のフラスコから
　　　　発生する気体の体積と等しい。
　　エ　50 cm³ のフラスコから発生する気体の体積は，実験1の 50 cm³ のフラスコから
　　　　発生する気体の体積の2倍になる。

2　テレビやインターネットなどで天気予報を毎日見ることができます。そこで見られ□雲画像は気象衛星から送られてきます。日本周辺の画像からは，台風の大きさや動き□知ることができます。次の問いに答えなさい。

問1　夏によく見られ，低い空から高い空まで発達した入道雲ともよばれる雲を何といい□すか。

問2　地上から見える空全体の広さを 10 としたとき，雲のしめる広さが 8 のときの天気□何ですか。

問3　日本の気象衛星「ひまわり」は静止衛星です。静止衛星は赤道上空，高さ 36000km□のところを，地球の自転と同じ方向に 24 時間で一回転しています。「ひまわり」の□さは時速何 km ですか。整数で答えなさい。ただし，地球の半径は 6400km，円周率□3 とします。

問4　台風に関して，次の（1）～（3）に答えなさい。

（1）台風について述べた文として**あやまっているもの**を次の**ア～エ**の中から 1 つ選んで□記号で答えなさい。

　　ア　台風の中心付近の最大風速で「台風の大きさ」を表す。

　　イ　台風のうずの中心に見られる「台風の目」には，雲がほとんどない。

　　ウ　台風は 1 年間に 20～30 個ほど発生し，そのうちのいくつかは日本に上陸する□　　ことがある。

　　エ　台風はおもに夏から秋にかけて，日本に近づくことが多い。

（2）台風の周辺で，風が最も強く吹くと考えられる場所を次の**ア～エ**の中から 1 つ選ん□で，記号で答えなさい。

　　ア　台風の進行方向の前方

　　イ　台風の進行方向の右側

　　ウ　台風の進行方向の左側

　　エ　台風の進行方向の後方

（3）台風が長崎県にある時津町の近くを通過したとき，風向きが南→西→北と変化しました。台風の中心は図の**ア～エ**のうち，どのコースを進んだと考えられますか。1 つ選んで記号で答えなさい。

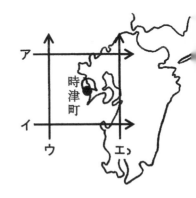

問5　日本全国にある地上の観測所で，自動的に降水量，日照時間，風向や風速などを観測・集計するシステムを何といいますか。

（5）浅い海で生活する次の生物のうち，生産者とよばれる生物はどれですか。
　　　ア　アオサ　　イ　イソギンチャク　　　ウ　サンゴ　　エ　サザエ　　　オ　ウニ

（6）日本付近には４つのプレートの境界があります。この４つのプレートに当てはまらないものはどれですか。
　　　ア　北アメリカプレート　　　イ　太平洋プレート　　　ウ　ユーラシアプレート
　　　エ　フィリピン海プレート　　オ　オーストラリアプレート

（7）次の生物のうち，きれいな水でしか生活できない生物はどれですか。
　　　ア　ヒル　　イ　プラナリア　　ウ　ユスリカ　　エ　ザリガニ　　　オ　タニシ

（8）図のような装置で，豆電球を乾電池につないで点灯させる実験をしたところ，A班とB班は点灯しませんでした。そこで，A班とB班の間で部品を交換して実験をすると①～③のことがわかりました。最初に準備した部品のうち，破損や消耗のために交換する必要のあるものはどれですか。

豆電球

リード線付き
ソケット

乾電池

　　　①　乾電池だけ交換すると，A班もB班も点灯しなかった。
　　　②　豆電球だけ交換すると，A班は点灯し，B班は点灯しなかった。
　　　③　リード線付きソケットだけ交換すると，B班は点灯し，A班は点灯しなかった。
　　　ア　A班の豆電球とB班の乾電池
　　　イ　B班の豆電球とA班の乾電池
　　　ウ　A班の豆電球とB班のリード線付きソケット
　　　エ　B班の豆電球とA班のリード線付きソケット
　　　オ　A班の乾電池とB班のリード線付きソケット

（9）食塩を水に加えてとかす実験を行いました。とけ残りが出るビーカーをすべて選んだものはどれですか。ただし，食塩は20℃で100gの水に36gまでとけます。
　　　ビーカーA：20℃の水50gに5gの食塩を加えた。
　　　ビーカーB：20℃の水50gに15gの食塩を加えた。
　　　ビーカーC：20℃の水50gに25gの食塩を加えた。
　　　ビーカーD：ビーカーAの水を25g蒸発させて20℃に戻した。
　　　ビーカーE：ビーカーBの水を25g蒸発させて20℃に戻した。
　　　ビーカーF：ビーカーCの水を25g蒸発させて20℃に戻した。
　　　ア　F　　イ　C，F　　ウ　C，E，F　　エ　B，C，E，F
　　　オ　B，C，D，E，F

2 太郎さんのお父さんは毎朝，7時50分に家を出て，2kmはなれた駅へ歩いて向かいます。ある日，お父さんが出かけたあと，お父さんが忘れ物をしていることに気づいた太郎さんは，自転車でお父さんと同じ道を通って忘れ物を届けることにしました。お父さんが歩く速さは分速80mで，太郎さんの自転車の速さは分速200mです。次の各問いに答えなさい。

(1) お父さんが出かけてから9分後に太郎さんが家を出たとすると，太郎さんがお父さんに追いつくのは，家から何mはなれた場所ですか。

(2) お父さんが駅に着く前に忘れ物を届けるには，太郎さんは何時何分より前に家を出ればよいですか。

(3) お父さんは家を出て，しばらくして忘れ物に気づき，すぐに走って引きかえしました。途中で太郎さんと8時4分に出会い，そのあとすぐに，お父さんは走って駅まで向かうと，いつもより1分早く駅に着きました。忘れ物に気がついたのは家から何mはなれた場所ですか。ただし，お父さんの走る速さは，歩く速さの2倍です。

3 右の図1は，二等辺三角形から小さな二等辺三角形や台形をとりのぞいてつくった図形です。次の各問いに答えなさい。

(1) ア にあてはまる数を求めなさい。

(2) この図形全体(色がぬられた部分)の面積を求めなさい。

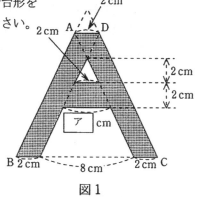

図1

(3) 図1の図形に対して，図2のように辺AB，CDのまん中の点をそれぞれE，Fとします。直線EFでこの図形を2つに分けるとき，直線EFの上側にある図形の面積と直線EFの下側にある図形の面積の比を最も簡単な整数の比で求めなさい。

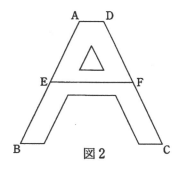

図2

(7) ある整数 A を 13 でわったときの余りは 4 で，11 でわったときの余りは奇数です。
この整数 A を 11 でわったときの余りは，13 でわったときの商と同じです。整数 A
を求めなさい。

(8) 花子さんは郵便局にはがきを買いに行きました。はがき 1 枚の値段が値上がりして
いたため，予定より 4 枚少ない枚数しか買えず，おつりをもらって手元に残った
お金は予定よりも 18 円多くなりました。花子さんは何枚のはがきを買いましたか。
はがき 1 枚の値段は，52 円から 62 円に値上がりしました。

(9) 円周の一部と直線で囲まれた右の色がぬら
れた部分の周の長さを求めなさい。
ただし，点線でかかれた 9 つの正方形は
すべて同じ大きさです。

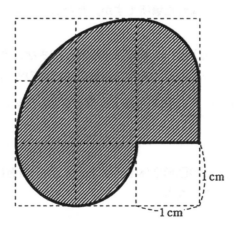

(10) 半径が 3 cm の円周を 8 等分した点を
右のように線でむすび，図形を作りました。
色がぬられた部分の面積を求めなさい。

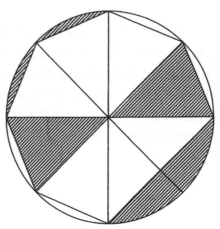

算 数 科 （中）

算中平 29　（60分）

（注意）　円周率はすべて 3.14 を使い，解答はすべて解答用紙に記入しなさい。

1 次の問いに答えなさい。

(1)　$8-(13-111\div37)\div5$ を計算しなさい。

(2)　$4.2\times5.6-1.4\times7$ を計算しなさい。

(3)　$3\dfrac{1}{2}-\dfrac{2}{3}\div\left(4-\dfrac{5}{6}\times4\right)$ を計算しなさい。

(4)　$17-8\div\left(3-\boxed{}\times2\right)=5$ となるような数 $\boxed{}$ を求めなさい。

(5)　17 でわると，商とあまりが等しくなるような整数のうち，いちばん大きい整数を求めなさい。

(6)　計算記号 ＊ を設定し，2 つの数□と△について次のように計算式を定めます。

$$\square*\triangle=\dfrac{1}{2\times\square-1}+\dfrac{1}{3\times\triangle-2}$$

たとえば，$3*2=\dfrac{1}{2\times3-1}+\dfrac{1}{3\times2-2}=\dfrac{1}{5}+\dfrac{1}{4}=\dfrac{9}{20}$ となります。このとき，

$(3*4)+\left(\dfrac{3}{2}*2\right)$ の値を求めなさい。

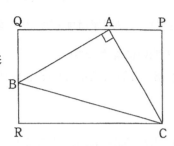

4 (1) 右の図のように, 直角二等辺三角形 ABC と長方形 PQRC があります。点 A, B はそれぞれ辺 PQ, QR 上にあります。AP＝2 cm, PC＝5 cm のとき, 長方形 PQRC の面積を求めなさい。

(2) 右の図のように, (1)と同じ直角二等辺三角形 ABC と直角二等辺三角形 STU があります。点 A, B, C はそれぞれ辺 US, ST, TU 上にあります。AU＝2 cm, UC＝5 cm のとき, 直角二等辺三角形 STU の面積を求めなさい。

5 1 から 6 までの整数を 1 つずつ書いた 6 枚のカードがあります。この 6 枚のカードを 1 列に並べて, 2 列目から 6 列目までには 1 つ上の列のとなりあう 2 つの数の和を書きます。例えば, 1 2 3 4 5 6 とカードが並んでいるときは右の図のようになります。このとき, 次の問いに答えなさい。

【1列目】 1 2 3 4 5 6
【2列目】 3 5 7 9 11
【3列目】 8 12 16 20
【4列目】 20 28 36
【5列目】 48 64
【6列目】 112

(1) カードが 2 3 4 5 6 1 と並んでいるとき, 6 列目の数を求めなさい。

(2) 6 列目の数が最も大きくなるとき, 6 列目の数を求めなさい。

(3) (2)のときのカードの並べ方は何通りあるか答えなさい。

理科（中）　　理中平29　（40分）

（注意）解答はすべて解答用紙に記入しなさい。

1　次の（1）～（8）の問いについて，それぞれア～オの中から適当なものを1つずつ
選んで，記号で答えなさい。

（1）1つの花におしべとめしべがある植物の組み合わせとして正しいものはどれですか。
　　ア　オクラとナス　　　イ　ヘチマとツルレイシ　　　ウ　ツルレイシとオクラ
　　エ　ナスとカボチャ　　オ　カボチャとヘチマ

（2）ばねにつけた糸におもりを2個つるしました。ばねののびが他の4つと**異なるもの**
はどれですか。ただし，使っているばねとおもりはすべて同じものとし，かっ車の重
さやまさつ，糸やばねの重さは考えないものとします。

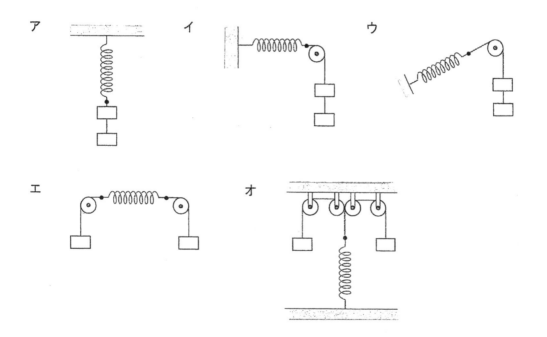

（3）次の水よう液のうち，BTB液を黄色に変えるものはどれですか。
　　ア　石けん水　　　イ　石灰水　　　ウ　牛乳　　　エ　砂糖水　　　オ　炭酸水

（4）地下で大きな力がはたらいて大地にずれが生じると，地震が起こり，大地が変化
することがあります。この大地のずれを何といいますか。
　　ア　しん食　　　イ　プレート　　　ウ　地割れ　　　エ　断層　　　オ　地層

食塩と硝酸カリウムの固体を用いて，実験を行いました。下の表1は，それぞれの温度において，水100gに食塩と硝酸カリウムがそれぞれ何gまでとけるかを表したものです。この表を参考にして，後の問いに答えなさい。ただし，答えは小数第2位を四捨五入して小数第1位まで書きなさい。

表1

水の温度 〔℃〕	20	40	60	80
食塩の重さ 〔g〕	37	38	39	40
硝酸カリウムの重さ〔g〕	32	64	110	170

〔実験〕ビーカーA〜Dを準備して，表2のように食塩または硝酸カリウムを水と混合し，とけ残りがあるかどうかを観察してその結果をまとめました。

表2

ビーカー	温度	水	加えた固体と重さ	観察結果
A	20℃	30g	食塩　10g	すべてとけた。
B	60℃	50g	食塩　15g	すべてとけた。
C	40℃	60g	硝酸カリウム　50g	一部とけ残った。
D	40℃	80g	硝酸カリウム　70g	一部とけ残った。

Aの水よう液をつくるために次のものを準備しましたが，1つ足りないものがあります。それは何ですか。

準備したもの

食塩，水，薬さじ，上皿てんびん（分銅とピンセットを含む），温度計，ビーカー，薬ほう紙，こう温そう（温度を調節し，一定に保つ装置）

上皿てんびんで10gの食塩をはかりとるとき，分銅は左右どちらの皿の上にのせるとよいですか。ただし，実験者は左利きとします。

この実験でとけ残った固体を取り出す方法を何といいますか。

Bの水よう液は何％ですか。

CとDに入っている水よう液の濃さの関係を正しく表したものを，次のア〜ウの中から選んで，記号で答えなさい。

ア　Cの方が濃い。　　　　イ　Dの方が濃い。　　　　ウ　CとDは同じ濃さとなる。

Cでは何gの硝酸カリウムがとけ残っていますか。

Dのとけ残っている硝酸カリウムをすべてとかすには，40℃の水があと何g必要ですか。

4 　下の表は，ある月の長崎市における，日の出・日の入り，月の出・月の入りの時刻をまとめたものです。なお，表中の「‥時‥分」は 11 日に月の入りがなかったことを表しています。後の問いに答えなさい。

日	日の出	日の入り	月の出	月の入り
3	午前 5 時 36 分	午後 7 時 17 分	午前 5 時 46 分	午後 7 時 25 分
5	午前 5 時 37 分	午後 7 時 16 分	午前 7 時 44 分	午後 8 時 42 分
8	午前 5 時 39 分	午後 7 時 13 分	午前 10 時 29 分	午後 10 時 22 分
11	午前 5 時 41 分	午後 7 時 10 分	午後 1 時 7 分	‥時‥分
13	午前 5 時 42 分	午後 7 時 8 分	午後 2 時 53 分	午前 0 時 50 分
15	午前 5 時 44 分	午後 7 時 6 分	午後 4 時 36 分	午前 2 時 24 分
18	午前 5 時 46 分	午後 7 時 2 分	午後 6 時 55 分	午前 5 時 17 分
21	午前 5 時 48 分	午後 6 時 59 分	午後 8 時 58 分	午前 8 時 30 分
23	午前 5 時 49 分	午後 6 時 57 分	午後 10 時 21 分	午前 10 時 41 分
25	午前 5 時 51 分	午後 6 時 54 分	午後 11 時 54 分	午後 0 時 50 分

問1　ある月とは何月ですか。次のア〜オの中から選んで，記号で答えなさい。
　　ア　1月　　　イ　3月　　　ウ　5月　　　エ　8月　　　オ　11月

問2　この月の晴れた日に，日の出の位置を調べました。正しいものを次のア〜ウの中から選んで，記号で答えなさい。
　　ア　真東　　　イ　真東より南寄り　　　ウ　真東より北寄り

問3　11 日に月の入りがなかった理由を正しく述べたものはどれですか。次のア〜エの中から１つ選んで，記号で答えなさい。
　　ア　月の入りから，次の月の入りまでの時間が 24 時間より長いから。
　　イ　月の入りから，次の月の入りまでの時間が 24 時間より短いから。
　　ウ　11 日は地球から見て，特に月の動きがおそくなっていたから。
　　エ　11 日は地球から見て，特に月の動きがはやくなっていたから。

問4　新月の日は何日ですか。最も近いものを次のア〜エの中から選んで，記号で答えなさい。
　　ア　3 日　　　イ　11 日　　　ウ　18 日　　　エ　25 日

問5　月食が起こる可能性があるのは何日ですか。最も近いものを次のア〜エの中から選んで，記号で答えなさい。
　　ア　3 日　　　イ　11 日　　　ウ　18 日　　　エ　25 日

表の①，②に入る数値はいくらと考えられますか。それぞれ答えなさい。

重さ50gのおもりを振れ幅2cmでふりこの実験を行うとき，10往復するのにかかる時間を4秒にするためには，糸の長さを何cmにすればよいですか。

図2のように，長さ64cmの糸に100gのおもりをつけ，天井のAの位置に取りつけます。Aから真下48cmの位置にくぎを打ちつけておき，ふりこの実験を行いました。この実験では，くぎよりも低い位置からおもりを静かにはなすものとします。ただし，糸とくぎの太さは考えないものとします。

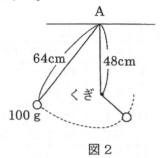

図2

（1）おもりはどの高さまで上がると考えられますか。最も近いものを次のア〜オの中から選んで，記号で答えなさい。

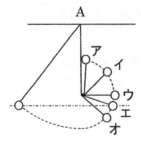

（2）ふりこが10往復するのにかかる時間は何秒になると考えられますか。

社 会 科 （中）　社中平29　（40分）

（注意）　解答はすべて解答用紙に記入しなさい。

1　　S君は日本とかかわりのある5つの国について調べました。5つの国は、アメリカ合衆国、イギリス、オーストラリア、カナダ、フランスです。これらの国に関して、あとの問いに答えなさい。

問1　次の①〜③にあてはまる国名を、5つの国の中から一つずつ選んでそれぞれ答えなさい。

①　南半球に位置している国

②　本初子午線が通る島国

③　日本からの輸出額が5つの国の中で最も多い国（2014年）

問2　次の表中A〜Eは、5つの国の面積、人口、その国の輸出品上位3品目を示したものです。A・C・Eにあてはまる国名をそれぞれ答えなさい。

| | 面積　万km² | 人口　万人 | 輸出品上位3品目 | | |
			1位	2位	3位
A	998.5	3,587	原　油	自動車	機械類
B	983.4	32,513	機械類	自動車	石油製品
C	769.2	2,392	鉄鉱石	石　炭	液化天然ガス
D	55.2	6,498	機械類	航空機	自動車
E	24.2	6,384	機械類	自動車	金（非貨幣用）

2016　データブック オブ ザ ワールド

問3　次の表は5つの国と日本について、食料自給率を比較したものです。この表について、あとの(1)・(2)に答えなさい。

	X　　%	Y　　%	野菜類　%	Z　　%
アメリカ合衆国	118	114	91	69
イギリス	101	69	40	50
オーストラリア	291	147	81	29
カナダ	202	131	55	98
フランス	176	102	78	29
日本	28	55	79	55

2016　データブック オブ ザ ワールド

(1)　表中X〜Zにあてはまる品目の組み合わせとして正しいものを、次のア〜カから一つ選んで記号で答えなさい。

　　ア．X＝穀類　　Y＝肉類　　Z＝魚介類　　　イ．X＝穀類　　Y＝魚介類　　Z＝肉類

　　ウ．X＝肉類　　Y＝穀類　　Z＝魚介類　　　エ．X＝肉類　　Y＝魚介類　　Z＝穀類

　　オ．X＝魚介類　Y＝肉類　　Z＝穀類　　　　カ．X＝魚介類　Y＝穀類　　Z＝肉類

(2)　日本の食料自給について述べた文として誤っているものを、次の中から一つ選んで記号で答えなさい。

　　ア．全体の食料自給率は30年前より低下している。

　　イ．野菜類の自給率は年々上昇している。

　　ウ．米も輸入するようになった。

　　エ．近隣のアジア諸国からも食料を輸入している。

S君は世界遺産に登録されている「軍艦島」を訪れました。これに関する次の(1)・(2)に答えなさい。

の島は，かつての高島炭坑端島坑の跡で，さかんに石炭が採掘されていましたが，現在は無人の島になっ

ます。次の表は日本の一次エネルギー供給割合の推移を示したものです。表中ア～エは石炭，石油，原子

水力のいずれかにあてはまります。このうち石炭を表しているものを一つ選んで，記号で答えなさい。

	ア %	イ %	天然ガス %	ウ %	エ %	その他 %
70 年	19.9	71.9	1.2	0.3	5.6	1.1
90 年	16.7	56.9	10.2	9.3	4.0	2.9
10 年	21.5	43.5	17.2	10.6	3.0	4.1
14 年	24.4	44.6	23.6	0.0	3.3	4.2

2016　データブック オブ ザ ワールド

君は，世界遺産である地図中③の島にも訪れたことがあります。③の島の名前を答えなさい。

日本の音楽の歴史について述べた次のA～Cの文章を読んで，それぞれの問いに答えなさい。

治にある①平等院鳳凰堂の壁面には，「雲中供養菩薩」とよばれる仏像が数多く飾られています。これら

の中にはいろいろな楽器を手にしているものもあり，日本には古くからさまざまな楽器が存在していたこ

かります。

の音楽の歴史は古く，②縄文時代の遺跡からは太鼓として使用されたと考えられる土器も出土しています。

生時代には祭りの道具として　③　が使用されましたが，これも打楽器の一種と考えられています。

国や朝鮮との交流が活発化するとともに音楽文化も流入し，楽曲や楽器が伝わり，演奏家も日本にやって

た。701年の　⑤　の制定にともない，雅楽寮とよばれる楽器演奏家の養成機関が設置され，高名な演

登場するなど，日本人は外来の音楽を積極的に受け入れました。

安京の貴族たちは，外来の音楽と日本古来の音楽とを融合させ，新しい楽曲や演奏形態を生み出してい

た。こうして，日本の伝統音楽の一つである「雅楽」が完成しました。しかし，この雅楽は室町時代中期

⑦　によって京都が荒廃したことで演奏家たちが都を離れたために，一時衰退しました。この状況を心配

陽成天皇や⑧豊臣秀吉によって雅楽の復興がすすめられました。

下線部①と直接関係のないものを，次の中から一つ選んで記号で答えなさい。

ア．藤原頼通　　イ．阿弥陀如来像　　ウ．水墨画　　エ．世界文化遺産

下線部②に関して，縄文時代の代表的な遺跡として，青森県の三内丸山遺跡があげられます。この遺跡か

は，この地域ではとれない黒曜石などの加工品が出土します。このことから，縄文時代の人々のくらしのど

な特徴がわかりますか。20字以内で説明しなさい。

問3 空欄 ③ にあてはまる，次のような道具を何というか答えなさい。

問4 下線部④について述べた文として正しいものを，次の中から一つ選んで記号で答えなさい。

ア．聖徳太子は小野妹子を大使とする遣隋使を派遣し，留学生も同行させた。

イ．中大兄皇子は中国から帰国した留学生の意見も聞き，十七条の憲法を制定した。

ウ．行基は戒律を伝えるために中国から来日し，大仏づくりにも協力した。

エ．聖武天皇は中国の建築技術を取り入れ，寝殿造の寺院を建立した。

問5 空欄 ⑤ にあてはまる法律の名前を答えなさい。

問6 下線部⑥に関して，このころの貴族の生活のようすについて述べた文として**誤っているもの**を，次の中から一つ選んで記号で答えなさい。

ア．束帯や十二単などの優美な服装が生み出された。

イ．天皇のきさきに仕えた女性たちが，すぐれた文学作品を残した。

ウ．かな文字が発明されて，和歌や書の名作が生み出された。

エ．静かにお茶を楽しむための茶室が好まれた。

問7 文中の空欄 ⑦ にあてはまる戦乱の名前を答えなさい。

問8 下線部⑧について述べた文として正しいものを，次の中から一つ選んで記号で答えなさい。

ア．今川義元や石田三成を倒し，天下統一を進めた。

イ．大阪に城を築いて政治の拠点とし，城下町を整備した。

ウ．足利義昭を追放して，室町幕府を滅ぼした。

エ．中国(元)の李舜臣による，2度の襲来を撃退した。

明治・大正・昭和時代に活躍した女性について述べた次のA～Cの文章を読んで，それぞれの問いに答えなさい。

71年，①開拓使の次官であった黒田清隆の企画で，②岩倉使節団とともにアメリカにわたった留学生の
，当時満6歳の津田梅子がいました。彼女は③11年間にもおよぶ留学生活からいったん帰国したあと，
メリカに留学しました。このときに津田梅子は，自分の一生を日本の新しい女子教育にささげることを決
のちに女子英学塾（現在の津田塾大学）をつくりました。

下線部①に関して，開拓使による北海道開発のなかで，北海道に昔から住んでいた民族は土地や漁場を失
日本語の使用や，日本名への改名を強制されました。この民族の名前を答えなさい。
下線部②に関して，この使節団の目的は，当初江戸時代末に結ばれた不平等条約の改正を進めることでし
どのような点が不平等であったか，30字以内で説明しなさい。
下線部③に関して，津田梅子が留学していた1871年から82年までの11年間のできごととして誤っている
を，次の中から一つ選んで記号で答えなさい。
．西郷隆盛らが西南戦争をおこした。
．地租改正がおこなわれた。
．第1回帝国議会が開かれた。
．徴兵令が出された。

台時代には，文学においても女性の活躍が見られました。現在④五千円紙幣の肖像として採用されている
も知られる樋口一葉は，『たけくらべ』や『にごりえ』などで東京下町の女性の姿や感情を描き，高い評
けましたが，24歳で肺結核のため亡くなりました。歌人与謝野晶子は，⑤日露戦争で戦場にいる弟を心
「君死にたまふことなかれ」という詩を発表し，反戦の気持ちを表しました。

下線部④に関して，1918年に，東京女子大学初代学長となったあと，国際連盟の事務次長を務めて世界
の実現につくし，1984年から発行された五千円紙幣の肖像に採用されていた人物の名前を答えなさい。
下線部⑤について述べた文として正しいものを，次の中から一つ選んで記号で答えなさい。
．日本はイギリスと同盟を結んで戦争にふみきった。
．日本軍は南満州鉄道を爆破した。
．小村寿太郎の指揮する艦隊が，日本海海戦でロシアの艦隊を破った。
．講和条約の成立によって日本は多額の賠償金を得た。

C 明治時代の終わりごろ,「元始,女性は実に太陽であった」と訴えて女性の地位向上を主張した ⑥ は,⑦大正時代にはいると,市川房枝らとともに女性参政権の獲得を求める団体を立ち上げました。しかし,⑧1925年の選挙法の改正でも女性の参政権は認められず,男女による普通選挙の実現は,第二次世界大戦後の⑨アメリカを中心とする連合国軍の指示のもとでの改革まで待たなければなりませんでした。その後,市川房枝は長い間,参議院議員として活躍しました。

問6 空欄 ⑥ にあてはまる人名を答えなさい。

問7 下線部⑦に関して,大正時代のできごとを,次の中から一つ選んで記号で答えなさい。

　　ア．北里柴三郎が破傷風の治療法を発見した。

　　イ．部落差別の解消を目指し,全国水平社が結成された。

　　ウ．電気洗濯機・電気冷蔵庫などの電化製品が家庭に広まった。

　　エ．阪神・淡路大震災が発生し,大きな被害が出た。

問8 下線部⑧に関して,このときの選挙権はどのように定められましたか。正しく説明しているものを,次の中から一つ選んで記号で答えなさい。

　　ア．一定の金額以上の直接国税を納めた25歳以上の男性

　　イ．一定の金額以上の直接国税を納めた20歳以上の男性

　　ウ．25歳以上のすべての男性

　　エ．20歳以上のすべての男性

問9 下線部⑨に関して,主な連合国との講和は,1951年にサンフランシスコでおこなわれました。これについて次の(1)・(2)に答えなさい。

(1) 講和条約に調印しなかった国を,次の中から一つ選んで記号で答えなさい。

　　ア．イギリス　　　イ．オランダ　　　ウ．ソ連　　　エ．フランス

(2) 講和条約の中で,沖縄はアメリカの統治下におかれることが決められましたが,のちに「祖国復帰」が実現します。沖縄の「祖国復帰」と同じ年のできごとを,次の中から一つ選んで記号で答えなさい。

　　ア．アジア初のオリンピックが東京で開かれた。

　　イ．中華人民共和国との国交が正常化した。

　　ウ．日本の国際連合への加盟が認められた。

　　エ．日米安全保障条約が結ばれた。

算　数　科　（中）　解答用紙

1	(1)	(2)	(3)
	(4)	(5)	(6)
	(7)　　　　　　　冊	(8)　午前　　　時　　　分　　　秒	
	(9)　　　　　　cm²		

受験番号

2	(1)　　　　　　　円	(2)　　　　　　　個

平 29

4

問1		問2		問3	
問4		問5		問6	
問7					

5

問1		問2	(1)		(2)	
問3	①		②			
問4	cm	問5	(1)		(2)	秒

4

問13　　問14

問15　　問16　　世紀　問17　　問18

問19　　問20　　問21

問1

問2　　問4　　問5

問3

問6　　問7　　問8　　問9　(1)　(2)

10

20

30

5

問1　　問2　　問3

問2　　問3

問4

10

20

25

問5　　問6　　問7

社会科（中）

社中平29

受験番号

○　解答用紙　○

※100点満点
（配点非公表）

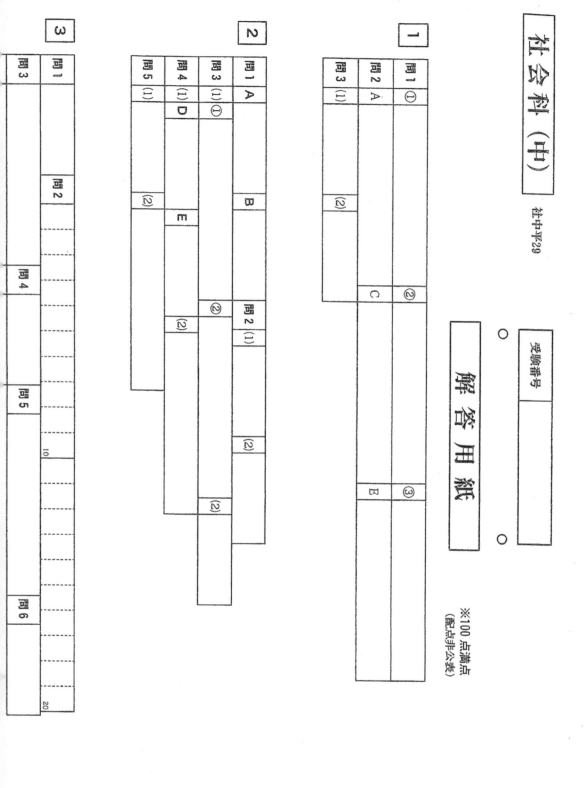

1	問1	①		②		③
	問2	A		B	C	E
	問3	(1)		(2)		

2	問1	A		B	問2 (1)		(2)
	問3	(1) ①		②	(2)		(2)
	問4	(1) D	E				
	問5	(1)	(2)				

3	問1	問2	問3	問4	問5	問6
			10			20

受験番号

1	（1）	（2）	（3）	（4）	（5）	（6）	（7）	（8）

2	問1		問2	
	問3		問4	
	問5	（1）		（2）

3	問1		問2	
	問3		問4	%
	問5		問6	g	問7	g

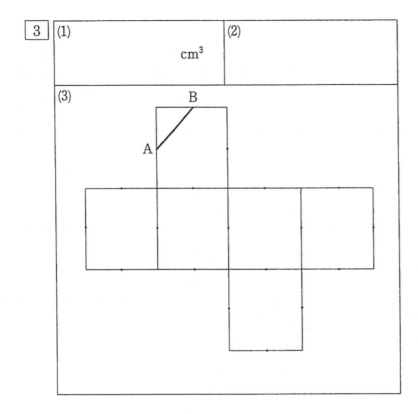

3

(1) _____ cm³ | (2) _____

(3)

B

A

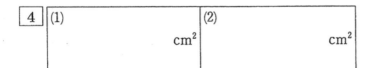

4

(1) _____ cm² | (2) _____ cm²

5

(1) _____ | (2) _____ | (3) _____ 通り

次の文章を読んで，あとの問いに答えなさい。

6月，　①　では，現在加盟しているヨーロッパ連合から離脱するかどうかを問う国民投票がおこなわれ
。その結果，離脱に賛成する票が過半数を占めたために，この国は近いうちにヨーロッパ連合から離脱す
が決まりました。このような国民投票は，主権をもっている国民の意見を直接聞くために実施されるもの
世界には，ほかにも同様の国民投票の制度をもっている国がありますし，日本国憲法においても②ある目
定した国民投票の制度が定められています。

投票の制度のように，重要な問題について一人一人の国民の意見を直接問うしくみを「直接民主主義」と
す。それに対して，③選挙において国民一人一人が自分の考えに近い候補者または政党に投票し，選ばれ
者が議会で活動することによって政治がおこなわれるしくみを「間接民主主義」とよびます。ふつう私た
主義とよぶ制度は，後者を指すことがほとんどです。

本国憲法では主権が国民にあることがうたわれています。そして，国民から選ばれた代表者である⑤国会
話し合って法律をつくったり，国の予算を決めたりしています。さらに国会で　⑥　された内閣総理大
心となって政治をおこなっていますが，これは議院内閣制とよばれる制度です。なお，アメリカ合衆国，
ス，ロシア，韓国などでは，国民が選挙で選んだ⑦大統領が中心となって政治をおこなっています。
のほとんどの国では，国民の考えをできるだけ反映した法律をつくって政治をおこなう民主主義が，最も
た社会のしくみであると考えられています。私たちは民主主義を守るためにも，たくさんのことをしっか
んでいく必要があります。

空欄　①　にあてはまる国名を答えなさい。

下線部②に関して，ある目的とは何を指していますか。その内容を答えなさい。

下線部③に関して，日本の選挙制度について述べた文として正しいものを，次の中から一つ選んで記号で
なさい。

　選挙権は20歳から認められ，世界で最も低い年齢で選挙権を得ることができる。

　投票率が50％よりも低い場合には選挙が無効となり，再度選挙が実施される。

　有権者は，どのような場合でも投票日の当日に投票しなければならない。

　立候補者は，ホームページや街頭演説を通じて支持をよびかけることができる。

下線部④に関して，大日本帝国憲法では主権は天皇にあることが定められていました。これに対して，日
憲法では天皇の地位をどう定めていますか，憲法の記述にそって，25字以内で答えなさい。

下線部⑤について述べた文として正しいものを，次の中から一つ選んで記号で答えなさい。

　25歳以上であれば，誰でも衆参両院の国会議員に立候補できる。

　衆参両院ともに国会議員の任期は6年間で，解散があった場合はそれより短くなる。

　衆議院議員には，内閣不信任を決議する権限が与えられている。

　国会議員は，天皇の国事行為に助言や承認を与える権限をもっている。

空欄　⑥　にあてはまる語句として最も適当なものを，次の中から一つ選んで記号で答えなさい。

　指名　　イ．推薦　　ウ．任命　　エ．承認

下線部⑦に関して，昨年おこなわれたアメリカ合衆国の大統領選挙で当選した人物の名前を答えなさい。

C　音楽の分野の一つに，声楽があります。声楽とは要するに歌のことですが，『魏志』倭人伝に倭の人が宴会の席で歌うようすが記録され，⑮日本の神話にも神々が歌い踊る場面があるように，古くから日本にも声楽がありました。このような声楽の一つに「声明」があります。声明とは仏教の儀式で節をつけてお経を歌うことです。声明の形式は⑯仏教とともに日本に伝わったと考えられていますが，正確なことは分かっていません。752年の⑰大仏開眼供養(完成式典)では4種類の声明が唱えられています。

　⑱鎌倉時代から室町時代にかけてさまざまな産業がさかんになり，庶民が力をつけてくると，庶民の音楽が文化に影響を与えるようになりました。猿楽や田楽などの庶民の歌や踊りは，室町時代に能や狂言へと発展しました。特に⑲足利義満の保護を受けた観阿弥と　⑳　の父子は能を大成しました。この能のうち，音楽の部分だけを切り取った「謡」(謡曲)や「囃子」(器楽曲)は，のちに独立した音楽芸能になりました。

　江戸時代には，江戸を中心に各地で庶民が音楽を楽しむようになりました。謡曲のほか，三味線や尺八などの楽器の稽古場ができ，庶民に声楽や器楽を教授する師匠もあらわれて音楽は俳諧や学問とならぶ庶民の教養の一つになりました。また，地方では各地で民謡も生まれ，㉑庶民の労働歌として広く歌われるようになりました。

問15　下線部⑮に関して，日本の成り立ちを神話の時代から記述した歴史書として8世紀に成立し，江戸時代に本居宣長が研究の対象とした書物の名前を答えなさい。

問16　下線部⑯に関して，仏教が正式に日本に伝わったのは何世紀のことか答えなさい。

問17　下線部⑰に関して，このとき大仏開眼供養がおこなわれた寺院の名前を答えなさい。

問18　下線部⑱について述べた文として正しいものを，次の中から一つ選んで記号で答えなさい。
　　ア．稲を刈り取ったあとに麦などをつくる二毛作が広まった。
　　イ．備中ぐわなどの農具や，干したイワシなどの肥料が使用された。
　　ウ．機織りや焼き物などの手工業が発達し，有田焼などが生産された。
　　エ．大都市では「現金掛け値なし」の新商法で栄える商人が登場した。

問19　下線部⑲について述べた文として正しいものを，次の中から一つ選んで記号で答えなさい。
　　ア．室町幕府を開き，初代将軍となった。
　　イ．中国(明)と貿易をおこなった。
　　ウ．東山山荘として銀閣を営んだ。
　　エ．刀狩をおこない，農民たちの一揆を禁止した。

問20　空欄　⑳　にあてはまる人物の名前を答えなさい。

問21　下線部㉑に関して，江戸時代の庶民の生活について述べた文として**誤っているもの**を，次の中から一つ選んで記号で答えなさい。
　　ア．村の有力者のなかには，小さな工場を建てて綿織物や酒などをつくる者があらわれた。
　　イ．武士や村の指導者は，寺子屋を開いて庶民の子どもたちに読み書きを教えた。
　　ウ．幕府や大名は庶民が綿織物を着ることを禁止し，絹織物を着るように強制した。
　　エ．庶民は芝居やすもう，花火などの娯楽を楽しみ，酒や茶を買って飲む者もいた。

代から近世にかけて，外国から日本にさまざまな楽器が伝えられ，日本の文化に影響を与えました。下の
ような琵琶という楽器は遅くとも奈良時代には日本にもたらされ，このうち聖武天皇に献上された，高度
を施されたものは ⑨ 宝物として現代に伝えられています。この琵琶は，鎌倉時代には⑩『平家物語』
さいの伴奏楽器としても利用されました。また三味線は琉球から伝わった三線が変化した楽器で，江戸時
⑪歌舞伎などの伴奏楽器として使用され，庶民のあいだにも広がりました。
古くから日本にある楽器で，琴を手に持った⑫埴輪も出土しています。しかし，下の図Yに示す一般的な
確には「箏」と書き，奈良時代に中国から伝わりました。箏には13本の弦が張られていますが，鎌倉時代
は第1弦から順番に「⑬仁・智・礼・義・信・文・武…」といった名前がつけられていたようです。
桃山時代になると，ヨーロッパからも楽器が伝えられました。伊東マンショら4人の少年使節が⑭キリス
教師とともにローマ教皇のもとに派遣され，帰国後にチェンバロやリュートなどの楽器を用いて豊臣秀吉
演奏しました。

Y

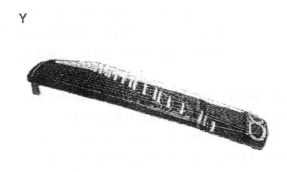

空欄 ⑨ にあてはまる語句を答えなさい。

下線部⑩は平氏の盛衰をえがいた文学作品である。平氏について述べた文として正しいものを，次の中か
つ選んで記号で答えなさい。

　平清盛は承久の乱で上皇を倒し，大きな力をもつようになった。

　平清盛は武士としてはじめて関白に就任し，権力を握った。

　平氏の一族は朝廷の重要な官職を独占し，一族のむすめを天皇のきさきにした。

　平氏は源頼朝が派遣した源義仲によって，壇ノ浦の戦いで滅ぼされた。

下線部⑪の「歌舞伎」は，江戸時代中ごろに近松門左衛門の脚本によって庶民の人気を集めました。同じ時
歌舞伎とともに庶民の娯楽となった人形劇を何というか答えなさい。

下線部⑫に関して，埴輪が出土しやすい場所として最も適切なものを，次の中から一つ選んで記号で答え
い。

　縄文時代の集落遺跡　　　イ．古墳時代の古墳遺跡

　奈良時代の平城京遺跡　　エ．奈良時代の地方の役所遺跡

下線部⑬に関して，これらの文字は聖徳太子が定めた政策にも使用されています。その政策とは何か答え
い。

下線部⑭に関して，キリスト教宣教師を保護し，城下町の安土に南蛮寺(教会堂)を建てることを許可し
物を答えなさい。

(1) 表中X～Zにあてはまる農産物の組み合わせとして正しいものを，次のア～カから一つ選んで記号で答えなさい。

ア．X＝たまねぎ　　Y＝米　　　　Z＝じゃがいも

イ．X＝たまねぎ　　Y＝じゃがいも　Z＝米

ウ．X＝米　　　　　Y＝たまねぎ　　Z＝じゃがいも

エ．X＝米　　　　　Y＝じゃがいも　Z＝たまねぎ

オ．X＝じゃがいも　Y＝米　　　　　Z＝たまねぎ

カ．X＝じゃがいも　Y＝たまねぎ　　Z＝米

(2) 表中 C にあてはまる県を，地図中ア～コから一つ選んで記号で答えなさい。

問3　S君は夕食のときに長崎で水揚げされた魚を食べました。水産業に関する次の(1)・(2)に答えなさい。

(1) 地図中①・②の海流の名前を答えなさい。

(2) 長崎県の水産業について述べた文として**誤っているもの**を，次の中から一つ選んで記号で答えなさい。

ア．長崎県が接する東シナ海は，大陸棚が広がり，よい漁場となっている。

イ．長崎県では，沖合漁業や沿岸漁業よりも遠洋漁業がさかんである。

ウ．長崎県の漁港では，サバ類やアジ類など多くの種類の魚が水揚げされている。

エ．長崎県で水揚げされた魚は，新鮮なうちに東京や大阪など県外にも送られている。

問4　S君は長崎県では造船業がさかんであることを知り，調べてみた結果，現在では船舶以外にもさまざまな工業製品が造られていることがわかりました。次の表は，全国で鉄鋼業，石油化学工業，輸送用機械工業の出荷額が多い上位の府県を示したものです。これについてあとの(1)・(2)に答えなさい。

	鉄鋼業	億円	石油化学工業	億円	輸送用機械工業	億円
1位	D 県	25,618	E 県	31,362	D 県	235,169
2位	兵庫県	20,144	大阪府	19,108	B 県	36,888
3位	E 県	18,405	兵庫県	17,777	群馬県	31,592
4位	広島県	14,953	山口県	16,458	広島県	27,315

2016　データブック オブ ザ ワールド

(1) 表中 D ・ E にあてはまる県を，地図中ア～コから選んでそれぞれ記号で答えなさい。

(2) 表中のほぼすべての県を含み，関東地方南部から九州地方北部にかけて，一つに連なるように工業生産がさかんな地域が広がっている。この地域を特に何というか答えなさい。

S君は夏休みに旅行で長崎を訪れ，そのときに体験したことをもとに，さまざまなことについて調べてみました。S君が調べたことについて，次の地図を参考にしながら，あとの問いに答えなさい。

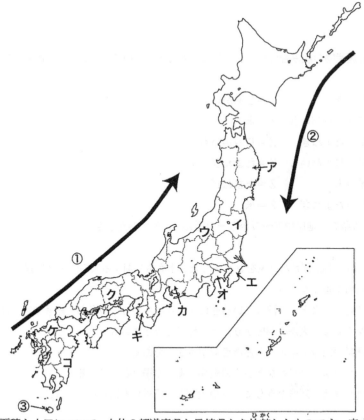

次の表は，面積と人口について，上位3都道府県と長崎県とを比較したものです。表中　A　・　B　にはまる県を，地図中ア〜コから選んでそれぞれ記号で答えなさい。

面積	km²	人口	千人
北海道	78,421	東京都	13,514
A 県	15,275	B 県	9,127
福島県	13,784	大阪府	8,839
長崎県	4,132	長崎県	1,378

2016　データブック オブ ザ ワールド

　S君は昼ごはんにカレーライスを食べ，そこで使われている食材についても調べてみました。次の表はカレーライスの具材として使われていた米・たまねぎ・じゃがいも・肉用牛の生産上位の県と，その県が占める割合を示したものです。これについてあとの(1)・(2)に答えなさい。

X	%	Y	%	Z	%	肉用牛	%
北海道	77.9	北海道	59.2	C 県	7.8	北海道	20.3
長崎県	4.3	佐賀県	12.6	北海道	7.5	鹿児島	13.0
鹿児島県	3.8	兵庫県	8.3	秋田県	7.5	宮崎県	13.0

2016　データブック オブ ザ ワールド

⑤　図1のように，軽くてのび縮みしない糸におもりをつるして，ふりこの性質を調べる実験を行いました。下の表は実験の結果をまとめたものです。この実験に使うおもりの大きさや形はすべて同じで，空気の抵抗やまさつなどは考えないものとして，後の問いに答えなさい。

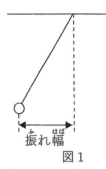
図1

	実験1	実験2	実験3	実験4	実験5	実験6	実験7
おもりの重さ〔g〕	50	50	50	50	100	200	400
糸の長さ〔cm〕	16	64	256	16	64	256	②
振れ幅〔cm〕	2	2	2	4	2	4	4
10往復時間〔秒〕	8	16	32	8	16	①	16

問1　ふりこが左端から右端へ運動するようすを，等しい時間間隔で複数撮影し，一枚の写真に合成したものはどれですか。次のア～エの中から選んで，記号で答えなさい。

ア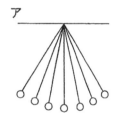　イ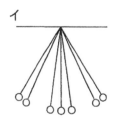　ウ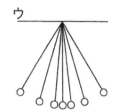　エ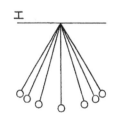

問2　次の実験を比較することでわかることは何ですか。それぞれア～カの中から適当なものを1つずつ選んで，記号で答えなさい。
（1）実験1と実験4の比較　　（2）実験2と実験5の比較
ア　おもりの重さが重くなると，10往復するのにかかる時間が長くなる。
イ　おもりの重さが変わっても，10往復するのにかかる時間は変わらない。
ウ　糸の長さが長くなると，10往復するのにかかる時間は長くなる。
エ　糸の長さが変わっても，10往復するのにかかる時間は変わらない。
オ　振れ幅が大きくなると，10往復するのにかかる時間が長くなる。
カ　振れ幅が変わっても，10往復するのにかかる時間は変わらない。

右図のような月が見えるのは何日ですか。最も近いものを次の**ア**～**エ**の中から選んで，記号で答えなさい。
ア 3日　　**イ** 11日　　**ウ** 18日　　**エ** 25日

月を観察すると黒っぽい模様が見えますが，日本では「うさぎがもちをついている」と伝えられてきました。この部分は他の部分より平らな低地になっています。この部分を何といいますか。

2 ニワトリのからだのつくりや行動について，次の問いに答えなさい。

問1 ニワトリの翼とヒトの腕は形やはたらきが違いますが，共通の祖先から進化して
きたため，同じような骨格をもちます。下の図はニワトリの翼の骨格の標本です。
図中で塗りつぶした骨は，ヒトでは何とよばれていますか。

問2 ニワトリは肺で呼吸します。肺で呼吸する動物の組み合わせとして正しいものを
次のア〜オの中から1つ選んで，記号で答えなさい。
　　ア　モズとサメ　　　　　イ　サメとウサギ　　　　ウ　ウサギとイルカ
　　エ　イルカとイワナ　　　オ　イワナとモズ

問3 ニワトリの卵はかたい殻に包まれています。ニワトリのように，殻に包まれた卵
をうむ動物を次のア〜クの中から4つ選んで，記号で答えなさい。
　　ア　カエル　　　イ　イワナ　　　ウ　カマキリ　　　エ　カブトムシ
　　オ　テントウムシ　　カ　モズ　　　キ　イルカ　　　ク　メダカ

問4 ニワトリの心臓には酸素の多い血液と二酸化炭素の多い血液が別々に流れていま
す。ニワトリの心臓のように，2つの血液が別々に流れている心臓をもつ動物を次
のア〜オの中からすべて選んで，記号で答えなさい。
　　ア　イヌ　　　イ　ウサギ　　　ウ　フナ　　　エ　メダカ　　　オ　ヒト

問5 ニワトリには仲間とのつつき合いにより，上下関係を決める習性があることが知
られています。下の表は，同じ小屋で飼われた10羽のニワトリのつつき合いの関
係を示したものです。

例えば，AはCだけからつつかれ，Bは
A，C，G，Iからつつかれることを示して
います。次の問いに答えなさい。

（1）表より，上下関係の順位が上から5番
目のニワトリはどれですか。A〜Jの記
号で答えなさい。
（2）表より，上下関係がはっきりしないニ
ワトリが3羽いることがわかります。そ
の3羽のニワトリはどれですか。A〜J
の記号で答えなさい。

	A	B	C	D	E	F	G	H	I	J
A		○	●	○	○	○	○	○	○	○
B	●		●	○	○	○	●	○	●	○
C	○	○		○	○	○	○	○	○	○
D	●	●	●		●	●	○	○	○	○
E	●	●	●	○		○	○	○	●	●
F	●	●	●	○	●		○	○	○	●
G	●	○	●	○	○	○		○	○	○
H	●	●	●	●	●	●	●		●	●
I	●	○	●	○	○	○	○	○		○
J	●	●	●	○	●	●	●	○	○	

）冬には葉が枯れ落ちている植物の組み合わせとして正しいものはどれですか。

ア クスノキとマツ 　　　 イ スギとイチョウ 　　　 ウ イチョウとサクラ
エ サクラとクスノキ 　　　 オ マツとスギ

）空全体の広さを 10 として，空をおおっている雲の広さがどれだけのときが「くもり」
ですか。

ア 0〜8 　　　 イ 2〜8 　　　 ウ 5〜10 　　　 エ 8〜10 　　　 オ 9〜10

）冬の大三角をつくる 3 つの星のうちの 1 つはどれですか。

ア ベガ 　　　 イ アルタイル 　　　 ウ ベテルギウス 　　　 エ デネブ
オ リゲル

）電流計に関して正しく述べたものはどれですか。

ア 電流を測定したい電熱線（電気抵抗）に対して，並列に接続する。

イ 電流計が壊れるのを防ぐために，はじめは－（マイナス）端子の最も大きい 5A 端
　　子に接続する。

ウ 乾電池から流れる電流は小さいので，－端子は最も小さい 50mA に接続する。

エ 乾電池から流れる電流を測定するには，電流計の＋（プラス）端子と乾電池の＋極
　　を，電流計の－端子と乾電池の－極を導線で接続して測定する。

オ 電流計の＋端子と－端子をまちがって逆に接続すると，電流計の針はまったく動か
　　ない。

算中平29

2 ある店では，商品 A を毎月 100 個仕入れ，25 ％ の利益をみこんで定価をつけました。
11 月は 100 個全部が定価で売れ，40000 円の利益がありました。12 月は定価でいくつ
か売りましたが，年末の大売り出しのため，残りは定価の 15 ％引きで売ったところ，
すべて売り切れて，12 月の利益は 28000 円になりました。
このとき，次の問いに答えなさい。

(1) 商品Aの定価を求めなさい。

(2) 12 月に定価で売った個数を求めなさい。

3 右の図のように 1 辺の長さが 2 cm の立方体があります。4 点 A，B，C，
D はそれぞれ辺の真ん中の点です。このとき，次の問いに答えなさい。

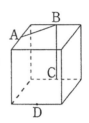

(1) 3 点 A，B，C を通るように立方体を切ったときにできる立体のうち，
大きい方の立体の体積を求めなさい。

(2) 下の ①〜⑤ の中から立方体の展開図ではないものを 2 つ選びなさい。

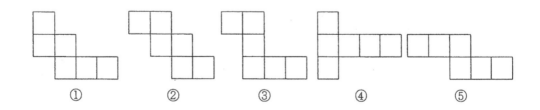

①　　　　②　　　　③　　　　④　　　　⑤

(3) 3 点 A，B，D を通るように立方体を切ったときの切り口は図 1 の
ような六角形になります。この六角形の線を解答用紙の展開図に書
き入れなさい。ただし，AB の線は図の中に書いてあります。

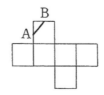

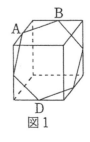

図1

(7) 兄と妹の2人が最初に持っていた本の冊数の合計は100冊です。その後，兄が7冊，妹が1冊本を買ったら，兄が持っている本の冊数が妹の持っている本の冊数の2倍になりました。兄が最初に持っていた本の冊数を求めなさい。

(8) 午前8時に，家から2km離れた学校へ妹が出かけました。妹が出発して6分後に姉が走って同じ道を追いかけました。妹が歩く速さが分速80 m，姉が走る速さが分速170 mであったとき，姉が妹に追いついた時刻は午前何時何分何秒ですか。

(9) 右の図の点 A，B，C，D は，半径が6 cmの円周を4等分した点です。
斜線をつけた部分の面積を求めなさい。

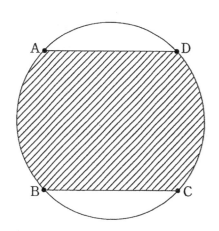

① 算 数 科 （中）　　算中平 28　（60分）

（注意）　円周率はすべて 3.14 を使い，解答はすべて解答用紙に記入しなさい。

1 次の各問いに答えなさい。

(1)　$1+8+14+22+29+36+43$ を計算しなさい。

(2)　$89 \div 16 + 5.3 \div 1.6 - 140 \div 160$ を計算しなさい。

(3)　$0.4 \div \left\{ \left(1.75 - \dfrac{1}{4} \right) - \dfrac{7}{8} \right\} \times 5$ を計算しなさい。

(4)　$(\square \div 3 - 6) \times 4 = 84$ となるとき，$\square$ にあてはまる数を求めなさい。

(5)　整数Aから整数Bまでのすべての整数の積を，A♯Bと書くことにします。
　　たとえば，$1 ♯ 5 = 1 \times 2 \times 3 \times 4 \times 5 = 120$ ，$2 ♯ 4 = 2 \times 3 \times 4 = 24$ となります。
　　このとき，次の$\square$にあてはまる数を求めなさい。

　　①　$\dfrac{1 ♯ 10}{2 ♯ 11} = \dfrac{1}{\square}$ 　　　　　　　②　$\dfrac{1}{4 ♯ 7} - \dfrac{1}{5 ♯ 8} = \dfrac{1}{\square}$

(6)　ある数に $\dfrac{5}{6}$ を加えて $\dfrac{5}{6}$ で割るところを，まちがえて $\dfrac{5}{6}$ で割って $\dfrac{6}{5}$ を加えたので，その答えは $\dfrac{12}{5}$ となりました。正しい答えを求めなさい。

4 正六角形 ABCDEF と，その辺上を移動する点 P があります。
P は最初 A にあり，1 個のサイコロを振って出た目の数だけ
正六角形の頂点から頂点へ反時計回りに移動します。ただし，
P が再び A に止まったらそこで移動は終わりとなります。
次の各場合について，目の出方が何通りあるか答えなさい。

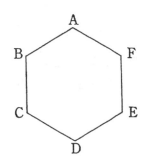

(1) サイコロを 2 回振って，初めて D に止まるとき

(2) サイコロを 3 回振って，初めて D に止まるとき

(3) サイコロを 5 回振って，移動が終わりになるとき

5 縦 8 cm，横 9 cm，深さ 15 cm の直方体の容器があります。
また，底面が縦 3 cm，横 4 cm の長方形で，高さが 9 cm の直
方体のおもりがあります。容器にある深さまで水を入れた
あと，1 個のおもりを底面が容器の底にぴったりつくよう
に入れたところ，水面が 1 cm だけ上昇しました。このとき，
次の各問いに答えなさい。

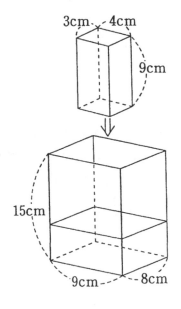

(1) おもりを入れる前の水の深さは何 cm ですか。

(2) 同じおもりを 1 個めと同じようにしてもう 1 個入れる
    と，水の深さは何 cm になりますか。

(3) (2)の状態からさらにもう 1 個同じおもりを同じように
    入れると，水の深さは何 cm になりますか。

（注意）解答はすべて解答用紙に記入しなさい。

1 　次の（1）〜（9）の問いについて，それぞれ**ア〜オ**の中から適当なものを1つずつ選んで，記号で答えなさい。

（1）池で見られる小さな生き物や卵を，大きい順に左から並べたものはどれですか。
　ア　メダカの卵 → ミジンコ → ツボワムシ → ゾウリムシ → ミドリムシ
　イ　ミジンコ → メダカの卵 → ミドリムシ → ゾウリムシ → ツボワムシ
　ウ　ケンミジンコ → ミドリムシ → イカダモ → ゾウリムシ → ツリガネムシ
　エ　ミジンコ → ゾウリムシ → ケンミジンコ → ツリガネムシ → ツボワムシ
　オ　イカダモ → クンショウモ → ボルボックス → アオミドロ → ミドリムシ

（2）糸におもりをつるしたふりこについて述べた次の文章中の，（　）内に適する語句・人名の組み合わせとして正しいのはどれですか。

> 　ふりこが1回ふれるのにかかる時間は，ふりこの（　①　）ほど長くなる。自分の脈はくを時計がわりにして，ふりこが1回ふれるのにかかる時間についての規則性を（　②　）が発見した。

　ア　①おもりの重さが重い　②ガリレオ　　イ　①糸の長さが長い　②ガリレオ
　ウ　①ふれはばが大きい　②ニュートン　　エ　①糸の長さが長い　②ニュートン
　オ　①おもりの重さが重い　②ニュートン

（3）太陽が西に沈むとき，南に月が見えました。その月はどのような形に見えますか。

ア　　　　イ　　　　ウ　　　　エ　　　　オ

（4）A〜Eの植物の中で，昆虫（こんちゅう）が花粉（かふん）を運んで受粉するものの組み合わせとして正しいものはどれですか。

> A　サクラ　　　　B　トウモロコシ　　　　C　クロモ　　　　D　ヘチマ
> E　スギ

　ア　AとB　　イ　AとC　　ウ　AとD　　エ　AとCとD
　オ　AとDとE

次の問いに答えなさい。

水が入ったペットボトルのラベルには,「ボトルが壊れることがありますので,凍らせないでください」と書かれています。その理由を述べた次の文の（　A　）～（　C　）に適する語を答えなさい。

> 水のすがたが,（　A　）体から（　B　）体に変わると（　C　）が大きくなるから。

試験管に入れた水をアルコールランプで加熱する実験をしました。水全体を早く温めるには,どこを加熱するのがよいですか。右の図のア～ウの中から1つ選んで,記号で答えなさい。

氷を加熱していくとやがてとけて水になり,しばらくして沸とうします。その間の温度の変化を表したグラフを次のア～カの中から1つ選んで,記号で答えなさい。

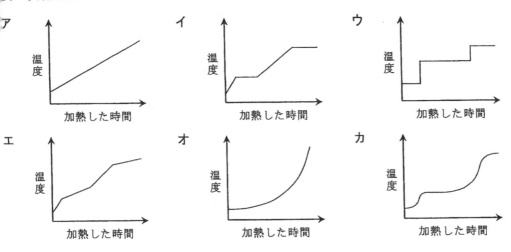

食塩水,石灰水,アンモニア水,塩酸の4つの水溶液を準備しました。次の問いに答えなさい。

（1）次の2つの条件をみたす水溶液はどれですか。
① 気体が水にとけてできた水溶液である。
② 赤色のリトマス紙を青色に変える性質がある。

（2）（1）の②のような水溶液は何性ですか。

（3）鉄を入れたとき,気体が発生する水溶液はどれですか。

自動車のはい気ガスなどがとけこんだ雨水が,環境問題を引き起こすことがあります。この雨を何といいますか。

3 　次の文章を読んで，後の問いに答えなさい。

　地形の変化の原因として地震や川を流れる水
のはたらきがあげられます。

　地震が発生すると，土地がもり上がったり，
しずんだりします。東日本大震災においても，
地震による大きな地形の変化がありました。

　流れる水のはたらきには，地面をけずる
（　Ａ　）作用，土や砂を運ぶ（　Ｂ　）作用，
土や砂を積もらせる（　Ｃ　）作用があります。
図１のような川の，流れの速さ，X-Y断面の川
の深さや石のようすを観察しました。

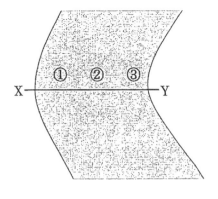

図１

問１　地震によって生じた土地のずれを何といいますか。

問２　海底で起こった大きな地震によって発生した波を何といいますか。

問３　地震に関する説明として正しいものを，次のア～エの中から１つ選んで，記号で答え
　　なさい。
　　ア　地震が起きた場所の真上の地点を震源という。
　　イ　地震の規模の大きさは震度で表される。
　　ウ　火山の活動によって，地震が起こることもある。
　　エ　プレートはかたく，動かないためプレートの境界では地震は起こらない。

問４　（　Ａ　）～（　Ｃ　）に適する語を答えなさい。

問５　X-Y上の①～③の中で川の流れが最も速いところはどこですか。１つ選んで，番号で
　　答えなさい。

下線部1に関して，春休みの公園で観察した植物や動物について述べた文として**適当でないもの**を次の**ア〜オ**の中から2つ選んで，記号で答えなさい。

ア　ナナホシテントウムシが枝に卵を産んでいた。

イ　池の中でヒキガエルのオタマジャクシが泳いでいた。

ウ　サクラの花がさいて，たくさんの昆虫や小鳥が集まっていた。

エ　オオカマキリが卵を産んでいた。

オ　クマゼミが地面からでてきて，羽化を始めた。

　下線部2について，サクラの花のつくりについて述べた文として正しいものを次の**ア〜オ**の中から2つ選んで，記号で答えなさい。

ア　サクラの花にはがく，はなびら，おしべ，めしべがある。

イ　サクラの花にはお花とめ花があり，め花だけに実ができる。

ウ　1つのサクラの花にはめしべが1本しかない。

エ　1つのサクラの花にはおしべが1本しかない。

オ　サクラの花は，花びらより下の部分に実ができる。

　表1から分かるように，シロツメクサはどの枠にもたくさん生えていましたがセイヨウタンポポはまばらに生えていました。セイヨウタンポポがまばらに生えている理由を簡単に述べなさい。

　表1ではハルジオンもセイヨウタンポポと同じように分布しているように見えますが，実際にはハルジオンは公園の外周に近いところにだけ生えていました。図3は枠①でのセイヨウタンポポとハルジオンの分布を示したものです（×がセイヨウタンポポ，△がハルジオン，シロツメクサとオオバコは省略）。ハルジオンがこのように分布する理由を簡単に述べなさい。

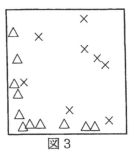

図3

　S君はこの公園で冬休みにも観察を行いました。冬の植物の様子を述べた文として正しいものを次の**ア〜エ**の中から1つ選んで，記号で答えなさい。

ア　サクラの葉は散っていたが，シロツメクサ，オオバコ，セイヨウタンポポ，ハルジオンはどれも冬ごししていた。

イ　サクラのつぼみは小さいが葉は新芽が出ていて，オオバコの花が咲いていた。

ウ　サクラのつぼみは小さいが，シロツメクサもハルジオンも花が咲いていた。

エ　サクラは木なので冬ごしできるが，草はほとんどかれていて，セイヨウタンポポだけが冬ごししていた。

　表1のa，bに入る適切な数字を答えなさい。

5　同じ性質の豆電球と同じ性質の乾電池を使って，図1のように①〜③の3つの回路をつくりました。これについて次の問いに答えなさい。

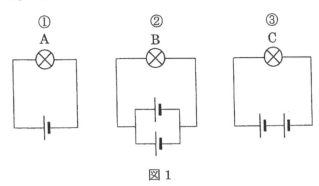

図1

問1　①の回路の電池の＋極は，右側，左側のどちら側ですか。

問2　豆電球 A，B，C の明るさについて正しく表しているものを，次のア〜カの中から1つ選んで，記号で答えなさい。ただし，「A＝B」は「A と B は同じ明るさ」，「A＞B」は「A の方が B より明るい」という意味です。
　　ア　A＞B＞C　　　イ　A＝B＞C　　　ウ　B＞A＝C　　　エ　C＞A＝B
　　オ　C＞B＞A　　　カ　A＝B＝C

問3　電池がはたらきつづけることのできる時間が最も長いのはどの回路ですか。①〜③の中から1つ選んで，番号で答えなさい。

問4　①の回路で，電池のかわりに手回し発電機を 50 回まわして充電したコンデンサーをつなぎました。すると，豆電球 A は最初，電池のときと同じ明るさで点灯しましたが，だんだん暗くなり 20 秒後に消えました。つぎに，②の回路の2つの電池のうちの1つだけを，手回し発電機を 50 回まわして充電したコンデンサーにつなぎかえました。このときコンデンサーの＋側は，取り外した電池の＋側と同じにしてあります。豆電球 の明るさはどうなりますか。次のア〜オの中から1つ選んで，記号で答えなさい。
　　ア　最初から点灯しない。
　　イ　電池2個を並列つなぎしているときの豆電球Bと同じ明るさで点灯し続ける。
　　ウ　電池2個を直列つなぎしているときの豆電球Cと同じ明るさで点灯し続ける。
　　エ　最初は電池2個を並列つなぎしているときの豆電球Bと同じ明るさで点灯するが，だんだん暗くなり 20 秒くらいで消える。
　　オ　最初は電池2個を直列つなぎしているときの豆電球Cと同じ明るさで点灯するが，だんだん暗くなり 20 秒くらいで消える。

社 会 科 （中）　社中平28　（40分）

（注意）　解答はすべて解答用紙に記入しなさい。

1　次の地図に関して，後の問いに答えなさい。

問1　A・B・Cの山地，山脈，高地名をそれぞれ答えなさい。

問2　次の(1)～(3)の川がつくる平野を，地図中のア～コの地域の中から
　　それぞれ選んで記号で答えなさい。

　(1)　利根川　　　(2)　最上川　　　(3)　筑後川

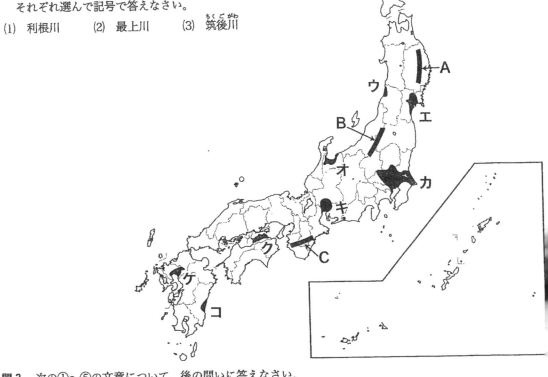

問3　次の①～⑤の文章について，後の問いに答えなさい。

　①　年間降水量が全国平均より少ないこの平野では，古くからため池をつくってかんがい用水を確保し，同
　　農地で1年間に米と麦類など複数の作物を栽培する　a　がおこなわれてきた。また，かつての塩田の
　　地には，大規模な造船所がつくられた。

　②　冬の季節風が山を越えて晴天をもたらすこの平野では，ビニルハウスを利用して野菜などを，他地域よ
　　も早く出荷する　b　栽培がさかんにおこなわれている。また，この平野を含む県では畜産業がさかん
　　豚の飼育頭数は全国2位(2012年)である。

　③　冬の季節風の影響でこの平野や出羽山地など周辺の山々に多くの雪が降り，その雪解け水が米作りに利
　　されている。この平野を含む県の米の生産量は，全国5位(2012年)である。

　④　農家一戸あたりの耕地面積が全国平均より広いこの平野は，耕地の多くが畑として利用され，豆類を
　　め，てんさい・じゃがいも・とうもろこしなどが大型機械を使って栽培されている。

　⑤　3つの大きな川が運んだ土砂によってつくられたこの平野では，米作りがさかんであるが，輪中に住む
　　は協力して堤防を築き，水害からくらしを守ってきた。近年は，近郊農業として野菜栽培をおこなう農
　　増えてきた。

H28. 青雲中
K 教英出版

【〜を削る】「しのぎ」とは刀の一部分で，刀を削りあって戦うようすから，激しい戦いを意味する。
　　　　例　体育大会では紅軍と白軍がしのぎを削っている。

　平安時代には，みずからの領地を守るために武芸をみがいた武士が地方に現れました。⑤武士は主君のた
〜仕事をして，その見返りに領地の支配を認められました。こうして主従関係が成立して武士団が構成
〜ましたが，⑥武士社会の棟梁として鎌倉に幕府を開いたのが源頼朝です。源氏が絶えた後も，鎌倉幕府
⑦　の地位にあった北条氏に引き継がれて安定した武士のための政治がおこなわれましたが，⑧元寇
〜きっかけにして幕府と武士との主従関係は崩れていきました。このような武士の戦いのようすから，「駆
〜き(攻めと守りのタイミングを見きわめること)」という慣用句も生まれています。

　下線部⑤に関して，武士が主君のために仕事をすることと，その見返りに領地の支配を認められることを，
　a　と　b　で結ばれた関係」といいます。　a　と　b　にあてはまる語句を，それぞれ2字で答
〜なさい。
　下線部⑥について述べた文として正しいものを，次の中から一つ選んで記号で答えなさい。
ア．頼朝は平治の乱の結果，伊豆に流され，後に平氏を倒すため兵をあげた。
イ．頼朝は平氏との戦いに次々に勝ち，最後は厳島で平氏をほろぼした。
ウ．頼朝は征夷大将軍になると，幕府政治の方針を示した御成敗式目を制定した。
エ．朝廷が幕府を倒す兵をあげたとき，頼朝はみずから御家人に団結をよびかけた。
　空欄　⑦　にあてはまる語句を答えなさい。
　下線部⑧に関して，元寇によって主従関係が崩れたのはなぜですか。解答欄の書き出しに続いて30字以
〜内で説明しなさい。

【大見得を切る】歌舞伎の盛り上がる場面で役者がポーズを決めるところから，自信があることを強調して
　　　　　　　大げさな表現をすること。
　　　　例　△△君は，「社会のテストで満点をとる」と大見得を切った。

　江戸時代の中ごろ，⑨大阪では脚本家の　⑩　が義理人情の世界を表現し，歌舞伎が人気を集めました。
〜阪の芝居小屋の二枚目の看板には美男子を，三枚目にはこっけいな役を演じる俳優をえがいたことから「二
〜目」「三枚目」の言葉が生まれました。一方，江戸時代後半には江戸でも歌舞伎が大人気となり，とくに⑪市
〜家からは名優が多く出ました。市川家は得意の18の演目(お家芸)の脚本を箱に入れて大切に保管したと
〜います。これが「十八番(得意の芸)」の語源です。このほか，歌舞伎からは「幕の内弁当(休憩時間＝幕の間
〜食べる弁当)」，「どんでん返し(太鼓の音とともに舞台が急に変わることから，物事の局面が急に変化する
〜と)」など多くの言葉が生まれ，現在も使われています。
　慣用句や日用語の語源にはいろいろな説があります。ここに記したのはその一説です。皆さんも興味をもっ
〜調べてみるとおもしろいですよ。

問9　下線部⑨に関して，江戸時代の大阪について述べた文として正しいものを，次の中から一つ選んで記号で
　　答えなさい。

　　ア．鎖国とよばれる政策の中で，ただ一つ幕府に認められた貿易港となった。

　　イ．諸藩の年貢米が集まり，「天下の台所」とよばれる商業都市となった。

　　ウ．武士や町人のほか参勤交代で各地から人が集まり，人口は100万人を超えた。

　　エ．町医者であった本居宣長は，役人の不正を批判して大阪で反乱を起こした。

問10　空欄　⑩　にあてはまる人名を答えなさい。

問11　下線部⑪に関して，右の絵は東洲斎写楽という絵師がえがいた市川家の人気俳優
　　「市川蝦蔵」(1741～1806)の版画です。この絵について，次の問いに答えなさい。

　(1)　このような版画を特に何というか答えなさい。

　(2)　市川蝦蔵が活躍したころの社会のようすについて述べた文として誤っているものを，
　　　次の中から一つ選んで記号で答えなさい。

　　ア．大きなききんがあり，百姓一揆や打ちこわしが多く発生した。

　　イ．ロシアの船が日本にあらわれ，幕府の対外政策をゆるがした。

　　ウ．蘭学がさかんになり，杉田玄白と前野良沢は『解体新書』を出版した。

　　エ．島原・天草のキリシタンの農民が重税に反発して，大規模な一揆を起こした。

4　九州地方の石炭の歴史に関する次のA・Bの文章を読んで，後の問いに答えなさい。

A　石炭は大昔の生き物が地中深くに埋まり，長い時間をかけて変化したものです。江戸時代には，筑豊(福岡県)
唐津(佐賀県)など各地で石炭が発見され，主に農民の家庭用燃料に用いられたようです。石炭産業は日本の
代化をエネルギー面から支えてきました。その結果，石炭産業関連施設が2015年に「明治日本の産業革命遺産
として世界遺産に登録され，歴史的価値が再び評価されています。

　富国強兵を進める明治政府のもとで，石炭の生産は増えました。石炭は，福岡県の三池，佐賀県の唐津，
崎などから船で運ばれました。①明治時代の初めごろに日本最初の鉄道が開通して陸上交通網の整備が進ん
いくと，石炭は蒸気機関車の燃料としても使用され，鉄道が石炭輸送の中心となりました。1882年に設立
れた②大阪紡績会社の機械は，石炭を燃料とする蒸気力で動いていました。さらに1901年に官営の　③
生産を始めると，筑豊地方の石炭産業が発達しました。

　幕末に外国の蒸気船の燃料として供給された石炭は，明治以降は国内船舶の燃料としても利用されました
さらに明治政府は多くの軍艦を保有し，④日露戦争のころまではその主な燃料としても使用されました。世
遺産に登録されたものには，福岡県の三池港や熊本県の三角西(旧)港があります。これらの港は石炭を全国
地に積み出す重要な役割をにないました。三角西港からは⑤1893年から，⑥中国の長江河口の都市にもさ
んに輸出されました。このように石炭は，明治の終わりごろに輸出量が世界一位になった　⑦　と並ぶ日
の主な輸出品の一つでもありました。

下線部⑤に関して，多くの人が投票しやすいように現在認められている投票方法とその説明として**誤って**いるものを，次のア〜オの中から**2つ選んで**記号で答えなさい。

ア．期日前投票…投票日に用事がある人が，事前に投票できる。

イ．在外投票…仕事や留学で海外にいる人が，外国から投票できる。

ウ．代理投票…投票日に仕事がある人が，他の人に投票してもらうことができる。

エ．不在者投票…仕事や旅行などでの滞在先や，入院している病院などから投票できる。

オ．電子投票…投票日に用事がある人が，投票所以外の場所からインターネットによる投票ができる。

下線部⑥に関して，内閣のもとで学校教育やスポーツなどに関する仕事を主に担当している省を，次の中から一つ選んで記号で答えなさい。

ア．経済産業省　　イ．文部科学省　　ウ．総務省　　エ．厚生労働省

下線部⑦に関して，国の法律をつくるのは国会の仕事ですが，それ以外の国会の仕事として**誤っているも**の**を，次の中から一つ選んで記号で答えなさい。

ア．最高裁判所長官を指名する。　　イ．国の予算を話し合って決める。

ウ．裁判官を裁く裁判所をつくる。　　エ．外国と結んだ条約を承認する。

下線部⑧について，会社が得た所得にかかる税金を何というか答えなさい。

下線部⑨に関して，2010年に財政危機が表面化し，EU(ヨーロッパ連合)やIMF(国際通貨基金)などの全面的な支援を受けているヨーロッパの国名を答えなさい。

下線部⑩に関して，下の図は，「日本人が住む海外の国々」と「日本に住む外国人」を表したものです。図中の空欄 X ・ Y にあてはまる国の組合せとして正しいものを，次のア〜カの中から一つ選んで記号で答えなさい。

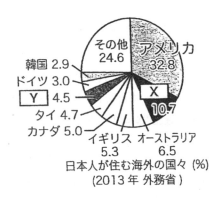

日本人が住む海外の国々 (%)
(2013年 外務省)

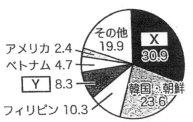

日本に住む外国人 (%)
(2014年 法務省)

ア．X―ロシア　　Y―中国　　　　イ．X―ロシア　　Y―ブラジル

ウ．X―中国　　　Y―ロシア　　　エ．X―中国　　　Y―ブラジル

オ．X―ブラジル　Y―ロシア　　　カ．X―ブラジル　Y―中国

算 数 科 （中） 解答用紙　　算中平 28　　※150 点満点

1

78 点

(1)	(2)	(3)
(4)	(5)①	(5)②
(6)	(7)　　　　　　人	
(8)①　　　　　　人	(8)②　　　　　　脚	(9)　　　　　　cm²
(10)①　　　　cm²	(10)②　　　　cm²	(10)③　　　　cm²

受験番号

2

18 点

(1)　　　　　時間	(2)　　　　　時間	(3)　　　　　通り

※100点満点　　理科（中）解答用紙

1	(1)	(2)	(3)	(4)	(5)	(6)	(7)	(8)	(9)
18点									

受験番号

○

2	問1	A	B	C
21点	問2		問3	

	問4	(1)	(2)	
		(3)		
	問5			

○

3	問1		問2		問3	
20点	問4	A	B	C
	問5		問6		問7	

問1

問2

問3

問4

問5 a｜ ┊ ｜ b｜ ┊ ｜

問6

問7

問8

　御家人は戦費を負担して懸命に戦ったが,

┊	┊	┊	┊	┊	┊	┊	┊	┊	10
┊	┊	┊	┊	┊	┊	┊	┊	┊	20
┊	┊	┊	┊	┊	┊	┊	┊	┊	30

問9

問10

問11 (1)

(2)

---

4 24点

問1

問2

問3

問4

問5

問6

問7

問8

問9

問10

問11

問12

---

5 11点

問1

問2

問3

問4

問5

問6

問7

問8

問9

問10

社 会 科 （中）　社中平28　※100点満点　解 答

1　18点

問1	A	
	B	
	C	

問2	(1)	
	(2)	
	(3)	

問3	(1)	①	記号	
			平野名	
		②	記号	
			平野名	
		③	記号	
			平野名	
		④	記号	
			平野名	
		⑤	記号	
			平野名	
	(2)	a		
		b		

受験番号

2　20点

問1	A	
	B	
	C	

問2	D	
	E	
	F	
	G	

問3	H	
	I	
	J	

4 0点

| 問1 | | | 問2 | | |

| 問3 | |

| 問4 | |

| 問5 | | 問6 | a | | b |

5 21点

問1		問2		問3	
問4		問5		問6	
問7	

3	(1)	(2)	(3)
18 点	個	個	個

4	(1)	(2)	(3)
18 点	通り	通り	通り

5	(1)	(2)	(3)
18 点	cm	cm	cm

④ 社中平28

問11　下線部⑪について述べた文として正しいものを，次の中から一つ選んで記号で答えなさい。

　　ア．ドイツがポーランドを攻撃したのをきっかけに始まった。

　　イ．日本は同盟を結んでいたイギリス側について参戦した。

　　ウ．日本は一時期ハワイ諸島を占領した。

　　エ．ドイツはポツダム宣言を受け入れて全面降伏した。

問12　下線部⑫について，この時期のできごとについて述べた文として誤っているものを，次の中から一つ選んで記号で答えなさい。

　　ア．電気せんたく機・白黒テレビ・電気冷蔵庫などの電化製品が家庭に広まった。

　　イ．アジアで最初のオリンピックが東京で開かれた。

　　ウ．国民総生産(GNP)がアメリカに次いで世界第2位になった。

　　エ．小作農家も自分の農地を持つことができるように農地改革がおこなわれた。

5　次の文章を読んで，後の問いに答えなさい。

　2015年6月に改正公職選挙法が①参議院本会議で成立したことにより満　②　歳以上の国民に③選挙権が認められることになりました。これにより，④政治への参加の枠が広がったことになりますが，選挙のたびに問題になるのは⑤若者の投票率の低さです。⑥学校教育や地域社会をとおして，今後いかに若者の政治への関心を高めていくかが注目されています。

　これから中学生になるみなさんも，どのようなことが社会問題となっているか，どのような政策や⑦法案が議論されているか，⑧税金がどのようなことに使われているか，⑨世界の動きがどのようになっていてどのように⑩各国と付き合っていくべきか，といったことに早くから関心をもつことが求められるでしょう。

問1　下線部①について述べた文として正しいものを，次の中から一つ選んで記号で答えなさい。

　　ア．議員定数は475名である。　　　イ．任期が4年である。

　　ウ．解散がある。　　　　　　　　エ．30歳以上の国民は被選挙権が認められる。

問2　空欄　②　にあてはまる数字を答えなさい。

問3　下線部③に関して，日本国憲法では選挙権のほかにもさまざまな権利が認められています。次の憲法の文はその権利の保障について述べたものです。空欄　a　にあてはまる語句を5字で答えなさい。

第13条　すべて国民は，個人として尊重される。生命，自由及び幸福追求に対する国民の権利については，　a　に反しない限り，立法その他の国政の上で，最大の尊重を必要とする。

問4　下線部④に関して，新しい形の政治への参加として2009年から国民が裁判に参加する制度が始まりました。この制度の名前を答えなさい。

下線部①に関して，このころのできごとについて述べた文として正しいものを，次の中から一つ選んで記号で答えなさい。

ア．岩倉具視が不平等条約の改正交渉をおこない，領事裁判権をなくすことに成功した。

イ．太陰暦にかわって，太陽暦を取り入れた。

ウ．沖縄県を設置すると同時に，清国から台湾を獲得した。

エ．身分差別をなくすために全国水平社がつくられた。

下線部②について，この会社を設立した人物で，日本で最初の銀行の他に500余りの会社の設立にたずさわった実業家を，次の中から一つ選んで記号で答えなさい。

ア．渋沢栄一　　イ．田中正造　　ウ．新渡戸稲造　　エ．勝海舟

空欄　③　にあてはまる語句を答えなさい。

下線部④に関して，「君死にたまふことなかれ」で戦地の弟を思い，戦争への疑問を詩に表した人物の名前を答えなさい。

下線部⑤に関して，この翌年に起こった日清戦争について述べた文として正しいものを，次の中から一つ選んで記号で答えなさい。

ア．戦争中に米などの値段が高くなり，米騒動が発生した。

イ．戦争後に獲得した遼東半島は，アメリカの干渉によって清国へ返した。

ウ．賠償金が得られなかったために，国民は講和に反対した。

エ．清国は朝鮮が独立国であることを認めた。

下線部⑥について，2010年に万国博覧会が開かれ，中国の経済の中心であるこの都市名を答えなさい。

空欄　⑦　にあてはまる語句を答えなさい。

工場の動力としては蒸気力に続いて電力が普及しはじめ，20世紀初めには鉄道の電化が開始されました。しかし石炭は近代産業のおもな燃料として，蒸気船や蒸気機関車などに利用され続けました。第一次世界大戦中は日本は好景気になりましたが，大戦後は一気に不景気になりました。そのうえ1923年9月1日に発生した　⑧　で経済は打撃を受け，さらに1929年には　⑨　で始まった不景気が日本にも押しよせました。このような中で「⑩満州は日本の生命線」という考え方がおこり，日本は中国東北部への進出を進めました。1937年に北京の近くで日本軍と中国軍が衝突し，これをきっかけに日中戦争が始まりました。戦争が続く中で生活に必要な物資が不足し，石炭も配給制となりました。さらに日本は1941年には⑪第二次世界大戦に参戦しました。

戦後の混乱を経て，技術革新も進んで生産力が向上し⑫1950年代の中ごろから1970年にかけて，日本の経済は急速に発展しました。この中で政府のエネルギー政策の転換により，石炭産業は衰退し各地の炭坑は閉山していきました。

8　空欄　⑧　にあてはまる語句を答えなさい。

9　空欄　⑨　にあてはまる国名を答えなさい。

10　下線部⑩について述べた文として**誤っているもの**を，次の中から一つ選んで記号で答えなさい。

ア．南満州鉄道を管理するなど日本が勢力を広げていた。

イ．満州事変をきっかけに，日本は満州国をつくった。

ウ．満州国は，黄河下流域に建国された。

エ．国際連盟は，満州国の独立を認めなかった。

3　ある中学校の1年A組では，文化祭での学級の展示として「いろいろな慣用句の語源」を調べて発表することにしました。次の3枚の模造紙には，その成果の一部が記されています。これらの文章を読んで，後の問いに答えなさい。

【一目置く】　囲碁で実力の低い側が先に石を置いて勝負を始めるところから，自分より相手がすぐれていることを認めること。
　　例　○○さんの英語の力には一目置くべきだよ。

　囲碁の歴史はたいへん古く，中国では①今から約2000年前の漢の時代の碁盤が見つかっていて，そのころには囲碁が広く楽しまれていたようです。日本には②遣唐使に同行した留学生によって囲碁が伝えられたと考えられ，奈良時代から平安時代にかけて，貴族たちの間で囲碁が流行しました。③正倉院にも碁盤が納められていますし，平安時代に貴族たちの間で大人気となった　④　作の『源氏物語』にも囲碁を楽しむ人が登場します。「一目置く」のほかにも，「布石をうつ(将来に備えること)」「定石(最上とされる方法)」など囲碁から生まれた慣用句はたくさんあります。

問1　下線部①に関して，今から2000年ほど前の日本列島の人びとのようすについて述べた文として正しいものを，次の中から一つ選んで記号で答えなさい。
　ア．火や土器を使わず，狩りや漁だけでくらしを営んでいた。
　イ．米づくりを中心としたくらしを営み，集落どうしで蓄えや用水をめぐる争いが起こった。
　ウ．人びとは各地の豪族に治められ，豪族の墓として巨大な前方後円墳が造られた。
　エ．列島のすべての人びとが大和政権の支配下にあり，税として租庸調を納めた。

問2　下線部②について述べた文として正しいものを，次の中から一つ選んで記号で答えなさい。
　ア．遣唐使の出発の準備や交易のための施設として，鴻臚館が現在の福岡市に置かれた。
　イ．唐僧の行基は遣唐使船に乗って来日し，大仏の開眼式に出席した。
　ウ．聖徳太子が小野妹子を派遣したのが遣唐使の始まりである。
　エ．航海が危険であるという理由により，藤原道長は遣唐使を廃止した。

問3　下線部③に関係の深いものを，次のア～カの中から2つ選んで記号で答えなさい。
　ア．寝殿造　　　イ．書院造　　　ウ．校倉造
　エ．　　　　　　　　オ．　　　　　　　　　　　　　　　カ．

問4　空欄　④　にあてはまる人名を答えなさい。

①～⑤のこの平野は，地図中のア～コのどれですか。あてはまるものをそれぞれ選んで，記号と平野の名前を答えなさい。

空欄 a と b にあてはまる語句をそれぞれ答えなさい。

わが国と世界のつながりについて，後の問いに答えなさい。

次の表は，わが国の1960年と2014年における輸出・輸入額の上位3品目とその割合を表したものです。A・B・Cにあてはまるものを，下のア～キの中からそれぞれ選んで記号で答えなさい。

【輸出品】

1960年

輸出品目	％
A	30.2
機械類	12.2
鉄　鋼	9.6

2014年

輸出品目	％
機械類	36.8
自動車	14.9
鉄　鋼	5.4

【輸入品】

1960年

輸入品目	％
B	17.6
C	10.4
機械類	7.0

2014年

輸入品目	％
機械類	21.3
C	16.1
液化ガス	10.4

(日本国勢図会　2015/16)

ア．原油　　　イ．船舶　　　ウ．石炭　　　エ．繊維品　　　オ．繊維原料

カ．小麦　　　キ．魚介類

次の表は，わが国の2013年におけるおもな輸入品の輸入先上位3か国とその割合を表したものです。D～Gにあてはまる国名をそれぞれ答えなさい。

	輸入先1位	％	輸入先2位	％	輸入先3位	％
牛　肉	D	50.8	E	38.4	ニュージーランド	5.7
小　麦	E	51.5	カナダ	27.4	D	16.8
コーヒー豆	F	36.3	コロンビア	15.3	ベトナム	11.4
鉄鉱石	D	59.0	F	28.6	南アフリカ	6.4
石　炭	D	64.3	インドネシア	16.0	カナダ	6.6
原　油	G	31.7	アラブ首長国	22.8	カタール	12.5
自動車	ドイツ	53.3	E	7.6	イギリス	6.3

(データブック オブ ザ ワールド　2015)

次の表は，わが国の食料自給率を表したものです。H～Kは，下のア～エのいずれかにあてはまります。このうち，H・I・Jにあてはまるものをそれぞれ選んで記号で答えなさい。

わが国の食料自給率　（％）

	1960年	1980年	2000年	2012年
H	102	100	95	96
小　麦	39	10	11	12
I	91	81	52	55
J	100	97	81	78
K	28	4	5	8
果実類	100	81	44	38
牛乳・乳製品	89	82	68	65

(日本国勢図会　2015/16)

ア．肉類　　　イ．野菜類　　　ウ．大豆　　　エ．米

次に図1と同じ性質の豆電球と同じ性質の電池を使って，図2のように④〜⑥の3つの
路をつくりました。

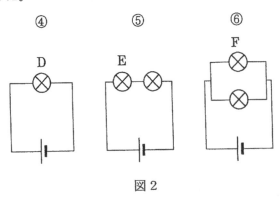

④　　　　　　⑤　　　　　　⑥

図2

5　豆電球 D，E，F の明るさについて正しく表しているものを，次の**ア〜カ**の中から
1つ選んで，記号で答えなさい。

ア　D＞E＞F　　イ　D＞E＝F
ウ　D＝E＞F　　エ　E＝F＞D
オ　D＝F＞E　　カ　D＝E＝F

6　電池がはたらきつづけることのできる時間が最も短いのはどの回路ですか。④〜⑥
の中から1つ選んで，番号で答えなさい。

7　⑥の回路の電池を，問4のときと同様に手回し発電機を 50 回まわして充電したコ
ンデンサーにつなぎかえたとき，豆電球 F の明るさはどうなりますか。次の**ア〜オ**の
中から1つ選んで，記号で答えなさい。

ア　最初から点灯しない。
イ　最初は豆電球 D と同じ明るさで点灯するが，だんだん暗くなり 20 秒くらいで消
える。
ウ　最初は豆電球 D と同じ明るさで点灯するが，だんだん暗くなり 10 秒くらいで消
える。
エ　最初は豆電球 E と同じ明るさで点灯するが，だんだん暗くなり 20 秒くらいで消
える。
オ　最初は豆電球 E と同じ明るさで点灯するが，だんだん暗くなり 10 秒くらいで消
える。

4 次の文章を読んで，後の問いに答えなさい。

　長崎県に住むS君は₁春休みに，近くの公園にどのような植物が多く生えているかを調査しました。公園は10m×10mの正方形の形をしており，端の方だけ草が生えていて，中央付近は植物がほとんど生えていませんでした。そこで南側の1辺を調査することにしました。また，公園には小さな池があり，そのそばには₂サクラの木が生えていました。

〔調査法〕
1）1m×1mの枠をつくり，調査する地面におく。
2）枠の中に生えている植物の種類と，その植物が枠内に占める面積を測定し，<u>被度</u>※を求める。
　※被度…ある植物が1つの枠の中で占める面積の割合がどの程度かを表したもので，図1のように＋～5までの6段階で表す。1つの枠の中に複数の種類の植物が生えている場合は，それぞれの種類ごとに求める。

図1

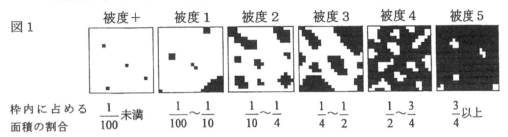

	被度＋	被度1	被度2	被度3	被度4	被度5
枠内に占める面積の割合	$\frac{1}{100}$未満	$\frac{1}{100}$～$\frac{1}{10}$	$\frac{1}{10}$～$\frac{1}{4}$	$\frac{1}{4}$～$\frac{1}{2}$	$\frac{1}{2}$～$\frac{3}{4}$	$\frac{3}{4}$以上

3）1つの枠内の調査が終わったら，枠を横に移動して次の場所を調べる。公園は1辺が10mなので，10枠分調査する。西側から枠番号①～⑩とした。（図2）

〔結果〕
・この公園に生えていた植物は主に，シロツメクサ，オオバコ，セイヨウタンポポ，ハルジオンの4種類だった。
・これらの4種類について下の表1にまとめた。空欄はその植物がまったく生えていないことを示している。

平均被度…10枠分の被度の平均の値（ただし＋は0.5で計算することとする）
頻度%…10枠中何枠で観察されたかの割合

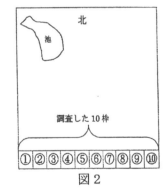

図2

表1

	被度										平均被度	頻度%
	①	②	③	④	⑤	⑥	⑦	⑧	⑨	⑩		
シロツメクサ	5	4	4	4	3	3	4	4	5	4	4.0	100.0
オオバコ	1	1	＋	2	2	2	1	1	＋	1	1.2	100.0
セイヨウタンポポ	1		＋			1		＋		1	a	b
ハルジオン	1	＋	＋	1			1			1	0.5	60.0

川の X-Y の断面図として正しいものを次の**ア〜カ**の中から1つ選んで, 記号で答えない。

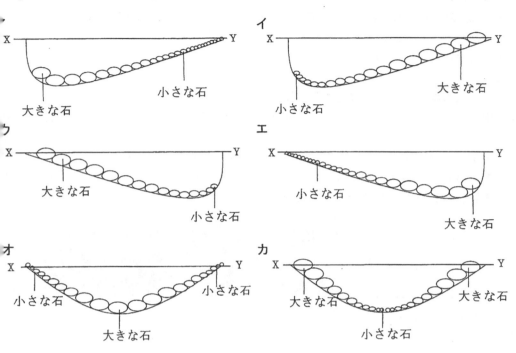

長い年月が経つと図1の川の曲がり方は, どのように変化しますか。正しいものを**ア〜エ**の中から1つ選んで, 記号で答えなさい。なお, 点線（……）は, 図1の川岸を表します。

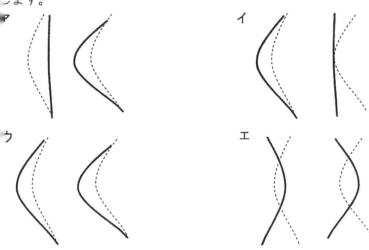

（8）太陽が見える方角を調べるために方位磁針を手の上にのせたところ，図のようになりました。このとき，太陽はどの方角に見えますか。ただし，図の方位磁針は，黒く塗られたほうがN極です。

ア　東　　イ　北東　　ウ　北西　　エ　南東　　オ　南西

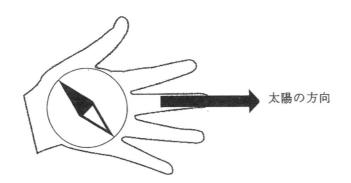

太陽の方向

（9）左下の表は，水の温度と体積の組み合わせを表したものです。ミョウバン 10g を水に加えてとけ残りが出ないのはどれですか。なお，右下の表は，水の温度とミョウバンのとける量の関係を示したものです。

	水の温度〔℃〕	水の体積〔mL〕
ア	20	50
イ	20	100
ウ	40	50
エ	40	100
オ	60	25

水 50g にとけるミョウバンの量

温度〔℃〕	20	40	60
量〔g〕	2.9	5.8	12.4

ねん土の上に火のついたろうそくを立て，底のない集気びんやガラス板をかぶせて燃え方のちがいを観察しました。もっとも大きな炎で燃え続けるものはどれですか。

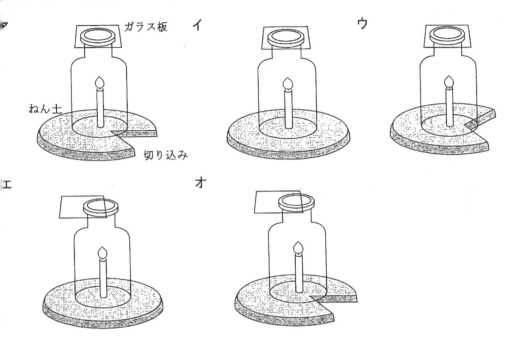

) ヒトの臓器について正しく述べたものはどれですか。
ア　胃は食べたものを消化してデンプンを吸収する。
イ　大腸はデンプンだけを消化する。
ウ　肺と心臓は血管でつながっている。
エ　小腸はデンプン以外の養分も消化するが吸収はしない。
オ　肺は血液で満たされていて，吸った空気の中の酸素を取り込む。

) 重さが無視できる2本の棒を使って図のようなてんびんをつくりました。棒を水平につり合わせるための，おもりの重さ A と，うでの長さ B の正しい組み合わせはどれですか。
ア　$A＝20$ g，$B＝40$ cm
イ　$A＝20$ g，$B＝25$ cm
ウ　$A＝20$ g，$B＝15$ cm
エ　$A＝30$ g，$B＝25$ cm
オ　$A＝30$ g，$B＝40$ cm

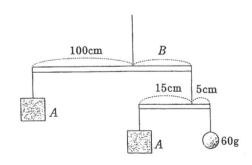

2 ある仕事を，大人1人と子ども5人ですると，大人1人だけでする場合の $\frac{1}{3}$ の時間で仕上がります。またこの仕事を，大人1人だけで1時間したあと，大人1人と子ども1人で5時間すると仕上がります。このとき，次の各問いに答えなさい。

(1) この仕事を大人1人だけで仕上げるのに何時間かかりますか。

(2) この仕事を，まず大人1人だけで1時間したあと，次の1時間は，大人1人と子ども5人でしました。そのあとは，子ども10人だけで残りの仕事を仕上げました。子ども10人だけで仕事をした時間を求めなさい。

(3) 大人何人かと子ども何人かでこの仕事をして，30分で仕上げたいと思います。大人，子どもの人数の組み合わせは，何通りありますか。ただし，大人だけ，子どもだけでは仕事をしないことにします。

3 1辺の長さが1cmの正方形を何個か並べて長方形ABCDを作り，この長方形を対角線ACで切ります。長方形を作るために並べた正方形のうち，対角線ACによって2つに分割されるものが何個あるか，次の各場合について答えなさい。

(1) 縦3cm，横5cmの長方形ABCDを作ったとき

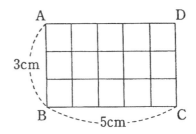

(2) 縦4cm，横6cmの長方形ABCDを作ったとき

(3) 縦48cm，横80cmの長方形ABCDを作ったとき

(7) 40人のクラスでテストをしたら，平均点は68.2点でした。70点以上の人だけの
平均点が76点で，70点未満の人だけの平均点が63点だとすると，70点以上の人は
何人ですか。

(8) ある集団を長いすに座らせたところ，1脚に6人ずつ座らせると9人が座れませんで
した。また，1脚に8人ずつ座らせると1脚だけ5人となり，だれも座らない長いすが
1脚ありました。このとき，次の各問いに答えなさい。
① この集団の人数を求めなさい。
② 長いすの数を求めなさい。

(9) 1辺の長さがわかっていない正方形と，半径が10cmで
中心角が90°のおうぎ形を組み合わせた右図のような図形が
あります。斜線部分の面積を求めなさい。

10cm

(10) 右図の斜線部分について，次のものを求めなさい。
① 三角形(ア)と三角形(イ)の面積の和
② 三角形(ア)と三角形(イ)の面積の差
③ 三角形(ア)の面積

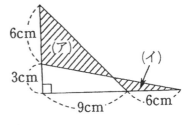

6cm
(ア)
(イ)
3cm
9cm
6cm

算 数 科 （中） 算中平27

①

(注意) 円周率はすべて3.14を使い，解答はすべて解答用紙に記入しなさい。

(60分)

1 次の各問いに答えなさい。

(1) 次の計算をしなさい。

① $4 \times 3.4 - (20.3 - 42 \div 3.5)$

② $4.3 - 1\frac{2}{5} \times 2\frac{1}{14}$

③ $121 \times 39 \div 11 - 625 \times 13 \div 25$

(2) $48 + (240 - \boxed{}) \div 5 = 60$ となるとき，$\boxed{}$ に入る数を求めなさい。

(3) 3つの数 A，B，C について $A \times B - B \times C + C \times A$ を $[A, B, C]$ と書くことにします。
   ① $[7, 6, 5]$ の値を求めなさい。

   ② $[5, \boxed{}, 3] = [7, 6, 5]$ であるとき，$\boxed{}$ に入る数を求めなさい。

(4) ある数で 56 をわると 2 あまり，93 をわると 3 あまります。そのような数のうちで最も大きい数を求めなさい。

(5) 12 ％の食塩水 200 g に水を加えて，8 ％の食塩水を作りました。何 g の水を加えましたか。

4 ある動物園では，入場券を1枚300円で販売しています。1枚で販売する以外に，次のセットを用意して販売しています。

　　4枚セット　1000円，7枚セット　1600円

このとき，次の問いに答えなさい。

(1) 10枚の入場券を購入するとき，最も安い購入金額を答えなさい。

(2) 55枚の入場券を購入するとき，最も安い購入金額を答えなさい。

(3) ある団体が人数分の入場券を購入します。このとき，最も高い購入金額と最も安い購入金額の差が5200円でした。この団体の人数は何人と考えられますか。すべて答えなさい。ただし，購入した入場券はすべて利用するものとします。

5 1, 2, 3, 4の数字を使って，次の4つの条件を満たすような整数を作ります。

　　① 同じ数字を何度使ってもよい。
　　② 使わない数字があってもよい。
　　③ 一番大きい位の数字は奇数とする。
　　④ 偶数の数字は隣り合わない。

このとき，次の問いに答えなさい。

(1) 3けたの整数は全部で何個できますか。

(2) 4けたの整数は全部で何個できますか。

(3) 5けたの整数は全部で何個できますか。

① 理科（中）　理中平 27

（注意）解答はすべて解答用紙に記入しなさい。

（50分）

1 次の（1）～（9）の問いについて、それぞれ**ア**～**オ**の中から適当なものを1つずつ選んで、記号で答えなさい。

（1）冬をこす植物の組み合わせとして正しいものはどれですか。
　　ア　ヘチマとマツヨイグサ　　　**イ**　マツヨイグサとタンポポ
　　ウ　タンポポとホウセンカ　　　**エ**　ホウセンカとハルジオン
　　オ　ハルジオンとヘチマ

（2）小腸で吸収された養分が運ばれ、その一部がたくわえられるところはどこですか。
　　ア　脳　　**イ**　心臓　　**ウ**　胃　　**エ**　肝臓　　**オ**　腎臓

（3）お花とめ花のある植物の組み合わせとして正しいものはどれですか。
　　ア　アサガオとホウセンカ　　　**イ**　ホウセンカとダイズ
　　ウ　ダイズとキュウリ　　　　　**エ**　キュウリとヘチマ
　　オ　ヘチマとアサガオ

（4）はくちょう座の1等星について正しく述べているものはどれですか。
　　ア　夏の大三角形をつくっている白く光る星で、アルタイルとよばれている。
　　イ　夏の大三角形をつくっている白く光る星で、ベガとよばれている。
　　ウ　夏の大三角形をつくっている白く光る星で、デネブとよばれている。
　　エ　冬の大三角形をつくっている赤く光る星で、ベテルギウスとよばれている。
　　オ　冬の大三角形をつくっている青白く光る星で、リゲルとよばれている。

（5）図のように月が輝いているとき、太陽の方向を正しく表している矢印はどれですか。

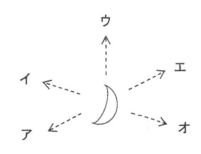

（6）集気びんの中でろうそくを燃やしたとき、集気びんの中の空気に含まれている割合がろうそくを燃やす前と変わらない気体はどれですか。
　　ア　酸素と二酸化炭素　　　**イ**　二酸化炭素と窒素　　　**ウ**　酸素
　　エ　二酸化炭素　　　**オ**　窒素

別のコロニーのアリをどのように区別するのか調べるために，2つのコロニーA，B
ら採集してきた働きアリを，10個のシャーレ（直径8cm）の中に次の実験1～実験4
ように入れて，攻撃行動を観察しました。

〔実験1〕シャーレに同じコロニーのアリを2匹ずつ入れた。
＜結果＞　どのアリも攻撃行動は起こさなかった。

〔実験2〕シャーレにAとBのコロニーのアリを1匹ずつ入れた。
＜結果＞　すべてのシャーレで攻撃行動が観察されたが，攻撃行動を起こした10匹
　　　　のうち，7匹が相手にふれずに，3匹が相手にふれて起こした。

〔実験3〕シャーレにコロニーAのアリのにおいを付着させた小さなガラス玉1個とコロ
　　　　ニーBのアリ1匹を入れた。
＜結果＞　10匹のうち，4匹がガラス玉にふれずに，6匹がガラス玉にふれて攻撃行
　　　　動を起こした。

〔実験4〕シャーレにコロニーBのアリのにおいを付着させた小さなガラス玉1個とコロ
　　　　ニーAのアリ1匹を入れた。
＜結果＞　10匹のうち，6匹がガラス玉にふれずに，4匹がガラス玉にふれて攻撃行
　　　　動を起こした。

）この4つの実験で，攻撃行動を起こしたアリの数と，その中でにおいのかぎ分けに
　より攻撃したアリの数について正しく述べたものはどれですか。次のア～カの中から
　1つ選んで，記号で答えなさい。
　ア　攻撃行動を起こした20匹のうち，ふれずににおいをかぎ分けたのは13匹である。
　イ　攻撃行動を起こした30匹のうち，ふれずににおいをかぎ分けたのは13匹である。
　ウ　攻撃行動を起こした40匹のうち，ふれずににおいをかぎ分けたのは13匹である。
　エ　攻撃行動を起こした20匹のうち，ふれずににおいをかぎ分けたのは17匹である。
　オ　攻撃行動を起こした30匹のうち，ふれずににおいをかぎ分けたのは17匹である。
　カ　攻撃行動を起こした40匹のうち，ふれずににおいをかぎ分けたのは17匹である。

2）これらの実験から判断されることとして適切なものを，次のア～カの中からすべて
　選んで，記号で答えなさい。
　ア　においをかぎ分けることで区別する。
　イ　ふれることで区別する。
　ウ　においをかぎ分け，さらにふれることで区別する。
　エ　視覚でも，においのかぎ分けでも区別する。
　オ　視覚ではなく，においのかぎ分けで区別する。
　カ　においのかぎ分けではなく，視覚で区別する。

3 次の文章を読んで，後の問いに答えなさい。

　2014 年 7 月に，長崎県で肉食恐竜（きょうりゅう）の歯の化石と長崎県初のよろい竜（りゅう）の歯の化石が発見されました。長崎県では，2010 年 7 月に長崎半島西海岸（野母崎（のもざき））で約 8400 万年前の地層から草食恐竜ハドロサウルス類の化石が初めて発見され，2012 年 3 月に長崎半島の北浦町でも同じ種類の化石が発見されました。図 1 の写真は，北浦町にある「三ツ瀬層」の一部で，この付近では恐竜の他にもアンモナイトやイノセラムス※などの化石が発見されています。また，図 2 はある崖（がけ）のようすを観察してスケッチしたもので，表 1 は図 2 の観察結果をまとめたものです。

　※　イノセラムスは，海で生活する二枚貝で，ジュラ紀から白亜紀まで生息していた。

図 1

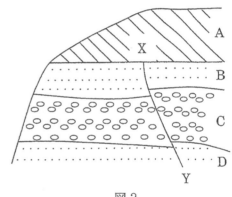

図 2

表 1

層	観 察 結 果
A	全体的に白っぽく，ごつごつと角ばっている岩石がある。また，ルーペでよく見ると，小さな穴がたくさんある白っぽい岩石や無色透明でキラキラ輝く粒も数多く見ることができた。
B	全体的に灰色で，ルーペで見ると 1.5mm 前後の粒があり，さわるとくずれるところがあった。また，アサリの化石を発見することができた。
C	さまざまな色で，大きさがそろっていない丸いれきをたくさん見ることができた。
D	全体的にうすい灰色で，ルーペで見ると 1.2mm 前後の粒があり，さわるとくずれるところがあった。

50gの水にとける食塩とホウ酸の量[を]，温度を変えて調べ，その結果をグラ[フ]用紙に記録したものが，右図の A〜F [の]点です。次の問いに答えなさい。

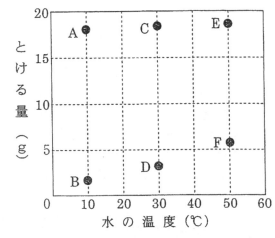

ホウ酸のとける量を示す点は A〜F の[ど]れですか。すべて答えなさい。

20℃で，水50gにある量の食塩をとか[し]て食塩水をつくりました。この食塩水[に]は，20℃でさらに10gの食塩をとかす[こ]とができました。最初に水にとかした[食]塩は何gですか。次のア〜オの中から[最]も適するものを1つ選んで，記号で答[え]なさい。

ア 5g　　イ 6g　　ウ 7g　　エ 8g　　オ 9g

20％の食塩水をつくるには，20gの食塩を何gの水に加えればよいですか。

50℃にあたためた20％の食塩水100gを20℃まで冷やすと，食塩の結晶は出てきま[す]か。出てくるならば何g出てきますか。次のア〜オの中から最も適するものを1つ選[ん]で，記号で答えなさい。

ア 結晶は出てこない　　イ 1g　　ウ 2g　　エ 3g　　オ 4g

20％の食塩水100gを熱して水を30g蒸発させ，その後20℃まで冷やすと，食塩の[結]晶は出てきますか。出てくるならば何g出てきますか。次のア〜オの中から最も適す[る]ものを1つ選んで，記号で答えなさい。

ア 結晶は出てこない　　イ 1g　　ウ 2g　　エ 3g　　オ 4g

60℃にあたためた20％の食塩水100gにホウ酸を10gとかしました。次に，この水[溶]液を20℃まで冷やすと，結晶が出てきました。この結晶は何ですか。次のア〜ウの中[か]ら正しいものを1つ選んで，記号で答えなさい。

ア 食塩　　イ ホウ酸　　ウ 食塩とホウ酸の混ざったもの

問6で出てきた結晶は何gですか。次のア〜オの中から最も適するものを1つ選んで，[記]号で答えなさい。

ア 2g　　イ 4g　　ウ 6g　　エ 8g　　オ 10g

問6で出てきた結晶を水溶液から取り出す方法を何といいますか。

（注意）　解答はすべて解答用紙に記入しなさい。

1　S君とT君は夏休みを利用して，鉄道の旅をしました。S君は博多駅(福岡)から東京駅まで新幹線で行き，T君は東京駅から札幌駅まで新幹線と特急列車を乗り継いで行きました。次の図は2人が旅行の途中で通過したいくつかの県について簡単にまとめたものです。図をみながらあとの問いに答えなさい。

┌ S君 ─────────────────────────────────────

博多駅

┌ A ──────────────────────────────────
この県には日本の標準時子午線が通る都市があります。また，淡路島を経て四国と橋でつながっています。

┌ B ──────────────────────────────────
この県には世界遺産に登録された富士山があります。また，お茶の栽培がさかんで，生産高は全国第1位です。

┌ C ──────────────────────────────────
この県には日本有数の自動車工業都市があります。また，県庁所在地の都市を中心に中京工業地帯が形成されています。

┌ D ──────────────────────────────────
この県には中国地方で最も人口が多い都市があります。また，おだやかな湾内では，かきの養殖がさかんです。

東京駅

┌ T君 ─────────────────────────────────────

東京駅

┌ E ──────────────────────────────────
この県には東北地方で最も人口が多い都市があります。また，海岸部では，のり・わかめ・かきの養殖がさかんです。

┌ F ──────────────────────────────────
この県には世界遺産に登録された日光東照宮があります。また，海に面していないこの県ではいちごの生産がさかんです。

┌ G ──────────────────────────────────
この県は日本有数のりんごの産地として有名です。また，陸奥湾ではほたての養殖もさかんです。

┌ H ──────────────────────────────────
この県は，日本の都道府県のうち北海道に次いで2番目に広い県です。また，海岸部にはリアス式海岸がみられ，漁業がさかんです。

札幌駅

	1 位	2 位	3 位
X	電気機械	一般機械	衣類と同付属品
Y	原 油	液化天然ガス	石 炭
Z	電気機械	一般機械	バナナ

(2014 データブック オブ ザ ワールド)

ア. X＝A　Y＝B　Z＝E　　　イ. X＝A　Y＝E　Z＝B　　　ウ. X＝B　Y＝A　Z＝E

エ. X＝B　Y＝E　Z＝A　　　オ. X＝E　Y＝A　Z＝B　　　カ. X＝E　Y＝B　Z＝A

次の文は日本や周辺の国々の水産業について述べたものです。空欄 1 ～ 4 にあてはまる語句や数字を答えなさい。

日本は周囲を海に囲まれ，かつては世界一の水揚げをほこっていた。特に寒流の 1 と暖流の 2 がぶつかる太平洋岸では，水揚げの多い漁港がたくさんある。しかし，1970年代から日本周辺の国々をはじめ世界各国は，自国の水産資源を守るために，海岸から 3 海里の範囲の海で，外国の漁船がとる魚の種類や量を制限するようになった。こうした影響もあり，日本では1970年代から 4 漁業が衰退し，1990年代からは水産物の輸入量が増えた。

地図中のA・D・Eの国の名前を答えなさい。

次のA～Dの文章は，留学生に関して述べたものです。これらの文章を読んで，それぞれの問いに答えなさい。

が国は四方を海に囲まれた島国ですが，海外からさまざまなことを学び，受け入れながら国づくりをすすきました。古くは弥生時代のころから，米づくりをはじめ①さまざまな文化や技術が中国や朝鮮半島からられました。②大和朝廷は，こうして伝わった文化や技術も利用しながら，しだいに日本列島各地の豪たちを支配下におさめ，5世紀には現在の熊本県から埼玉県のあたりまでを支配するようになりました。7世紀のはじめ，大和朝廷の大王は8名の優秀な人物を中国へ送り，先進的な制度や文化，技術などを学うに命令しました。これらの留学生は，中国で20年以上にわたって学び，7世紀の中ごろに帰国しました。らが学んだ知識は，④7世紀後半の政治改革や⑤大宝律令の制定に大きく役立ちました。

下線部①について述べた文のうち，最も新しいできごとはどれですか。次の中から一つ選んで記号で答えなさい。

ア．漢字が伝えられた。

イ．仏教が正式に伝えられた。

ウ．鉄器をつくる技術が伝えられた。

エ．養蚕や機織りの方法が伝えられた。

下線部②について，大和朝廷の本拠地を，右の地図中ア～オから一つ選んで記号で答えなさい。

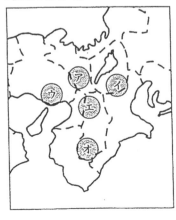

問3　下線部③に関して，このころの朝廷や留学生について述べた文として正しいものを，次の中から一つ選んで記号で答えなさい。

　　ア．大王をおばにもつ聖徳太子が，蘇我氏を滅ぼして政治の実権をつかんだ。

　　イ．留学生が中国に滞在して勉強している間に，隋がほろんで唐が成立した。

　　ウ．仏教が政治に深く関わらないよう，飛鳥には寺院を建てることが禁じられた。

　　エ．役人に家柄を重視した階級をあたえ，大王を中心とする政治のしくみを整えた。

問4　下線部④に関して，7世紀後半には九州北部を守るための兵士が集められました。このような兵士を何とよぶか答えなさい。

問5　下線部⑤について，大宝律令に定められた税のうち，都で10日間働くかわりに布を納めることとされた税の名前を答えなさい。

B　奈良時代にはしばしば遣唐使が中国に派遣されましたが，この遣唐使にしたがって多くの留学生が中国に渡りました。留学生のなかには，　⑥　など，帰国後⑦聖武天皇の政治を支えた者もいましたが，一方で，病死や遭難により日本に帰国できなかった者もいました。

　　平安時代になると，留学生をとりまく環境が変化しました。　⑧　の僧侶であった円珍は中国に渡ってさらに学び，わが国に新しい仏教思想をもたらしました。このとき円珍は，遣唐使ではなく民間の商船に乗って中国に渡り，帰りも商船で帰国しました。このころになると中国からさかんに商船がやってきており，わざわざ遣唐使を派遣する意味も薄れていたのです。結局，この後の894年に　⑨　の意見によって遣唐使の派遣が中止され，⑩以後，遣唐使が派遣されることはありませんでした。

問6　空欄　⑥　にあてはまる人名を，次の中から一つ選んで記号で答えなさい。

　　ア．吉備真備　　　　イ．阿倍仲麻呂　　　　ウ．行基　　　　エ．鑑真

問7　下線部⑦について述べた文として正しいものを，次の中から一つ選んで記号で答えなさい。

　　ア．仏教の力で社会の平安を守るため，国ごとに安国寺を建てた。

　　イ．政治を安定させようとして，恭仁京や難波宮などに遷都した。

　　ウ．有力な貴族を摂政や関白に任命し，国の政治を分担させた。

　　エ．地方で成長した武士と主従関係を結び，ご恩として土地を与えた。

問8　次の文章は，空欄　⑧　にあてはまる寺院について説明したものです。文章を参考にして，適切な寺院の名前を答えなさい。

> 滋賀県大津市の比叡山にあり，9世紀に最澄という僧侶が開いた天台宗の中心寺院です。仏教界に大きな影響力をもち，織田信長はこれを焼き打ちにしました。1200年の歴史と伝統をほこり，「古都京都の文化財」の一つとして世界遺産に登録されています。

問9　空欄　⑨　にあてはまる人名を答えなさい。

中国船に乗ったポルトガル人によって，日本へ鉄砲が伝えられた。

キリスト教の布教を許可し，貿易によって利益をあげる大名があった。

「カルタ」「パン」など，現代の日本語にも残る外来語がもたらされた。

江戸幕府の鎖国政策によって，貿易の窓口は長崎の出島に限られた。

線部③に関して，2度の世界大戦の間に起きたできごととして正しいものを，次の中から一つ選んで記

答えなさい。

日本は，抵抗する人びとを武力でおさえ韓国を併合した。

国際連合が発足し，日本はその常任理事国となった。

中国東北部に拠点をおく日本軍が満州事変を引き起こした。

日本では，20歳以上の男子は軍隊に入ることが新たに義務づけられた。

開設125周年

4年，板垣退助らは議会開設を求める意見書を明治政府に提出し，自由民権運動が始まりました。1877

④ がひきいた鹿児島の士族が西南戦争で敗れると，政府に不満をもつ人びとは武力での抵抗をあき

議会を開くよう強く求めました。その結果，1881年，⑤政府は1890年に議会を開設することを約束

た。そして，1889年に⑥大日本帝国憲法が公布され，その翌年に⑦帝国議会が開設されました。今年

年は，第一回帝国議会から数えて125年にあたります。

空欄 ④ にあてはまる人名を答えなさい。

下線部⑤に関して，議会開設とこれにともなう議員の選挙に備えて，立憲改進党という政党をつくったの

誰か答えなさい。

下線部⑥について述べた文として正しいものを，次の中から一つ選んで記号で答えなさい。

アメリカで憲法理論を学んだ伊藤博文が憲法案をつくった。

天皇が制定して国民にさずける形で発布された。

主権者である国民の代表者が集まる議会が「国権の最高機関」と定められた。

言論の自由などの国民の権利は認められなかった。

下線部⑦について述べた文として正しいものを，次の中から一つ選んで記号で答えなさい。

第一回帝国議会の衆議院には，北海道と沖縄から議員は選出されなかった。

帝国議会は，衆議院と参議院の二院制であった。

第一回帝国議会で，最初の内閣総理大臣が指名された。

議会の内容はすべて非公開で，議会を傍聴することは許されなかった。

校野球選手権100周年・甲子園球場90周年

在「夏の甲子園」として親しまれている全国高等学校野球選手権大会は，1915年に「全国中等学校優勝野球

」として大阪府の豊中市で第1回大会が開催されました。⑧当時のいわゆる「大衆文化」の発達の中で，学

球は人気をよび，多数の観客を収容できる球場の要望が高まりました。この要望にこたえて1924年に新

場が完成し，この年が十干十二支の最初「甲」「子」が出会う縁起のよい年であったことから，新球場は甲子

運動場と名づけられました。⑨選手権大会は中止をはさんで第97回大会の今年が100周年，阪神甲子園球

昨年が90周年でした。

問8　下線部⑧に関して，この当時の社会や文化のようすについて述べた文として正しいものを，次の中から一つ選んで記号で答えなさい。

ア．銀座の大通りには鉄道馬車が走り，ガス灯で夜も明るくなった。

イ．バスの車掌やタイピストなど，仕事につく女性が増えた。

ウ．北里柴三郎はアフリカにわたり，黄熱病の研究をすすめた。

エ．東京オリンピックが開かれ，試合のようすがテレビで中継された。

問9　下線部⑨に関して，1918年の第4回大会と1941年の第27回大会は準備がすすめられていましたが，社会情勢の影響で中止となりました。このうち，1918年の大会が中止された原因となった事件を，下の図を参考にして答えなさい。

D　太平洋戦争終戦70周年

　1945年8月，わが国は連合国が示した　⑩　宣言を受け入れて無条件降伏し，太平洋戦争が終わりました。今年2015年はそれから70年目の年にあたり，⑪被爆70周年を迎える2つの都市では，これににふさわしい特別な行事が計画されています。

　ところで，太平洋戦争のはじまりとなったハワイ・真珠湾の攻撃の指揮官は，新潟県長岡市出身の山本五十六という海軍大将でした。また，長岡では⑫1945年8月1日に米軍の空襲によって1000人をこえる死者が出ました。こうした経緯から，アメリカ合衆国ハワイ州のホノルル市と長岡市は，姉妹都市の提携を結んでいます。終戦70周年の今年，真珠湾では長岡特産の花火が打ち上げられることになっています。

問10　空欄　⑩　にあてはまる語句を答えなさい。

問11　下線部⑪に関して，右の写真は，原子爆弾のおそろしさを伝える「負の文化遺産」として世界遺産に登録されている建物です。これについて，次の問いに答えなさい。

(1)　この建物は一般に何とよばれているか答えなさい。

(2)　この建物のある都市名を答えなさい。

問12　下線部⑫に関して，太平洋戦争中のできごとについて述べた文として**誤っているもの**を，次の中から一つ選んで記号で答えなさい。

ア．農村に住む小学生は，空襲を避けるため都市部へ集団疎開した。

イ．中学生や女学生は，兵器工場での労働などに動員された。

ウ．沖縄では激しい地上戦があり，市民や子どもを含む10万人を超える人が犠牲となった。

エ．満州にはソ連軍が攻めこみ，日本人が避難する中で多くの子どもがとり残された。

算 数 科（中） 解 答 用 紙

算中平27

※150点満点
（配点非公表）

1

(1)①	(1)②	(1)③
(2)	(3)①	(3)②
(4)	(5)　　　　　　g	(6)　　　　　さい
(7)		
(8)①　　　　　分	(8)②　　　　　L	(9)　　　　　cm²

受験番号

2

(1)　　時　　　分	(2) 毎時　　　km	(3)　　　　　km

1	（1）	（2）	（3）	（4）	（5）	（6）	（7）	（8）	（9）

受験番号

2

問1		問2	①		②
問3		問4	a		b
問5		問6	（1）		（2）

3

問1		問2		問3	
問4		→	→	→	→
問5					
問6		問7			

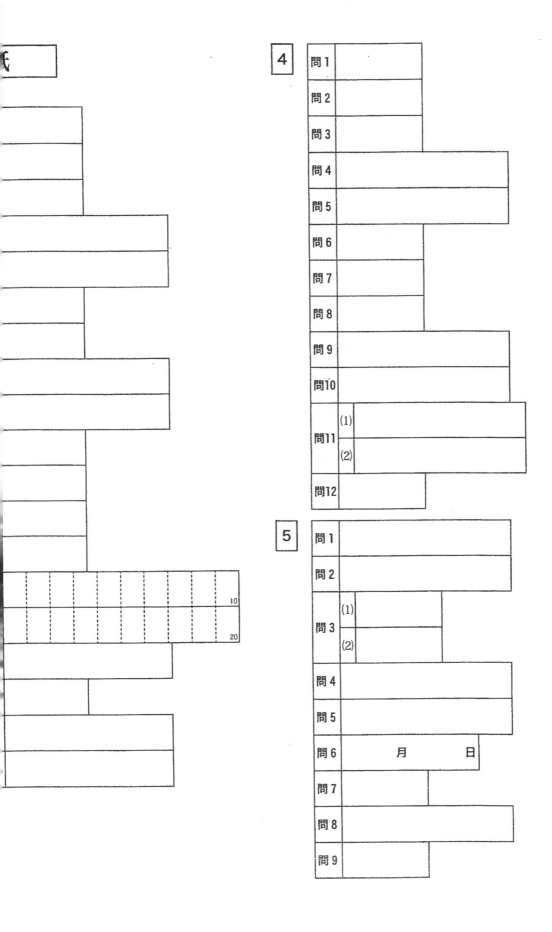

社会科（中）

社中平27　※100点満点（配点非公表）

解答

1

問1		
問2		
問3	A	
	C	
	E	
	F	
問4		
問5		
問6		
問7	(1)	
	(2)	

2

問1	A	
	B	
	C	
	D	
	E	
問2	(1)	
	(2)	
	(3)	
問3		
問4	1	
	2	
	3	
	4	
問5	A	
	D	
	E	

受験番号

4

問1	倍	問2	倍	問3		倍	
問4	倍	問5	倍				
問6	cm		倍				

5

問1		問2			
問3	g	問4		問5	
問6		問7		問8	

(1)	(2)	(3)
:	:	cm^2

(1)	(2)	(3)
円	円	

(1)	(2)	(3)
個	個	個

次の文章を読んで，あとの問いに答えなさい。

安倍内閣はわが国の①安全保障に関して，「わが国が　②　を行使することは，日本国憲法に違反しない」新しい解釈を示しました。この問題は③メディアでも大きく報道されたので，覚えている人も多いでしょう。「国民主権・平和主義・　⑤　の尊重」という三大原則をもっている日本国憲法は，1947年　⑥　に施行以来，これまで一度も改正されたことはありません。しかし，時代の変化に応じて，憲法の解釈を変えたり，法には書かれていない⑦新しい人権を認めるなどの対応がとられてきました。最近では，新しい憲法を制定しようという声がよく聞かれるようになってきました。2007年には「日本国憲法の改正手続きに関する法律」が成立して，⑧日本国憲法を改正しようとする動きも具体的にみられるようになりました。その一方では，今の憲法をしっかりと守っていくべきだという声も聞かれます。

憲法は，国の最高法規であり，⑨法律よりも上に位置している，国にとって最も大切なきまりです。すべての国民が日本国憲法についてよく考えて，しっかりとした自分の意見をもつことが，ますます求められています。

問　下線部①に関して，わが国がこの分野で同盟関係を結んでいる国を答えなさい。

問　空欄　②　にあてはまる語句を答えなさい。

問　下線部③に関して，次の(1)・(2)はメディアの特色について述べたものです。それぞれどのメディアについて述べているものか，あてはまるものを下のア～オから一つずつ選んで記号で答えなさい。

(1)　情報を受けとるだけでなく発信することもできるが，世界中の人が利用しているので情報のやりとりには注意が必要である。

(2)　昭和のはじめから利用されているメディアで，情報が比較的早く伝わり，停電のときにも利用できるので，災害のときにも役立つ。

ア．テレビ　　イ．ラジオ　　ウ．雑誌　　エ．新聞　　オ．インターネット

問　下線部④に関して，日本国憲法では第1条で次のように定めています。空欄にあてはまる語句を答えなさい。ただし，文中2か所の空欄には同じ語句が入ります。

第1条　天皇は，日本国の□□□であり日本国民統合の□□□であって，この地位は，主権の存する日本国民の総意に基く。

問　空欄　⑤　にあてはまる語句を答えなさい。

問　空欄　⑥　にあてはまる日付を「〇月△日」の形で答えなさい。

問　下線部⑦に関して，新しい人権として広く認められているものを，次の中から一つ選んで記号で答えなさい。

ア．裁判を受ける権利　　　　　　　　　イ．良好な環境の中で生活をする権利
ウ．健康で文化的な生活をする権利　　　エ．勤労者の団結する権利

問　下線部⑧に関して，日本国憲法を改正する場合は，衆議院議員と参議院議員の3分の2以上の賛成で発議し，その後おこなわれる□□□で過半数の賛成を得なければならないとされています。空欄にあてはまる語句を答えなさい。

問　下線部⑨に関して，わが国では法律は国会でつくられます。国会について述べた文として誤っているものを，次の中から一つ選んで記号で答えなさい。

ア．国会議員の数は憲法で定められている。　　イ．国の予算を決めるには国会での議決を必要とする。
ウ．内閣総理大臣は国会で指名される。　　　　エ．衆議院議員の任期は参議院議員よりも短い。

D　16世紀になると留学生は少なくなりましたが，さまざまな理由で多くの日本人が海外に渡（わた）り，外国の文化
　を吸収しました。アンジロー（ヤジロー）とよばれる日本人は，東南アジアで宣教師　⑮　と出会い，日本人
　で初めてキリスト教の洗礼を受け，1549年にはこの宣教師とともに日本にキリスト教を伝えました。また
　⑯1582年には，九州の戦国大名が４人の少年をヨーロッパに派遣（はけん）しました。４人の少年はローマで教皇グレ
　ゴリウス13世と面会するなど，キリスト教世界を体験して帰国しました。
　　江戸時代になり，幕府による鎖国（さこく）政策がすすめられ，日本人が海外に留学することはできなくなりまし
　た。このような中で，⑰蘭学（らんがく）を学びたいと考えた人々は長崎に向かいました。18世紀の後半に長崎で学んだ
　　⑱　は，『ターヘルアナトミア』という医学書を翻訳（ほんやく）したいと考え，杉田玄白らとともに苦心して『解体新書』
　を完成させました。鎖国をしていた江戸時代には，長崎が「留学地」の役割を果たしたのです。

問15　空欄（くうらん）　⑮　にあてはまる人名を答えなさい。
問16　下線部⑯に関して，この年は織田信長が家臣の明智光秀におそわれた本能寺の変があった年です。織田信
　　長の業績について述べた文として正しいものを，次の中から一つ選んで記号で答えなさい。
　　ア．城下町の大阪に，楽市・楽座令を出した。
　　イ．長篠（ながしの）の戦いで鉄砲（てっぽう）を大量に使用し，武田氏を破った。
　　ウ．全国に一国一城令を出し，大名が住むもの以外の城の破壊（はかい）を命じた。
　　エ．刀狩令を出し，百姓たちから武器を取り上げた。
問17　下線部⑰に関して，19世紀に蘭学の成果である天文学や測量術をもとに全国各地を測量して正確な日本
　　地図をつくったのは誰か答えなさい。
問18　空欄　⑱　にあてはまる人名を答えなさい。

4　　　次のA～Dの文章は，昨年（2014年）から今年（2015年）にかけての「○○周年」を集めたものです。これ
　らの文章を読んで，それぞれの問いに答えなさい。

A　日本・スイス国交150周年
　　昨年（2014年）は，日本とスイスの国交が樹立して150周年という年でした。1858年，①江戸幕府は５カ国
　との間に通商条約を結んで貿易を開始し，さらに1860年代には，幕府は②ポルトガル，プロシアなどの国々
　と通商を開き，スイスとは1864年に修好通商条約を成立させています。それ以後150年間，両国は③2度の
　世界大戦においても戦火を交えることなく，友好関係を築いてきました。2014年には，日本，スイスの両方
　で国交樹立150周年の記念行事が行われています。

問1　下線部①に関して，1858年に幕府が通商条約を結んだ５か国にあてはまらないものを，次のア～カから
　　一つ選んで記号で答えなさい。
　　ア．アメリカ　　イ．イギリス　　ウ．オランダ　　エ．中国　　オ．ロシア　　カ．フランス
問2　下線部②に関して，16世紀から17世紀にかけての日本とポルトガルとの関係について述べた文として誤っ
　　ているものを，次の中から一つ選んで記号で答えなさい。

下線部⑩に関して，遣唐使が廃止されたあと，日本ではいわゆる「国風文化」が栄えました。この文化について述べた文として正しいものを，次の中から一つ選んで記号で答えなさい。

　清少納言はかな文字を用いて『源氏物語』を書き，貴族たちの人気を集めた。
　貴族は校倉造（あぜくらづくり）の大きなやしきで暮らし，屏風（びょうぶ）には大和絵（やまとえ）が描かれた。
　年間をとおして重要な行事があり，生（い）け花や茶（ちゃ）の湯（ゆ）の儀式（ぎしき）も整えられた。
　極楽浄土（ごくらくじょうど）へのあこがれが強まり，多くの阿弥陀堂（あみだどう）がつくられた。

世紀の後半，⑪平清盛が中国との貿易を積極的におこなっていたころ，栄西という僧侶が商船に乗って
に留学しました。栄西は中国で座禅（ざぜん）の修行（しゅぎょう）を重んじる新しい仏教思想を学んで帰国し，わが国に禅宗（ぜんしゅう）をも
しました。禅宗は，のちに⑫鎌倉幕府の武士たちや京都の貴族たちに広く受け入れられ，鎌倉時代や室町
の文化にも大きな影響を与えました。

町時代になると，禅僧（ぜんそう）(禅宗の僧侶) が中国に留学することが多くなりました。たとえば，画家としても
な禅僧の雪舟は，⑬中国にも留学して独自の画風を完成させました。15世紀の後半には，雪舟のほかに
くの禅僧が文化の面で活躍（かつやく）しましたが，こうした文化人の多くは⑭地方の大名の保護を受け，地方で芸術
問を深めました。

下線部⑪について述べた文として正しいものを，次の中から一つ選んで記号で答えなさい。
．平清盛は保元（ほうげん）の乱で後白河天皇側を勝利させ，勢いを強めた。
．平清盛は中国の明へ貿易船を送り，多くの銭（ぜに）を手に入れた。
．平清盛はむすめを安徳天皇のきさきにして，生まれた子も天皇とした。
．平清盛は源頼朝に追いつめられ，壇ノ浦（だんのうら）の戦いで一族とともにほろぼされた。

下線部⑫に関して，鎌倉幕府や鎌倉時代の武士たちについて述べた文として正しいものを，次の中から一
選んで記号で答えなさい。
．源頼朝は征夷大将軍（せいいたいしょうぐん）に就任したあと，執権（しっけん）として家臣の武士をとりまとめた。
．後醍醐（ごだいご）天皇が幕府を倒（たお）す命令を出すと，北条政子は家臣の武士に結束をよびかけた。
．武士は先祖伝来の領地の支配を認められ，これに対して奉公（ほうこう）をちかった。
．元の襲来（しゅうらい）と戦った北条時宗は，ほうびの土地が少ないことを幕府に直接うったえた。

下線部⑬に関して，雪舟が描いた作品を，次の中から一つ選んで記号で答えなさい。

．

イ．

ウ．

．

　下線部⑭について，このころの文化人はなぜ京都ではなく地方で芸術や学問を深めようとしたのですか。
考えられることを20字以内で述べなさい。

2　日本の国土や周辺の国々について，下の地図を参考にして，あとの問いに答えなさい。

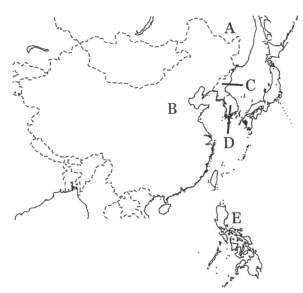

問1　次の表は地図中A～Eの国における人口・人口密度・輸出額・輸入額についてまとめたものです。地図中A～Eにあてはまる国を，表中ア～オからそれぞれ一つ選んで記号で答えなさい。

	人口（千人）	人口密度（人/km²）	輸出額（百万ドル）	輸入額（百万ドル）
ア	142834	8.4	516481	305605
イ	49263	492.5	556602	524366
ウ	1385567	144.4	1899180	1742850
エ	98394	328.0	48316	64097
オ	24895	206.5	1045	1157

（2014　データブック オブ ザ ワールド）

問2　日本の国土に関して，次の問いに答えなさい。
(1)　地図中Aの国の占領下にあり，日本が固有の領土として返還を要求しているところがあります。この領土を何といいますか。
(2)　日本の最南端に位置する島の名前を答えなさい。
(3)　日本の国土に関して述べた文として誤っているものを，次の中から一つ選んで記号で答えなさい。
　　ア．日本列島の最南端はおよそ北緯20度，最北端はおよそ北緯45度に位置している。
　　イ．日本の標準時子午線と同じ経線上にオーストラリア大陸がある。
　　ウ．日本の最東端に位置する島は北海道に属している。
　　エ．日本には温帯気候と冷帯気候が分布している。
問3　日本は周辺の国々と活発に貿易を行っています。次の表中X～Zは，地図中A・B・Eから日本への輸品の上位3品目を示したものです。X～ZとA・B・Eの国を正しく組み合わせたものを，下のア～カから一つ選んで記号で答えなさい。

S君が通過しなかった川を，次の中から一つ選んで記号で答えなさい。

ア．木曽川　　イ．信濃川　　ウ．天竜川　　エ．淀川

S君が通過した平野を，次の中から一つ選んで記号で答えなさい。

ア．庄内平野　　イ．秋田平野　　ウ．越後平野　　エ．仙台平野

A・C・E・Fの県名を，次のア～クの中からそれぞれ選んで記号で答えなさい。

ア．青森県　　イ．広島県　　ウ．愛知県　　エ．栃木県

オ．兵庫県　　カ．宮城県　　キ．静岡県　　ク．福島県

S君が博多駅から東京駅まで行くとき，A～Dの県を通過する順番を正しく並べたものはどれですか。次の中から一つ選んで記号で答えなさい。

ア．A→C→B→D　　イ．A→C→D→B　　ウ．D→A→C→B　　エ．D→C→A→B

T君が東京駅から札幌駅まで行くとき，E～Hの県を通過する順番を正しく並べたものはどれですか。次の中から一つ選んで記号で答えなさい。

ア．F→H→E→G　　イ．F→E→H→G　　ウ．E→F→G→H　　エ．E→F→H→G

E～Hの各県は2011年に東日本大震災とよばれる大きな地震の被害を受けました。この地震災害において，特にE・G・Hの県の海岸部で大きな被害をもたらした地震による現象を漢字2字で答えなさい。

博多駅・東京駅・札幌駅がある都道県について，次の問いに答えなさい。

次の表中X～Zは福岡県・東京都・北海道のいずれかであり，それぞれ水稲の収穫量・1世帯当たりの乗用車保有台数・輸送用機械器具の出荷額を示したものです。X～Zと3つの都道県を正しく組み合わせたものを，下のア～カから一つ選んで記号で答えなさい。

	水稲の収穫量 (千 t)	1世帯当たり乗用車保有台数(台)	輸送用機械器具の出荷額 (10億円)
X	0.7	0.49	1350
Y	635	1.01	286
Z	195	1.09	2257

(2014　データブック オブ ザ ワールド)

ア．X＝北海道　Y＝東京都　Z＝福岡県　　　　イ．X＝北海道　Y＝福岡県　Z＝東京都

ウ．X＝福岡県　Y＝東京都　Z＝北海道　　　　エ．X＝福岡県　Y＝北海道　Z＝東京都

オ．X＝東京都　Y＝福岡県　Z＝北海道　　　　カ．X＝東京都　Y＝北海道　Z＝福岡県

次の図は新千歳(札幌)・羽田(東京)・福岡の各空港間の航空路線を示したものです。このうち最も旅客輸送量が多いものを図中ア～ウから一つ選んで，記号で答えなさい。

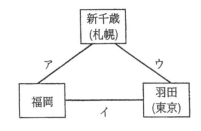

4　　力のはたらきを調べる実験について，後の問いに整数またはもっとも簡単な分数で答えなさい。ただし，実験に使う棒と糸の重さは考えないものとします。

図1のように，長さ 30cm の棒 A の中央に糸をつけ，手で支えます。棒 A の左端におもり P をつるし，右端を指で押さえて棒 A を水平にしました。このとき右端を指で押さえる力の大きさを F とします。

問1　図1で手が糸を支える力は F の何倍ですか。

次に，図2のように棒 A の中央にあった糸を棒 A の左端から 10cm の位置に移動させ，棒を水平にしました。

問2　図2で右端を指で押さえる力は F の何倍ですか。
問3　図2で手が糸を支える力は F の何倍ですか。

次に，図3のように手で支えていた糸をはずして，おもりを左端から 20cm の位置につるし，左端と右端を指で下から支えて水平にしました。

問4　図3で左端を指で支える力は F の何倍ですか。
問5　図3で右端を指で支える力は F の何倍ですか。

次に，図3で右端を支えていた指の代わりに，図4のように長さ 30cm の棒 B で支えることにします。棒 B の右端におもり P と同じ重さのおもり Q をつるし，棒 B のある位置を糸で支えると棒 A と棒 B は水平になりました。

問6　棒 B の左端から何 cm の位置に糸をつけていますか。また，手が糸を支える力は F の何倍ですか。

図1
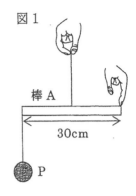
棒A
30cm
P

図2
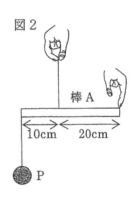
棒A
10cm　20cm
P

図3
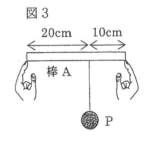
20cm　10cm
棒A
P

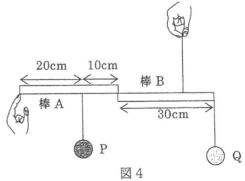
20cm　10cm
棒B
棒A
30cm
P
Q
図4

三ツ瀬層に見られるような層の重なりを何といいますか。

三ツ瀬層は，アンモナイトやイノセラムスの化石が発見されたことから，海底でつくれた層であることがわかります。このような層が陸上で見られる理由としてあやまっいるものを，次の**ア〜オ**の中から2つ選んで，記号で答えなさい。

海底火山から噴き出されたものが積み重なり海水面上に陸ができたから。

海水面が低くなったから。

地震が生じ，土地全体が持ち上げられたから。

海に流されてきたものが海水面と同じ高さまで積み重なったから。

大地に大きな力が加わり，おし上げられたから。

図2のX−Yにそって層のずれを見ることができました。このずれを何といいますか。字2文字で答えなさい。

図2のA層〜D層とX−Yのずれは，どの順番につくられましたか。次の記号**ア〜オ**並びかえなさい。

ア A層　　イ B層　　ウ C層　　エ D層　　オ X−Yのずれ

A層はどのような自然のはたらきでつくられましたか。

B層はどのような場所でつくられたと考えられますか。次の**ア〜オ**の中から1つ選ん，記号で答えなさい。

内陸の湖　　イ 河口近くの浅い海　　ウ 河口から離れた深い海

川の上流　　オ 川の下流

B層，C層およびD層は，それぞれ流水のはたらきによってつくられたと考えられま。流水のはたらきに関して正しく述べたものを，次の**ア〜オ**の中からすべて選んで，号で答えなさい。

下流の方が上流より水量が多いので，下流では水の流れが速くなり，海岸から遠くまで土や石を運ぶことができる。

平野部では，川が蛇のように曲がって流れるようすが見られることもある。

流水のはたらきは，しん食作用・運ぱん作用・たい積作用の3つに分けられる。

川が曲がっているところの内側では流れがゆるやかなので，石が流されず丸くなった石があまり見られない。

流されてきた砂やれき，どろは，海岸に近い方から砂，れき，どろの順にたい積するため，海岸には砂浜ができる。

2 次の文章を読んで，後の問いに答えなさい。

　アリは集団で生活している昆虫です。アブラムシの群れのような集団とは違い，1匹の女王アリを中心に多くの働きアリが巣を作ってコロニーとよばれる1つの集団をつくります。こうしたアリのような昆虫を社会性昆虫といいます。公園などでよくみかけるクロヤマアリの1つのコロニーでは，働きアリの数は1万〜1万6千匹といわれています。

　アリは集団で生活するので，お互いに情報を交換する必要があります。特に同じコロニーのアリと別のコロニーのアリを区別することはとても大事なことです。アリは地下の生活に適応しているため〔　a　〕のはたらきがよくなく，あごや腹の先から出すさまざまなにおいを頭にある〔　b　〕で受け取って，情報を交換していると考えられています。

　同じ種でもコロニーが違うと出すにおいは微妙に違っていて，同じコロニーのアリには攻撃しませんが，違うコロニーのアリに対して攻撃します。2匹のアリが出会うと，〔　b　〕で相手の体にふれた後，攻撃する光景もよく見られます。

問1　次のア〜カの中から昆虫を2つ選んで，記号で答えなさい。
　　ア　タガメ　　　イ　ダンゴムシ　　　ウ　アメンボ
　　エ　ムカデ　　　オ　ゾウリムシ　　　カ　クモ

問2　昆虫のからだは〔頭・①・②〕の順に3つの部分からできています。この①，②に当てはまる，からだのつくりを書きなさい。

問3　アリのように社会性昆虫であるものを，次のア〜カの中から2つ選んで，記号で答えなさい。
　　ア　アゲハ　　　イ　シロアリ　　　ウ　ダンゴムシ
　　エ　トンボ　　　オ　ミツバチ　　　カ　ツリガネムシ

問4　文中の〔　a　〕・〔　b　〕に当てはまる，からだのつくりを書きなさい。

問5　女王アリが一生の間に産む卵の数は，女王アリの寿命と働きアリの寿命，そしてコロニーの働きアリの数を使って次の式で計算することができます。

コロニーの働きアリの数×（女王アリの寿命÷働きアリの寿命）

　あるクロヤマアリの1つのコロニーにおいて，女王アリの寿命を12年，働きアリの寿命を1.5年，コロニーの働きアリの数を1万3千匹とすると，このコロニーの女王アリが一生の間に産む卵の数はいくらになりますか。

赤色リトマス紙に付けるとリトマス紙が青くなり，熱して水を蒸発させると白い固体
残る水溶液はどれですか。

　アンモニア水　　　イ　炭酸水　　　ウ　石灰水　　　エ　塩酸
　食塩水

図の磁石１の極 a はN極と引き合いました。
た，磁石２の極ｃはS極としりぞけ合いまし
。極ｂと極ｄについて正しく述べたものはど
ですか。

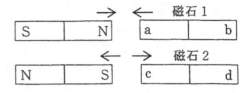

　ｂはN極，ｄはN極でｂとｄはしりぞけ合う。
　ｂはN極，ｄはS極でｂとｄは引き合う。
　ｂはN極，ｄはS極でｂとｄはしりぞけ合う。
　ｂはS極，ｄはS極でｂとｄはしりぞけ合う。
　ｂはS極，ｄはN極でｂとｄは引き合う。

栓ぬきを使ってびんの栓をあけるとき，図の A～C が何点に当たるのかを正しく組み
わせたものはどれですか。

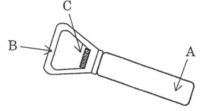

　A　作用点　　　B　支点　　　C　動点
　A　力点　　　　B　作用点　　C　支点
　A　動点　　　　B　支点　　　C　作用点
　A　作用点　　　B　支点　　　C　力点
　A　力点　　　　B　支点　　　C　作用点

2　太郎君は，午後4時30分に学校から家に向かって，毎時4kmの速さで歩き出しました。お母さんは，太郎君をむかえに行くために，午後4時40分に車で家を出ました。途中で太郎君と出会った後，太郎君を乗せてすぐに家に向かい，午後5時8分に家に着きました。家から学校までは車で16分かかります。このとき，次の問いに答えなさい。

ただし，太郎君の歩く速さと車の速さは一定であるとします。

(1)　太郎君とお母さんが出会ったのは午後何時何分ですか。

(2)　車の速さは毎時何kmですか。

(3)　家から学校までの道のりは何kmですか。

3　下の図の四角形ABCDは長方形です。このとき，次の問いに答えなさい。

(1)　[BEの長さ]：[EFの長さ]をできるだけ簡単な整数の比で表しなさい。

(2)　[BFの長さ]：[FGの長さ]をできるだけ簡単な整数の比で表しなさい。

(3)　斜線をつけた部分の面積は何cm²ですか。

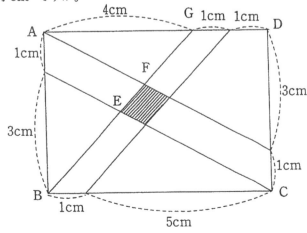

(6) 兄と弟の現在の年れいの比は 2 : 1 で，12 年後には 4 : 3 になります。現在の兄の年れいは何さいですか。

(7) 時計の針が 10 時を示しています。11 時になるまでに長針と短針が作る角の大きさが 120° となるときの時刻は 10 時 ☐ 分です。☐ に入る数をすべて求めなさい。

(8) あるタンクに給水管 A と給水管 B で，それぞれ一定の割合で水を入れます。給水管 A だけで 12 分間入れ，次に給水管 B だけで 15 分間入れるとタンクは満水になります。また，給水管 A だけで 16 分間入れ，次に給水管 B だけで 12 分間入れても満水になります。次の問いに答えなさい。

① このタンクを給水管 A だけで満水にするには何分かかりますか。

② このタンクに給水管 B だけで 20 分間入れると，あと 16 L でタンクは満水になります。このタンクの容積は何 L ですか。

(9) 下の図は 1 辺の長さが 12 cm の正三角形 ABC と AB を直径とする半円が重なったものです。斜線をつけた部分の面積を求めなさい。

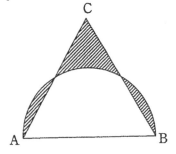

算 数 科 （中）

（60分）

（注意）答えはすべて解答用紙に記入しなさい。
円周率は 3.14 とします。

1 次の各問いに答えなさい。

(1)　$20-1-40÷1÷10$　を計算しなさい。

(2)　$2.8×(9.7-3.1)÷3+3.2×(7.5-6.4)×2$　を計算しなさい。

(3)　$\dfrac{56}{3}×\left(\dfrac{3}{8}-\dfrac{3}{14}\right)-1.5÷1.25$　を計算しなさい。

(4)　1個40kgのブロックが全部で2tあります。500kgまで積める1台のトラックで
すべてのブロックを運ぶとすると，何回で運べますか。

(5)　67人の子どもがいます。男子には2個ずつ，女子には4個ずつみかんを配ると，
全部で224個必要でした。男子と女子はそれぞれ何人いますか。

(6)　① 1，3，4，8，9の5個の数字を1回ずつ使ってできる，4万に一番近い整数を
求めなさい。
② 0，1，2，3，4，5，6の7個の数字すべてと小数点を使ってできる，4万に一
番近い小数を求めなさい。

5 白と黒の玉を左から順に横1列に並べます。このとき，白が3個以上続いて並んではいけません。次の問いに答えなさい。

(1) 5個並べるとき
　① 左から4番目と5番目が白であるような並べ方は何通りありますか。
　② 左から4番目が黒で，5番目が白であるような並べ方は何通りありますか。
　③ 左から4番目が白で，5番目が黒であるような並べ方は何通りありますか。

(2) 6個並べるとき並べ方は全部で何通りありますか。

6 A君とB君の家は12km離れていて，ある日2人は同時に家を出て，2人の家の間にある公園で会うことにしました。A君は毎分150m，B君は毎分200mで走ります。B君は途中でC君に出会ったのでその場で立ち止まって8分間話をし，再び公園に向かいました。そのためB君はA君が公園に着いてから5分後に着きました。次の問いに答えなさい。

(1) B君の家から公園までの距離は何kmですか。

(2) B君がC君と出会って立ち話をした後，毎分250mで公園まで走っていればA君と同時に公園に着くことができました。B君がC君と出会ったのはB君が家を出てから何分後ですか。

理科（中）

（40分）　　　（注意）解答はすべて解答用紙に記入しなさい。

1　　次の（1）〜（8）の問いについて，それぞれア〜オの中から適当なものを1つ
ずつ選んで，記号で答えなさい。

（1）右図のように川が蛇行しているとき，たい積物は主にど
　　こにたまりますか。

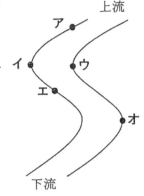

（2）ヒトの消化管を食べ物が通る順に並べたものはどれです
　　か。
　　ア　ロ→胃→小腸→かん臓→大腸→じん臓→こう門
　　イ　ロ→胃→食道→かん臓→小腸→大腸→こう門
　　ウ　ロ→食道→胃→大腸→小腸→直腸→こう門
　　エ　ロ→食道→胃→小腸→大腸→直腸→こう門
　　オ　ロ→食道→胃→小腸→大腸→じん臓→こう門

（3）おもりを糸でつるした振り子が10回振れるのにかかる時間を測定
　　する実験をしました。糸の長さとおもりの重さを次のように変えたと
　　き，測定した時間が長くなったのはどれですか。
　　ア　糸の長さは同じで，おもりの重さを重くする。
　　イ　糸の長さは同じで，おもりの重さを軽くする。
　　ウ　おもりの重さは同じで，糸の長さを長くする。
　　エ　おもりの重さは同じで，糸の長さを短くする。
　　オ　おもりの重さを重くして，糸の長さを短くする。

（4）次のA〜Eの水よう液に鉄くぎを入れたとき，気体が発生する水よう液だけを選
　　んだものはどれですか。
　　　　A　水酸化ナトリウム水よう液　　　B　塩酸　　　C　食塩水
　　　　D　アンモニア水　　　E　セッケン水

　　ア　A，D，E　　　イ　A，B　　　ウ　D，E　　　エ　Aのみ
　　オ　Bのみ

（5）骨や筋肉について正しく述べたものはどれですか。
　　ア　骨と骨のつなぎ目の部分を関節という。
　　イ　筋肉が骨とつながる場所を関節という。
　　ウ　すべての関節は曲げたり，回したりすることができる。
　　エ　手の指をすべて伸ばしたとき，指にあるすべての筋肉が伸びている。
　　オ　足を曲げたとき，足にあるすべての筋肉が縮んでいる。

問1　下線部①について，次のア～エの中からメダカのメスとメダカの卵をそれぞれ1つ
ずつ選んで，記号で答えなさい。

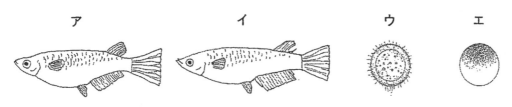

ア　　　　　　　　イ　　　　　　　　ウ　　　　　エ

問2　文中の空欄（　X　）に入る日数として最も適当なものを次のア～オの中から1つ
選んで，記号で答えなさい。
ア　3日　　　　イ　10日　　　ウ　15日　　　エ　20日　　　オ　30日

問3　メダカと同じように水中に卵を産む動物を次のア～オの中からすべて選んで，記号
で答えなさい。
ア　オニヤンマ　　　イ　アゲハチョウ　　　ウ　アオダイショウ　　　エ　ヒキガエル
オ　サンショウウオ

問4　下線部②について，次の(1)～(3)の文が「群れ」の利点であればAを，「縄張り」の
利点であればBを，両方の利点であればCを，どちらにも当てはまらなければDをそ
れぞれ記しなさい。
(1)　敵を発見しやすく，身を守りやすい。
(2)　多くのえさを独占することができる。
(3)　オスとメスが出会いやすくなる。

問5　図1からわかることや考えられることをまとめた次の文の{ }内から適当なものを
それぞれ選んで，記号で答えなさい。
　　一定の面積にすんでいる個体がa{ ア 多い　　イ 少ない }ときには，縄張りがな
くてもえさを確保できるので，群れアユと縄張りアユの成長に大きな差は見られない。
一定の面積にすんでいる個体の数がb{ ア 多い　　イ 少ない }と，縄張りに侵入し
てくる個体を攻撃するために費やす時間やエネルギーが多くなるため，縄張りを維持
することが難しくなる。そのためほとんどがc{ ア 群れアユ　　イ 縄張りアユ }に
なる。縄張りアユと群れアユで体長の差が一番大きいのは，10 m²あたりの個体数が
d{ ア 3匹　　イ 9匹　　ウ 55匹 }のときである。

問6　図1で，10m²あたりの個体数が55匹のときは，一定面積あたりの個体数が最も多
いにもかかわらず，平均体長が長い理由を考えて述べなさい。

3　　水平な地面上の地点Pに，図1のように棒を垂直に立て，夏至，冬至，夏至の1ヶ月前，および冬至の1ヶ月前に棒の影の先端の位置を1時間おきに記録し，記録した点をなめらかに結んだところ，図2のA〜Dの曲線が得られました。後の各問いはいずれも地点Pで観測されたことに関するものです。

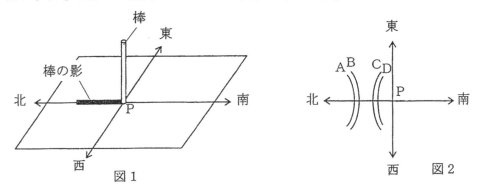

図1　　　　　　　　　　　　図2

問1　図2で，夏至，冬至の日の記録はそれぞれどれですか。A〜Dの記号で答えなさい。

問2　春分の日に同じようにして影の記録をとり，記録した点を結ぶとどのような線になりますか。解答欄の図に書き込みなさい。

問3　図2のDの頃から1ヶ月半ほどたったあるよく晴れた日の気温を，午前8時から2時間おきに午後6時まで調べました。気温が最も高くなったのはどの時刻ですか。次のア〜エから選んで，記号で答えなさい。
ア　午前10時　　　イ　正午　　　ウ　午後2時　　　エ　午後4時

問4　ある朝，霧が発生しました。霧は細かな水滴が空中に浮かんだものです。下表はそれぞれの気温で空気1m³が含むことができる水蒸気の量を表しています。空気が含むことのできる水蒸気の量に対して実際には何％の水蒸気を含んでいるかを表したものが湿度であり，100％をこえると水蒸気が水滴となり霧が発生します。この朝の霧は，気温15℃，湿度53％の空気が冷えてできたとすると，霧ができはじめたときの気温は何℃ですか。下表の気温の中から最も近いものを選んで，ア〜カの記号で答えなさい。

	ア	イ	ウ	エ	オ	カ
気温〔℃〕	−10	−5	0	5	10	15
空気1m³が含むことができる水蒸気の量〔g〕	2.14	3.24	4.85	6.79	9.39	12.8

てこの原理を利用して物体の重さをはかる装置を考えます。下の図のように，長さ 50cm ほどの一様な棒の中心Oをなめらかに回転できる支点として，その右側のうでにOから等間隔にAからEまでの印をつけます。左側のうでには，Oからの長さがOE の長さと等しくなる点Pに印をつけ，OPの中点（真ん中の点）QとOQの中点Rにも印をつけます。

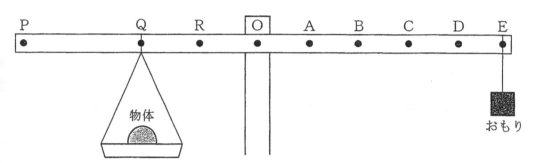

重さの無視できる皿を軽い糸で点Qにつるし，右側のうでに 50g のおもりを糸でつるして皿にのせた物体の重さをはかることを考えます。次の問いに答えなさい。

問1 皿に物体をのせ，おもりを点Eにつるしたときに棒が傾くことなくちょうどつりあうのは，皿にのせた物体の重さが何gのときですか。

問2 皿に物体をのせ，おもりを点Aにつるしたときに棒が傾くことなくちょうどつりあうのは，皿にのせた物体の重さが何gのときですか。

問3 皿に物体Xをのせ，棒が傾くことなくちょうどつりあうようにおもりをつるす所を調節したところ，それはCDの中点でした。物体Xの重さは何gですか。

問4 皿に物体Yをのせ，おもりを点Eにつるしても棒は左に傾いてつりあわなかったので，点Eにつるしたおもりの他に 50g のおもりをもう一つ右側のうでにつるしたところ，点Cでちょうどつりあいました。物体Yの重さは何gですか。

問5 問4の測定をヒントに，もっと重たい物体を測定することを考えます。次の文章中の（ ① ）～（ ③ ）に適する数値や記号を，解答欄に書きなさい。

　　皿を点Qにつるし，右側のうでに 500g のおもりをつるして皿にのせた物体の重さをはかると，最大（ ① ）gまで大まかに測定できるが，50g のおもりも使うことでもっとくわしく測定することができる。

　　例えば，皿に物体Zをのせ，500g のおもりを点Dに，50g のおもりをABの中点につるしたとき，棒が傾くことなくちょうどつりあったとすると，物体Zの重さは（ ② ）gであることがわかる。

　　また，皿を左側のうでの点（ ③ ）につるしてはかることで，測定できる重さを，皿を点Qにつるす場合の2倍に増やすこともできる。

社 会 科 （中）　社中平26

（注意）　解答はすべて解答用紙に記入しなさい。

①　（40分）

1　　次の文章は，異なる都道府県に住んでいるＡさん～Ｅさんに，それぞれの都道府県を紹介してもらっ□□ものです。これらの文章を読んで，あとの問いに答えなさい。

Ａさん：私が住んでいるところは，│　1　│風の影響で冬には畑にたくさんの雪がつもるため農業はできませ□夏は①稲作がさかんで，耕地にしめる水田の割合は非常に高いです。

Ｂさん：私が住んでいるところは，火山灰におおわれた土地が多いため水田が少ない一方で，牧畜がさかんで□肉用牛，豚の飼育数やブロイラー(肉用の鶏)の出荷数は全国でも１位や２位ですが②飼料は輸入に頼□ています。

Ｃさん：私が住んでいるところは，年間の降水量が少ないことを利用して江戸時代には製塩業がさかんでした□現在はオリーブなどの果実栽培がさかんです。となりの県とは海を越えて③長い橋で結ばれています□

Ｄさん：私が住んでいるところは，広い土地と夏でも涼しい気候を利用して④乳牛の飼育がさかんで，飼育数□日本一です。すぐ近くに住んでいるおじいちゃんの家は人口が百万人以上の都市│　2　│にあります□

Ｅさん：私が住んでいるところは，台地や丘陵が広がり，野菜や草花の栽培のほか乳牛や豚の飼育もさかんで□東京湾に面した海岸部では，対岸の工業地域と同じく⑤輸入した燃料や原料を利用して石油化学工業□鉄鋼業などがさかんです。

問１　Ａさん～Ｅさんの５人が住んでいる都道府県を，次のア～コの中からそれぞれ一つずつ選んで記号で答□なさい。

　　ア．高知県　　イ．香川県　　ウ．千葉県　　エ．富山県　　オ．埼玉県
　　カ．鹿児島県　キ．大分県　　ク．茨城県　　ケ．福島県　　コ．北海道

問２　空欄│　1　│・│　2　│にあてはまる語句や都市名を答えなさい。

問３　文章中の①～⑤の下線部について，次の問いに答えなさい。
　（1）　下線部①について，次の表は米の生産高が多い順に上位５都道府県を示したものです。│　　　　│に□てはまる県を，下のア～エの中から一つ選んで記号で答えなさい。

都道府県名	％
新　潟　県	7.3
Ｄさんの都道府県	7.1
秋　田　県	5.8
│　　　　│	5.3
山　形　県	4.8

(2013　データブック オブ ザ ワールド)

　　ア．福島県　　　イ．鹿児島県　　　ウ．香川県　　　エ．長野県

世界遺産に関する次の**A～D**の文章を読んで、それぞれの問いに答えなさい。

かけがえのない地球の宝物で、人類共通の遺産として次の世代に残していきたい文化財や自然が、ユネスコ世界遺産リストに登録されています。2013年6月に富士山が「世界文化遺産」に登録されました。これで日本国内の世界遺産は、13の文化遺産と4つの自然遺産になりました。長崎県では「長崎の教会群とキリスト教関連遺産」という名称で①<u>キリスト教の伝来</u>と②<u>弾圧</u>からの復活という世界に類を見ない独自の歴史を、世界遺産として登録することを目指しています。

　下線部①について、1549年に鹿児島に来航し、日本にキリスト教をひろめた宣教師名を答えなさい。
　下線部②について、江戸時代初期に九州西部でおこったキリシタン一揆（いっき）を、2つの地名を用いて答えなさい。

広島県にある世界遺産の「厳島（いつくしま）神社」は、古代から③<u>瀬戸内海（せとないかい）</u>を航行する人々の守り神として信仰（しんこう）されていました。12世紀に④<u>平清盛</u>が深く敬ったことから平氏一族を守る神のようになりました。また島根県にある石見（いわ）銀山は16世紀ごろから本格的な開発が始まり、良質な銀を大量に産出しました。石見の銀は⑤<u>南蛮（なんばん）貿易</u>をしてヨーロッパにも広がり、ヨーロッパと⑥<u>アジア</u>の経済や文化の交流に大きな役割を果たしました。

　下線部③に関して、瀬戸内海とその沿岸の地域の歴史について述べた文として正しいものを、次の中から一つ選んで記号で答えなさい。
　ア．遣隋使や遣唐使として中国に向かう人々の航路となった。
　イ．源頼朝は瀬戸内海の屋島で平氏を滅亡（めつぼう）させた。
　ウ．元の大軍が二度にわたり瀬戸内海まで攻（せ）めてきた。
　エ．徳川家康は瀬戸内海を平定し、九州征伐（せいばつ）を終えて全国を統一した。
　下線部④について、平清盛が武士として初めてついた、政治上の最高の役職を答えなさい。
　下線部⑤について述べた文として正しいものを、次の中から一つ選んで記号で答えなさい。
　ア．日本の輸出品は金・銀・生糸などであった。
　イ．堺（さかい）や博多・横浜などの港町はこの貿易によって大いに栄えた。
　ウ．貿易の相手国は主にスペインやポルトガルであった。
　エ．有田焼や薩摩（さつま）焼などの焼き物を作る技術が伝えられた。
　下線部⑥に関して、16世紀の中国を支配していた王朝の名前を答えなさい。

⑦<u>710年に都がうつされた奈良</u>は、その後約70年間政治の中心として栄えました。大仏が安置されている⑧<u>東大寺</u>などの寺院や、政治の中心であった平城宮跡（あと）などが世界遺産として登録されています。その後、⑨<u>京都</u>に794年に平安京という新しい都がつくられ、さらに室町時代には幕府も置かれました。「古都京都の文化財」ということで、鹿苑寺（ろくおんじ）金閣や⑩<u>慈照寺（じしょうじ）銀閣</u>などの寺社や二条城などが登録されています。奈良市の南西部にある世界遺産の　あ　は⑪<u>聖徳太子</u>が建立したと伝えられ、⑫<u>朝鮮半島から渡来した人々</u>の技術が用いられ世界最古の木造建築物といわれています。

問7　空欄 　あ 　にあてはまる寺院名を答えなさい。

問8　下線部⑦に関して，奈良時代のできごとについて述べた文として正しいものを，次の中から一つ選んで記号で答えなさい。

　　ア．天皇家の歴史を記した『風土記』がつくられた。

　　イ．壬申の乱に勝利した天武天皇が，平城京に都をうつした。

　　ウ．聖武天皇は国ごとに国分寺を建てるように命じた。

　　エ．貴族は寝殿造の大きな屋敷に住んだ。

問9　下線部⑧について，東大寺にある正倉院の建築様式を何というか，答えなさい。

問10　下線部⑨について述べた文として誤っているものを，次の中から一つ選んで記号で答えなさい。

　　ア．天皇が居住する内裏は，日当たりのいい都の南部につくられた。

　　イ．鎌倉幕府の御家人には，京都を守る仕事が与えられた。

　　ウ．応仁の乱の後，京都の町衆は祇園祭を復活させた。

　　エ．織田信長は京都の本能寺で明智光秀におそわれて自害した。

問11　下線部⑩について，銀閣を建てた室町幕府の8代将軍の名前を答えなさい。

問12　下線部⑪に関して，聖徳太子が生まれた6世紀のできごとについて述べた文として正しいものを，次の中から一つ選んで記号で答えなさい。

　　ア．『古事記』や『日本書紀』がつくられた。

　　イ．中国では長安を都とする唐が成立した。

　　ウ．ワカタケルは中国の皇帝に手紙を送った。

　　エ．朝鮮半島から仏教が日本に伝わった。

問13　下線部⑫に関して，7世紀の朝鮮半島に成立していた国として誤っているものを，次の中から一つ選んで記号で答えなさい。

　　ア．高句麗　　イ．新羅　　ウ．百済　　エ．高麗

D　世界遺産の姫路城は，1600年の「天下分け目の戦い」といわれた 　い 　の戦いの後，⑬大名の池田氏が大改築を行って現在の姿になりました。⑭政治の中心である城の周囲には城下町がつくられました。

　　ところで，日本には，山岳信仰とよばれるものがあります。⑮富士山や紀伊山地の熊野をはじめとする，いわゆる「霊峰」や「霊山」は，古くから信仰の対象とされてきました。富士山，紀伊山地の熊野は，いずれも世界遺産に登録されています。このうち，熊野は「紀伊山地の霊場と参詣道」という名称で登録されていますが，この地域は古代からいろいろな神が住む地域として考えられてきました。⑯日本の神々に対する信仰はもちろん，⑰仏教や修験道(注)など，多様な信仰の場となっていました。

(注)修験道：山岳信仰と仏教が結びついて成立した信仰。

満州にいた日本軍が，南満州鉄道の線路を爆破_{ばくは}したことをきっかけに，満州事変となりました。

日本は清を破り，台湾などを領土にしたほか，多額の賠償_{ばいしょう}金を得ました。

日本軍は，イギリス領のマレー半島やハワイの　い　を攻撃して，イギリスとアメリカに宣戦布告しました。

日本には戦争を続ける力がなくなり，ロシアでも革命運動が起こったため，③両国は講和_{こうわ}条約を結びました。

6　(1)～(4)のできごとを古い順に正しく並べかえたものを，次のア～カの中から一つ選んで記号で答えなさい。

ア．(1)→(2)→(4)→(3)　　　イ．(2)→(1)→(4)→(3)　　　ウ．(2)→(4)→(1)→(3)

エ．(2)→(4)→(3)→(1)　　　オ．(4)→(2)→(1)→(3)　　　カ．(4)→(2)→(3)→(1)

7　空欄　い　にあてはまる地名を答えなさい。

8　下線部③について述べた文として誤っているものを，次の中から一つ選んで記号で答えなさい。

ア．アメリカのルーズベルト大統領の仲立ちで，講和条約が結ばれた。

イ．日本は，樺太_{からふと}の南半分と，南満州鉄道や鉱山の権利を得た。

ウ．日本はロシアに，大韓帝国_{だいかんていこく}(韓国)の政治を指図_{さしず}することを認めさせた。

エ．ロシアから日本へ多額の賠償金が支払_{しはら}われ，日本の重工業の発展に役立った。

日本は国際連合への加盟を認められ，国際社会に復帰しました。

沖縄が日本に返還_{へんかん}されましたが，沖縄に置かれたアメリカ軍の基地はほとんどそのままでした。

日本は，アメリカで開かれた平和会議で，世界の48か国と平和条約を結び，独立を回復しました。

新しい国づくりの基本となる④日本国憲法が公布され，翌年から施行_{しこう}されました。

9　(1)～(4)のできごとを古い順に正しく並べかえたものを，次のア～カの中から一つ選んで記号で答えなさい。

ア．(1)→(4)→(3)→(2)　　　イ．(3)→(4)→(1)→(2)　　　ウ．(3)→(4)→(2)→(1)

エ．(4)→(1)→(2)→(3)　　　オ．(4)→(1)→(3)→(2)　　　カ．(4)→(3)→(1)→(2)

10　下線部④に関して述べた文として正しいものを，次の中から一つ選んで記号で答えなさい。

ア．太平洋戦争中に大日本帝国憲法が停止され，終戦後に日本国憲法ができた。

イ．伊藤博文を中心に，ドイツの憲法を参考にして，憲法づくりが進められた。

ウ．連合国軍総司令部の手により改正作業が進められ，国会での審議_{しんぎ}は行われなかった。

エ．国民主権，基本的人権の尊重，戦争の放棄_{ほうき}の３つが明記され，基本原則とされている。

5 次の文章を読んで，あとの問いに答えなさい。

　世界には多くの国がありますが，そのうちのほとんどが加盟している組織が，アメリカ合衆国の　あ　に本部を置いている①国際連合(国連)です。国連のもっとも基本となる決まりごとを定めた「国際連合憲章」には，済的・社会的・文化的または人道的な性質をもつ国際問題を解決することや，さまざまな差別をなくすことが国連の目的として記されています。このことは，単に②戦争や紛争を解決するだけではなく，文化の相互理解進めたり，貧困の問題を解決したり，③伝染病の対策を行うなど，幅広い活動が本当の意味での世界平和の実に必要なことを示しています。国連にいろいろな専門機関が置かれているのは，そのためです。

　もちろん国連の力だけでは世界が直面している諸問題の解決はできません。そこで，各国は④国連とは別の織をつくったり，さまざまな方法で協力しあうことで，問題の解決をはかろうとしています。

　世界の国々はそれぞれ国のしくみが違い，国民の考え方も違っています。そのために，⑤国どうしの意見の立が深刻になると，最悪の場合，戦争が起こることもあります。ひとたび戦争が起これば，たくさんの人々のが奪われるだけではなく，⑥人々の幸せな生活も破壊されてしまいます。

　これから中学生になるみなさんも，日本のことばかりではなく，世界各国のいろいろなことにも理解を深め必要があります。平和な世界をつくるために，どのような問題が起きているかを知り，私たちにできることはなのかを考えていきましょう。

問1　空欄　あ　にあてはまる地名を答えなさい。

問2　下線部①について，次のグラフは国連の活動費用の負担割合(2010〜2012年)を示したものです。このラフのX・Yにあてはまる国の組み合わせとして正しいものを，次の中から一つ選んで記号で答えなさい

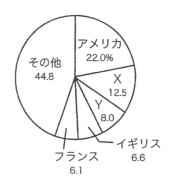

ア．X－日本　　Y－ドイツ
イ．X－日本　　Y－ロシア
ウ．X－中国　　Y－ドイツ
エ．X－中国　　Y－ロシア

(注)国連の活動費用(通常予算)の負担割合は，国連総会で決され，3年間変更されない。
(出典：国連文書)

問3　下線部②について，戦争や紛争を解決するために，国連の中心としての役割を果たしている組織の名前答えなさい。

1

(1)

(2)

(3)

(4)

回

(5)

男子　　　　人, 女子　　　　人

(6) ①

②

(7) ①

②

受験番号

2

(1)

秒後

(2)

秒後から　　　　　秒後まで

(3)

cm²

3

(1)

cm

(2)

：

(3)

cm²

※100点満点
（配点非公表）

1

(1)	(2)	(3)	(4)	(5)	(6)	(7)	(8)

受験番号

2

問1	メス　　　　卵		問2		
問3		問4	(1)	(2)	(3)
問5	a　　　　b　　　　c　　　　d				
問6					

3

問1	夏至　　　　冬至		問2	東 北 ← P → 南 西
問3		問4		
問5				
問6		問7	水平線	

紙

問1	
問2	
問3	
問4	
問5	
問6	
問7	
問8	
問9	
問10	
問11	
問12	
問13	
問14	
問15	
問16	
問17	
問18	
問19	

4

問1	
問2	
問3	
問4	
問5	
問6	
問7	
問8	
問9	
問10	

5

問1		
問2		
問3		
問4	(1)	
	(2)	
問5		
問6		
問7		

社 会 科 （中）

社中平26　※100点満点（配点非公表）

解

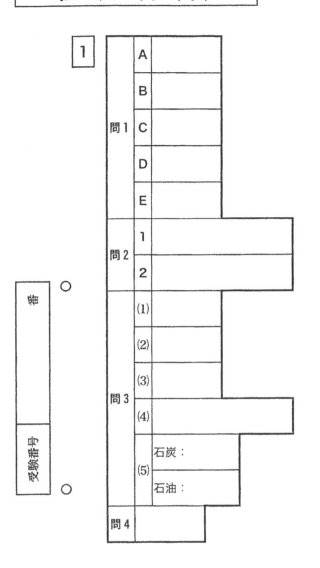

4

問1						
問2		問3			問4	
問5		問6	a		b	
問7	水素		cm³	酸素		cm³

5

問1	g	問2	g	問3	g
問4	g				
問5	①		②		③

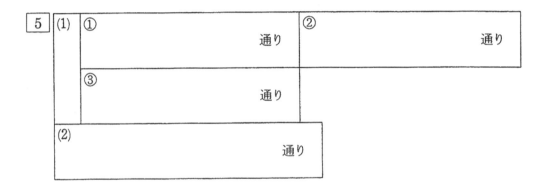

4	(1)	(2)
	(3) 個	(4)

5	(1)	① 通り	② 通り
		③ 通り	
	(2) 通り		

6	(1) km	(2) 分後

4 下線部③に関する次の問いに答えなさい。

(1) 世界的な伝染病の対策，医療や生活環境の改善など，人々の健康を守るための活動を行っている国連の専門機関を，次の中から一つ選んで記号で答えなさい。

　　ア．ODA　　　　イ．PKO　　　　ウ．WHO　　　　エ．NGO

(2) (1)に関連して，日本国内でこのような仕事を主にあつかっている中央官庁（省）を，次の中から一つ選んで記号で答えなさい。

　　ア．文部科学省　　　イ．厚生労働省　　　ウ．経済産業省　　　エ．国土交通省

5 下線部④に関して，1993年にヨーロッパで正式に発足し，2013年現在，ヨーロッパの28カ国が参加している国際組織の名前を答えなさい。

6 下線部⑤に関して，現在，中国は尖閣諸島を自国の領土であると主張して，わが国に対して厳しい態度をとっています。尖閣諸島はどこにありますか。地図中のア～オの中から一つ選んで記号で答えなさい。

7 下線部⑥に関して，日本政府が国民の幸せな生活を支えるために，現在実際に行っている政策として**あてはまらないもの**を，次の中から一つ選んで記号で答えなさい。

　　ア．65歳以上の人々の医療費をすべて無料にする。

　　イ．小・中学校9年間の義務教育を無償で行う。

　　ウ．一定の条件を満たした人々に年金を支給する。

　　エ．生活が困難な人々に生活保護費を支給する。

4　次のA群～D群の，⑴～⑷の各文を読んで，それぞれの問いに答えなさい。

〔A群〕

⑴　幕府のもと役人だった大塩平八郎は，大阪で打ちこわしを起こしました。

⑵　幕府は①日米修好通商条約を結んで，自由貿易を認めました。

⑶　幕府は日米和親条約を結んで，　あ　と函館の2港を開きました。

⑷　徳川慶喜は幕府による政治を続けられないと考え，政権を朝廷に返しました。

問1　⑴～⑷のできごとを古い順に正しく並べかえたものを，次のア～カの中から一つ選んで記号で答えなさ

ア．⑴→⑵→⑶→⑷　　　　イ．⑴→⑶→⑵→⑷　　　　ウ．⑴→⑶→⑷→⑵

エ．⑶→⑴→⑵→⑷　　　　オ．⑶→⑴→⑷→⑵　　　　カ．⑶→⑵→⑴→⑷

問2　空欄　あ　にあてはまる地名を答えなさい。

問3　下線部①について述べた文として誤っているものを，次の中から一つ選んで記号で答えなさい。

ア．幕府の役人とアメリカの使節ペリーとの間で，条約が結ばれた。

イ．日本にいる外国人が罪をおかしても，日本の法律で裁くことができないと定められた。

ウ．日本には，輸入品に自由に税をかける権利が認められなかった。

エ．幕府は，イギリスやフランスなどとも同じような条約を結んだ。

〔B群〕

⑴　大日本帝国憲法にもとづいて，国民の中から選ばれた人々による②最初の衆議院議員選挙が行われました

⑵　板垣退助らは，国会を開いて広く国民の意見を聞いて政治を進めるよう要求しました。

⑶　選挙法が改正され，20歳以上のすべての男女に選挙権が保障されました。

⑷　普通選挙を要求する運動が高まり，25歳以上の男性すべてに選挙権が認められました。

問4　⑴～⑷のできごとを古い順に正しく並べかえたものを，次のア～カの中から一つ選んで記号で答えなさ

ア．⑴→⑵→⑶→⑷　　　　イ．⑴→⑵→⑷→⑶　　　　ウ．⑴→⑷→⑵→⑶

エ．⑵→⑴→⑷→⑶　　　　オ．⑵→⑷→⑴→⑶　　　　カ．⑵→⑷→⑶→⑴

問5　下線部②について，この選挙の時に選挙権をもつことができたのはどのような人たちですか。次の中か

一つ選んで記号で答えなさい。

ア．30歳以上のすべての男性

イ．30歳以上のすべての国民

ウ．一定の金額以上の税金を納めた25歳以上の男性

エ．一定の金額以上の税金を納めた25歳以上の国民

空欄 い にあてはまる語句を答えなさい。

　下線部⑬に関して，大名は，「新しい城を建ててはならない」など，将軍の代替わりごとに出される決まりを守らなければいけませんでした。この決まりを何というか答えなさい。

　下線部⑭に関して述べた文として正しいものを，次のア～ウの中から一つ選んで記号で答えなさい。

ア．城下町は商人や職人や農民の住む地域ごとに区割りされていた。

イ．織田信長は安土城を，豊臣秀吉は大阪城を政治の拠点とした。

ウ．九州全県の県庁所在地は，江戸時代の大名が居住する城を中心に発展した城下町である。

　下線部⑮に関して，富士山の様子を「富嶽三十六景」として描いた人物を，次の中から一つ選んで記号で答えなさい。

ア．葛飾北斎　　　イ．杉田玄白　　　ウ．歌川広重　　　エ．喜多川歌麿

　下線部⑯に関して，『古事記伝』などを著し，昔からの信仰など日本古来の考え方をあきらかにしようと試みた国学者の名前を答えなさい。

　下線部⑰について述べた文として誤っているものを，次の中から一つ選んで記号で答えなさい。

ア．聖徳太子は，仏教の考えを「十七条の憲法」に取り入れた。

イ．中国から来日した鑑真は，東大寺の大仏の完成を祝う開眼式で重要な役割をはたした。

ウ．平安時代には社会に対する不安から極楽浄土へのあこがれが強まり，平等院鳳凰堂が建てられた。

エ．鎌倉時代には，新しい仏教が生まれ武士や庶民の間に広まった。

2 次の地図を見て，あとの問いに答えなさい。なお，▨▨▨で示した国は，APEC(アジア太平洋経済協力会議)に加盟している19カ国2地域のうちの5カ国です。

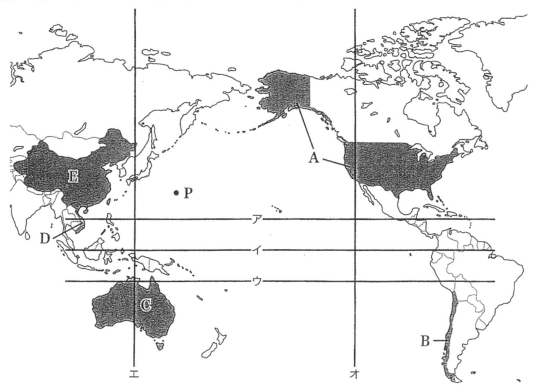

問1 地図中の緯線ア～ウの中から赤道を選んで記号で答えなさい。

問2 地図中の経線エと経線オは105度の差があり，経線エは東経135度です。経線オは西経何度か答えなさい。

問3 地図中のPの島は日本の領土の東端にあたる島です。島の名前を答えなさい。

問4 B・D国の国名を答えなさい。

問5 A・C・E国を人口が多い順にならべたとき，2番目となるのはどこですか。記号と国名を答えなさい。

問6 次の表は，A・C・E国と日本との貿易額を示しています。表中の①～③はA・C・Eのどれですか。正しく組み合わせているものを，下のア～カの中から選んで記号で答えなさい。

国	日本からの輸出額	日本の輸入額
①	129,022	146,419
②	100,177	59,314
③	14,184	45,139

(単位：億円　2013 データブック オブ ザ ワールド)

ア．①－A　②－C　③－E　　　　イ．①－A　②－E　③－C

ウ．①－C　②－A　③－E　　　　エ．①－C　②－E　③－A

オ．①－E　②－A　③－C　　　　カ．①－E　②－C　③－A

(2) 下線部②について，次のア～エの農作物は，日本が輸入しているものです。このうち家畜の飼料として
もっとも多く利用されている農作物を一つ選んで記号で答えなさい。
　　ア．とうもろこし　　　イ．だいず　　　ウ．小麦　　　エ．じゃがいも

(3) 下線部③について，長い橋ができたことによってCさんの都道府県は大きく変化しました。その内容と
して**誤っているもの**を，次の中から一つ選んで記号で答えなさい。
　　ア．他の都道府県へ新鮮な野菜を運ぶことができるようになった。
　　イ．観光客数が増加した。
　　ウ．鉄鋼業など重工業の工場が多く建設された。
　　エ．フェリーの利用者数が減少した。

(4) 下線部④に関して，乳牛を飼育して牛乳，チーズやバターなどの製品をつくる農業を何というか，答え
なさい。

(5) 下線部⑤に関して，次の表は日本が輸入している石油・石炭・鉄鉱石・銅鉱の輸入相手国と，その割合
を示したものです。このうち石炭と石油はア～エのどれですか。それぞれ一つずつ選んで記号で答えなさい。

ア		イ		ウ		エ	
国　名	%	国　名	%	国　名	%	国　名	%
チリ	43.7	オーストラリア	58.6	サウジアラビア	32.7	オーストラリア	61.3
オーストラリア	13.9	ブラジル	31.7	アラブ首長国連邦	23.1	インドネシア	14.5
ペルー	10.9	南アフリカ共和国	4.3	カタール	10.4	カナダ	7.6
インドネシア	9.3	インド	2.2	イラン	8.5	ロシア	6.2
カナダ	8.3	チリ	1.3	クウェート	6.6	アメリカ合衆国	5.2

(2013 データブック オブ ザ ワールド)

　　日本の農業に関して，1980年ごろと比較して，次のア～エのうち3つは減少していますが1つだけ増加
しているものがあります。増加しているものを記号で答えなさい。
ア．農地面積
イ．国民1人あたりの米の消費量
ウ．農業人口に占める65歳以上の割合
エ．総農家数

4 次の文章を読んで，後の問いに答えなさい。

　水素と酸素を混合して火をつけると，激しく燃焼して液体の（　①　）ができる。水素と酸素を下表A〜Iのような組み合わせで混合して燃焼させ，残った気体の体積を測定する実験をおこなった。

　ただし，この実験で気体の体積はすべて同じ条件で測定し，燃焼によって生じた物質はすべて液体として存在するものとする。また，どの実験においてもどちらかの気体がなくなるまで燃焼し，残った気体は水素または酸素のどちらかであるものとする。

実験	A	B	C	D	E	F	G	H	I
水素(cm³)	15.0	13.0	12.0	9.0	8.0	6.0	5.0	3.0	0.0
酸素(cm³)	0.0	2.0	3.0	6.0	7.0	9.0	10.0	12.0	15.0
残った気体(cm³)	15.0	9.0	6.0	1.5	a	6.0	b	10.5	15.0

問1　酸素を実験室で発生させるために必要な薬品を2つ答えなさい。

問2　問1で発生する酸素の集め方として適当なものを次のア〜ウの中から1つ選んで，記号で答えなさい。

ア　　　　　　　　　イ　　　　　　　　　ウ

  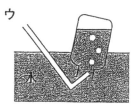

問3　水素の説明として正しいものを次のア〜オの中から2つ選んで，記号で答えなさい。
　ア　水によくとけて，水よう液は青色リトマス紙を赤色に変える。
　イ　すべての気体の中で最も軽い。
　ウ　燃料電池に使用され，近年クリーンエネルギーとして注目されている。
　エ　石灰水に通じると，石灰水が白くにごる。
　オ　水にとけにくく，鼻をつくにおいがある。

問4　文中の①に当てはまる語を答えなさい。

問5　実験Dで残っている気体は水素と酸素のどちらですか。

問6　表中のa，bに当てはまる数値を答えなさい。

問7　燃焼後に気体が残らないようにするためには，水素と酸素をそれぞれ何cm³ずつ混合すればよいですか。ただし，水素と酸素は合わせて15.0cm³とします。

問5 　図2のBの頃，夜空には図3のような星座が見られました。星Xの名前を答えなさい。

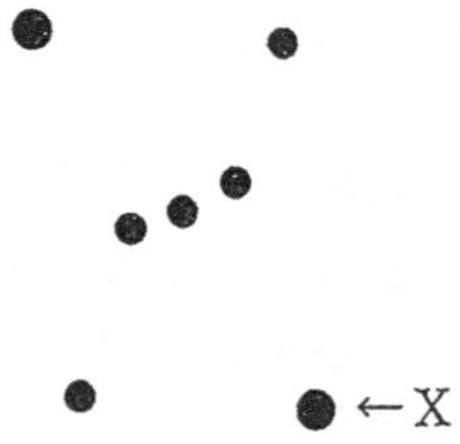

問6 　太陽や月や星が空に最も高く昇ったとき，それらが「南中した」といいます。図3の星座が午前0時に南中した日から1ヶ月後には，図3の星座は何時に南中しますか。次のア～エの中から選んで，記号で答えなさい。
　　ア　午後10時　　　イ　午後11時　　　ウ　午前1時
　　エ　午前2時

問7 　ある夜，南中した月が図4のように見えました。この日から2週間後に水平線から昇ってくる月の形を解答欄にかきなさい。

図3

図4

2　次の文章を読んで，後の問いに答えなさい。

　S君は，自由研究でメダカの観察をするために，メダカを飼育することにした。

　飼いはじめてしばらくすると，①メスのおなかに卵がついていた。そこで，メスのおなかから卵をとり，別の容器に移して観察を始めた。観察を始めて（　X　）後に，小さなメダカが卵からふ化した。

　飼いはじめたときには10匹だったメダカが少しずつ増え，3か月後には20匹ほどになり，水槽を大きなものにかえようかと考えながらメダカをながめていると，あることに気がついた。体の大きなメダカがある空間を1匹で独占していて，少し小さなメダカは数匹がまとまっているように感じた。

　そこで，メダカの生態について調べてみると，メダカは自然の川では数匹が集まって「群れ」で生活しているが，水槽で飼うと1匹で「縄張り」をつくる場合があることがわかった。

　　群れ…同じ種の動物が集まっている状態。
　　縄張り…同じ種の動物に見られるもので，他の個体と生活空間を分けて占有し，他の個体が侵入すると攻撃して防衛する空間のこと。

　調べてみると，メダカと同じように川にすんでいるアユは，自然の状態で群れや縄張りをつくることが分かった。②群れや縄張りをつくることは生物にとってどのような意味があるのだろうか，と思ってさらに調べた。アユは春になると群れで川を上ってきて，産卵期までのしばらくの間，川の中流や上流域で水底の岩に着いている藻類を食べて生活する。この期間に一部のアユは縄張りをもつようになるが，残りは群れで生活することもわかった。

　図1は，一定の面積にすむアユの個体数によって，縄張りをもつ個体の割合や体長が異なることを示したものである。例えば10 m²あたりの個体数が3匹の川では，38%のアユは縄張りをもつが，62%のアユは群れのままで生活し，群れアユでは体長15〜20 cmの個体が最も多く，縄張りアユでは20〜25 cmの個体が最も多いことが読み取れる。

図1

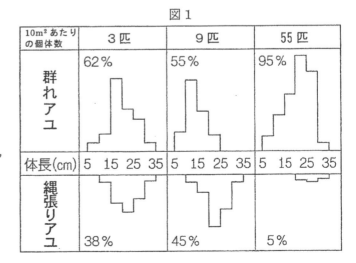

（6）図のように，鉄くぎに導線を巻いた
電磁石の近くに方位磁針を置いてスイ
ッチを入れたところ，方位磁針のN極
が北向きから少し東側に傾きました。
この実験に関して誤って述べたものは
どれですか。

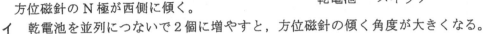

方位磁針

電磁石

乾電池　スイッチ

　ア　乾電池の＋極と－極を逆にすると，
　　方位磁針のN極が西側に傾く。
　イ　乾電池を並列につないで2個に増やすと，方位磁針の傾く角度が大きくなる。
　ウ　鉄くぎを抜いて向きを左右逆にして戻しても，N極が傾く向きは変わらない。
　エ　導線を鉄くぎに巻く向きを逆にすると，方位磁針のN極が西側に傾く。
　オ　導線を巻く回数を増やすと，方位磁針の傾く角度が大きくなる。

（7）地震と関係のないものはどれですか。
　ア　エルニーニョ　　　イ　マグニチュード　　　ウ　断層　　　エ　津波
　オ　液状化

（8）近年，大陸から風にのって日本にも運ばれてくる非常に小さい粒状の大気汚染物質
を何といいますか。
　ア　フロンガス　　　イ　トリチウム　　　ウ　二酸化炭素　　　エ　PM2.5
　オ　放射性セシウム

②　　　算中平26

3 図の四角形 ABCD は平行四辺形で，三角形ABE の
面積は 90 cm² です。次の問いに答えなさい。

(1)　DF の長さを求めなさい。

(2)　AD と AE の長さの比を，もっとも簡単な整数
　　の比で表しなさい。

(3)　台形 AEFD の周の長さは 100 cm です。この
　　台形の面積を求めなさい。

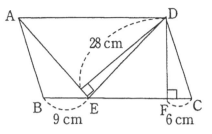

4 0 から 7 の 8 個の数字から 2 個（同じ数字でもよい）を選んで 2 けたの整数を作り，
次の規則①，②にしたがって並べます。

　　規則①　十の位の数字と一の位の数字の和が小さい方から順に並べます。

　　規則②　十の位の数字と一の位の数字の和が等しいときは，その 2 けたの整数が小さ
　　　　　い方から順に並べます。

このとき，左端から順に 10，11，20，・・・・・，77 と並んでいます。

(1)　左端から 6 番目の数を求めなさい。

(2)　右端から 4 番目の数を求めなさい。

(3)　全部で何個ありますか。

(4)　並べられたすべての数を 3 で割り，その余りの和を求めなさい。

(7) 図で同じ文字の角は同じ大きさです。
　① 角 x と角 y の大きさの和を求めなさい。
　② 角 z の大きさを求めなさい。

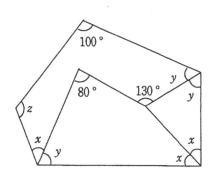

2 右の図のように，18 cm はなれた
平行線アとイの間に，直角三角形Aと
長方形Bがあります。

Aはアにそって右方向に 毎秒3 cm，
Bはイにそって左方向に毎秒2 cmの
速さで同時に動き始めました。

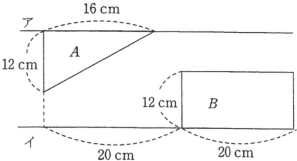

(1) AとBが出会うのは動き始めてか
　ら何秒後ですか。

(2) AとBの重なっている部分の面積が
　最大になるのは，動き始めて何秒後から何秒後までですか。

(3) 動き始めてから7秒後のAとBの重なっている部分の面積を求めなさい。

① 算 数 科（中） 算中平25

（注意）答えはすべて解答用紙に記入しなさい。
円周率は3.14とします。

（60分）

1 次の各問いに答えなさい。

(1) $9-(11-91\div13)\times2$　を計算しなさい。

(2) $2.1\times10.6-2.8\times5.6$　を計算しなさい。

(3) $2\dfrac{1}{2}-\dfrac{1}{3}\div\left(3-\dfrac{5}{6}\right)-\dfrac{3}{4}$　を計算しなさい。

(4) $6+5\times(\boxed{}-1)=48$　となるとき，$\boxed{}$ にあてはまる数を答えなさい。

(5) 子ども5人が50m走を行った。そのうちの3人のタイムは7.3秒，8.1秒，7.8秒であり，残り2人のタイムの差は0.5秒であった。5人の平均タイムが7.58秒であるとき，3番目に速かった子どものタイムを答えなさい。

(6) 全部で200ページある本を1日に x ページずつ16日間読むと y ページ読みきれなかった。x と y の関係を式に表しなさい。

(7) 1つのさいころを2回ふる。1回目に出た目より2回目に出た目のほうが小さくなるような目の出方は何通りあるか答えなさい。

5 次の各問いに答えなさい。

(1) 10 ％の食塩水 100 g から水分を蒸発させて 20 ％の食塩水にすると，その食塩水の重さは何 g になるか答えなさい。

(2) 13 ％の食塩水 50 g に 5 ％の食塩水 30 g を加えてよくかき混ぜると何 ％の食塩水になるか答えなさい。

(3) 8 ％の食塩水 20 g に 5 ％の食塩水を何 g か加えてよくかき混ぜると 7 ％の食塩水になった。5 ％の食塩水は何 g 加えたか答えなさい。

(4) A のビーカーには 10 ％の食塩水 50 g，B のビーカーには 20 ％の食塩水 50 g が入っている。A から何 g かの食塩水を取り出し，B に入れよくかき混ぜた後，B から先ほど A から取り出した量と同じ量の食塩水を取り出し，A に戻してよくかき混ぜると 12 ％の食塩水になった。このとき，A から取り出して B に移した食塩水は何 g か答えなさい。

（40分）　　　（注意）解答はすべて解答用紙に記入しなさい。

1　　　次の（1）～（6）の問いについて，それぞれア～オの中から適当なものを1つずつ
　　　選んで，記号で答えなさい。

（1）成虫で冬を越す生物の組み合せとして，正しいものはどれですか。
　　　ア　テントウムシとアゲハ　　　イ　カマキリとアゲハ　　　ウ　アゲハとダンゴムシ
　　　エ　ダンゴムシとテントウムシ　　オ　カマキリとダンゴムシ

（2）アルミニウムの性質に当てはまるものはどれですか。
　　　ア　塩酸にとけるが，とけるときは気体が発生しない。
　　　イ　塩酸にとかした後，熱して水を完全に蒸発させると，白色の固体が残る。
　　　ウ　水酸化ナトリウム水よう液にはとけない。
　　　エ　水酸化ナトリウム水よう液にとけるが，とけるときは気体が発生しない。
　　　オ　水酸化ナトリウム水よう液にとけ，とけるときに酸素を発生する。

（3）太陽の光を同じ大きさの3枚の正方形の鏡で反射させて，
　　　日かげのかべに当てたら右図のようになりました。最も明る
　　　いところはどこですか。

（4）川について正しく述べたものはどれですか。
　　　ア　まっすぐ流れる川の中央部は川岸よりも流れが速い。
　　　イ　川が曲がった部分では，たい積作用が起きない。
　　　ウ　川の下流では，たい積作用よりしん食作用が大きい。
　　　エ　川の下流でなければ，たい積による地形はできない。
　　　オ　下流の石は，上流の石と比べて角張っている。

（5）お花とめ花の区別がある植物の組み合せとして，正しいものはどれですか。
　　　ア　アサガオとヒマワリ　　　イ　ヒマワリとタンポポ　　　ウ　タンポポとヘチマ
　　　エ　ヘチマとカボチャ　　　　オ　カボチャとアサガオ

（6）右図のようにクギに巻いたコイルABのA側を棒
　　　磁石のN極に近づけたら，コイルは棒磁石から右向
　　　きに力を受けました。コイルが棒磁石から受ける力
　　　の向きが変わらないのはどれですか。
　　　ア　電池の＋極と－極を入れかえる。
　　　イ　棒磁石のN極とS極を入れかえる。
　　　ウ　クギの向きを左右入れかえ，電池の＋極と－極を入れかえる。
　　　エ　クギの向きを左右入れかえ，棒磁石のN極とS極を入れかえる。
　　　オ　クギの向きを左右入れかえ，電池の＋極と－極を入れかえ，棒磁石のN極とS極
　　　　　を入れかえる。

（2）図２のオリオン座には明るく光る星が２つあります。１つは赤く，もう１つは
　　青白く輝いている星です。この２つの星について正しく述べたものはどれですか。
　　次の**ア〜カ**の中から１つ選んで記号で答えなさい。
　　ア　明るい星は①と②で，①は赤く，②は青白い。
　　イ　明るい星は①と⑦で，①は赤く，⑦は青白い。
　　ウ　明るい星は①と⑦で，⑦は赤く，①は青白い。
　　エ　明るい星は②と⑥で，②は赤く，⑥は青白い。
　　オ　明るい星は②と⑥で，⑥は赤く，②は青白い。
　　カ　明るい星は③と⑤で，③は赤く，⑤は青白い。

（3）鉄塔を過ぎて４時間後のオリオン座の見え方を正しく述べたのはどれですか。
　　次の**ア〜エ**の中から１つ選んで記号で答えなさい。
　　ア　Ａの方向にあり，右に傾いている。
　　イ　Ａの方向にあり，左に傾いている。
　　ウ　Ｃの方向にあり，右に傾いている。
　　エ　Ｃの方向にあり，左に傾いている。

（4）（3）のときのオリオン座の位置を星座早見で調べる
　　と，どの位置になりますか。右図の星座早見の**ア〜エ**
　　の中から１つ選んで記号で答えなさい。

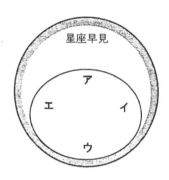

4 　白色の固体（以下固体Aとします）があります。固体Aについて，次の実験1～3を行いました。これについて後の問いに答えなさい。

〔実験1〕固体Aを水にとかし，その水よう液を赤色リトマス紙に付けると青色になった。

〔実験2〕固体Aを熱したら①気体が発生したので，この気体を石灰水に通してみると，石灰水が白くにごった。固体Aを熱し続けたら気体が発生しなくなり，後に白色の固体（以下固体Bとする）が残った。そこで，固体Aの重さをいろいろ変えて実験後に残る固体Bの重さを調べたら，下表のようになった。

	1回目	2回目	3回目	4回目
固体A〔g〕	1.00	1.20	1.50	2.00
固体B〔g〕	0.63	a	0.95	1.26

〔実験3〕固体Aに塩酸を加えたら，固体Aはとけ，②気体が発生した。固体Aを完全にとかし，そのときできたよう液を蒸発皿に移して熱したら，後に白色の固体（以下固体Cとする）が残った。そこで，塩酸にとかす固体Aの重さをいろいろ変えて，蒸発皿に残った固体Cの重さを調べた。下表はその結果を示している。塩酸はどの実験でも同じ塩酸を50.0cm³ずつ加えた。また，後で調べたら，固体Cは，食塩だけか，または食塩と固体Bが混ざったものであることがわかった。

	1回目	2回目	3回目	4回目	5回目	6回目
固体A〔g〕	1.00	1.20	1.40	3.00	4.00	5.00
固体C〔g〕	0.70	b	0.98	2.03	2.66	c

問1　下線部①と②の気体は同じ気体です。この気体は何ですか。

問2　次のア～エの中から，アルカリ性を示すものをすべて選んで記号で答えなさい。
　　ア　固体Aの水よう液　　　イ　塩酸　　　ウ　石灰水　　　エ　食塩水

問3　表のa～cに当てはまる数値を答えなさい。

問4　固体Aを10.00g取り，しばらく熱してから残っている固体の重さを測定したら，7.04gになっていました。このとき，残っていた固体の中には固体Aが何g含まれていますか。

（注意）　解答はすべて解答用紙に記入しなさい。

（40分）

1　次の地図は，日本をA〜Iの地域に区分したものです。これらの地域について，後の問いに答えなさ

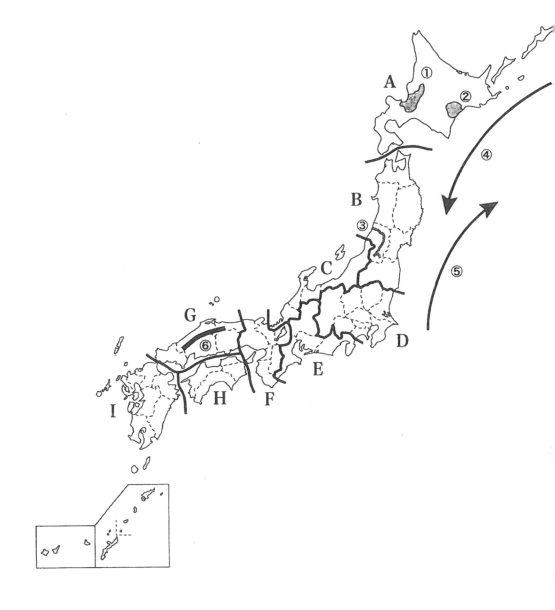

7　次の表は，Fの地域にある大阪府・滋賀県・奈良県・和歌山県を3つの項目で比較したものです。このうち大阪府はどれですか。表の中のア〜エから一つ選んで記号で答えなさい。

	2009〜2010年の人口増加率(‰)	65歳以上の人口の割合(%)	昼夜間人口比率(%)
ア	3.1	20.5	96.2
イ	−2.3	23.5	88.7
ウ	0.7	21.8	105.5
エ	−5.7	26.4	97.8

　　　　(注)　昼夜間人口比率＝昼間人口÷夜間人口×100
　　　　　　　　　　　　　（データブックオブザワールド2011）

8　Gの地域にある，⑥の山地の名前を答えなさい。

9　Hの地域にある香川県の農業について正しく説明したものを，次の中から一つ選んで記号で答えなさい。
　ア．大きな川の下流にある地域では米作りがさかんだが，土地は水害に備えて堤防で囲まれている。
　イ．火山の山すそを利用したキャベツ作りがさかんで，高速道路を利用して大都市へ出荷されている。
　ウ．ため池を利用した米作りと小麦作りなどを組み合わせた二毛作が行われている。
　エ．川の水を長い水路に通して太陽熱で温める工夫をして米作りが行われている。

10　Iの地域に関して，次の表のア〜エは，福岡県・長崎県・宮崎県・沖縄県のいずれかを表しています。このうち宮崎県はどれですか。ア〜エから一つ選んで記号で答えなさい。

	人口(万人)	海面漁獲量(百トン)	林業・素材生産量(万立メートル)
ア	115	865	127
イ	145	3028	10
ウ	140	169	0
エ	503	428	12

　　　　　　　　　（データブック オブ ザ ワールド 2011）

2　次のA〜Eの文章を読んで，後の問いに答えなさい。

A
「お酒」とよばれる飲み物には，さまざまな種類があります。このうち，世界中で広く飲まれているお酒にビールがあります。ビールの歴史は古く，その原形はすでに古代文明の時代からありました。そのころの日本は①縄文文化が栄えていた時期です。現在のビールは原料として麦以外にホップという香草が使用されていますが，このようなビールは②11世紀後半から12世紀の間にヨーロッパで登場したようです。
わが国では，明治時代のはじめ，③開港地の横浜で居留地の外国人向けにビールが本格的に生産されはじめました。その後いくつかのビール会社が設立されましたが，その中には④近代産業を発展させるため，北海道の役所が経営したビール会社もありました。⑤1901年にはビールに税金が課されるようになり，1906年には有力な

3つのビール会社が経営力を強化するため合併し，大日本麦酒という会社をつくりました（麦酒とはビール⑤
とです）。しかし太平洋戦争が終わると，この大日本麦酒会社は日本を占領した連合国軍により⑥民主化の
が出され，いくつかのビール会社に分割されました。

問1 下線部①に関して，縄文時代の有名な遺跡である三内丸山遺跡では，それまでの縄文時代の生活のイ
ジをくつがえす発見がなされました。その発見に**あてはまらないもの**を，次の中から一つ選んで記号で
なさい。

　ア．1500年以上も続いた大集落があった。

　イ．クリの栽培がおこなわれていた。

　ウ．巨大な建築物が建てられていた。

　エ．鉄や銅で道具がつくられていた。

問2 下線部②に関して，この時期の日本のようすについて述べた文として正しいものを，次の中から一つ
で記号で答えなさい。

　ア．ワカタケル大王による全国統一がすすめられ，九州から東日本までが大王の支配下に入った。

　イ．武士の力がしだいに認められるようになり，貴族たちの勢力争いが武士の力で解決されるようにな

　ウ．モンゴルとの戦いで活躍した武士たちに土地が与えられず，武士たちが不満をもつようになった。

　エ．鉄砲を利用した集団戦法が行われるようになり，武士による全国統一がすすんだ。

問3 下線部③について，横浜以外の開港地として**誤っている都市**を，右の地図のア～エから一つ選んで記
答えなさい。

問4 下線部④について，明治時代のはじ
めごろ，近代産業を発展させるために
政府が経営した工場の例を一つ答えな
さい。

問5 下線部⑤について，この時期には
ビール以外にもさまざまな増税が行わ
れましたが，それはなぜですか。当時
の国際関係を考えて，20字以内で答え
なさい。

日本の文学や日記などで，お酒が登場する話は多いようです。⑭藤原道長がみずからの権力の大きさを満月にとえて詠んだ歌は，お祝いの宴会でお酒に酔ってつくったもののようです。この歌は道長に批判的な貴族の日記に記録されていますが，道長本人の日記にはこの歌は記録されていません。また⑮蒙古襲来の後に成立した『徒然草』では，作者の兼好法師がかつての執権の質素なお酒の飲み方をほめています。

ところで，世界には，飲酒やお酒の販売を禁止している国もあります。現在では，多くのイスラム教の国々が宗教上の理由で飲酒を禁止しています。また，⑯アメリカでは1920年に禁酒法が施行され，1933年に廃止されるまでお酒を飲むことが禁止されていました。日本でも，これまでたびたび禁酒の命令が出されました。江戸時代の⑰武家諸法度には過度の飲酒をいましめる文言があり，またいわゆる慶安の触書にも酒や茶を買って飲んではならないという条文があります。

問14 下線部⑭について，この歌が詠まれたのはどのような祝いの宴会でしたか。次の中から一つ選んで記号で答えなさい。

　ア．道長の娘が天皇の妃となった祝い。
　イ．道長の子どもが天皇になった祝い。
　ウ．道長が征夷大将軍になった祝い。
　エ．道長が平等院を完成させた祝い。

問15 下線部⑮に関して，このときの中国の国名は元ですが，日本と関わりの深かった4つの中国の国名を古い順に並べたものを，次の中から一つ選んで記号で答えなさい。

　ア．元→清→唐→明
　イ．清→明→元→唐
　ウ．明→唐→清→元
　エ．唐→元→明→清

問16 下線部⑯に関して，1920年から1933年までの日本とアメリカの関係について述べた文として正しいものを，次の中から一つ選んで記号で答えなさい。

　ア．アメリカは日本との間に，関税自主権を認める条約を結んだ。
　イ．アメリカは日本が起こした満州事変に関し，日本を批判した。
　ウ．アメリカは日本から真珠湾攻撃を受け，日本と戦争することになった。
　エ．アメリカは日本との友好関係を深める一方，沖縄に軍事基地を建設した。

問17 下線部⑰に関して，徳川家光のときに出された武家諸法度の内容として**誤っているもの**を，次の中から一つ選んで記号で答えなさい。

　ア．参勤交代の人数は，なるべく多くしなければならない。
　イ．自分の領地の城を修理する場合，幕府に届け出ねばならない。
　ウ．将軍の許可なしに，大名の家どうしで結婚してはならない。
　エ．500石積み以上の大きな船をつくってはいけない。

E

　現在，お酒には酒税という税金がかけられています。お酒にかかる税も古代から存在しており，日本では■年に酒税を徴収したという記録が残っています。室町時代には酒屋にも税金がかけられ，江戸時代には造り酒■の組合に対し税が課された時期がありました。

　現在の酒税のもとになったのは，明治時代に制定した酒造税です。この税金には造り酒屋からの反発が大■⑱自由民権運動と結びついて大規模な反対運動に発展しました。その後，酒造税は1896年に酒造税法とし■定され，税率も少しずつ引き上げられました。現在の酒税法が施行されたのは，日本が⑲高度経済成長に入■前の1953年のことでした。

問18　下線部⑱について述べた文として正しいものを，次の中から一つ選んで記号で答えなさい。
　　ア．西郷隆盛は自由民権運動を指導し，国会を開いて政治を進めるべきだと主張した。
　　イ．自由民権運動は士族が中心となった運動で，農民のほとんどは運動から排除された。
　　ウ．政府は当初自由民権運動を取り締まったが，のちに国会の開設を約束した。
　　エ．国会開設の約束が成立すると自由民権運動はおさまり，農民の反乱も起こらなくなった。

問19　下線部⑲に関して，日本の高度経済成長期のようすについて述べた文として正しいものを，次の中か■つ選んで記号で答えなさい。
　　ア．東京オリンピックの開催をきっかけに，ラジオ放送がはじめられた。
　　イ．人々の生活は豊かになり，携帯電話や自動車が家庭に広まっていった。
　　ウ．公害の問題が起こるようになり，政府は法律をつくって公害の防止をめざした。
　　エ．ほとんどの子どもが学校に通えるようになり，小学生の就学率がはじめて90％をこえた。

3　次の文章を読んで，後の問いに答えなさい。

　世の中のいろいろな意見をまとめて，より多くの人が望んでいる目標を実現することを，政治といいます■治にとって大きな役割を果たすのは，人々から①選挙で選ばれた代表者であり，議員とよばれています。多■議員は，政治について近い意見をもっている人々がつくる，政党という集団に属しており，特に②国会では■んどの議員が政党に所属しています。議員が集まって話し合う場を議会といい，目標を実現するための③ル■をつくったり必要な予算を決めたりします。議会は国会のほか，各都道府県・市町村ごとに置かれています■会がつくったルールと予算にしたがって，実際に仕事を行うところがあります。国ではその仕事を内閣が担■ています。内閣の責任者が④内閣総理大臣で，その下に国の仕事を分担する⑤官庁の責任者としての国務大■います。そして，国会と内閣は協力しながら，政治に取り組んでいます。同じように，都道府県では⑥知事■町村では市町村長が，それぞれ議会と協力しながら政治に取り組んでいます。

1

(1)	(2)
(3)	(4)
(5)　　　　　　　　　　　　　　秒	(6)
(7)　　　　　　　　　　　　　通り	
(8)　　1辺　　　　　　　　　　cm，正方形の個数　　　　　　　　個	

受験番号

2

(1)　　①　　　　　　　　　　　　cm²，②　　　　　　　　cm²
(2)　　　　　　　　　　　　cm³

受験番号

1	(1)	(2)	(3)	(4)	(5)	(6)

2

問1		問2	
問3	問4		
問5			

3

問1		問2		問3		問4	
問5	(1)		(2)		(3)		(4)

4

問1		問2	
問3	a　　　g	b　　　g	c　　　g
問4	g		

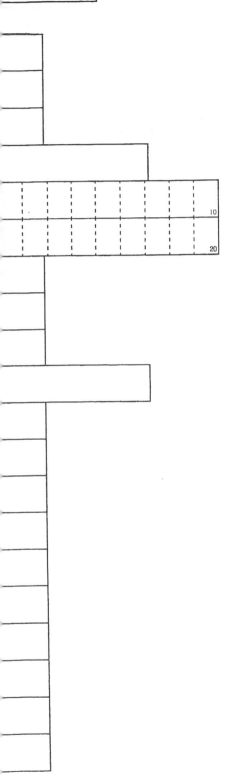

用 紙

3

問1	
問2	
問3	
問4	
問5	(1)
	(2)
	(3)
問6	

解

2

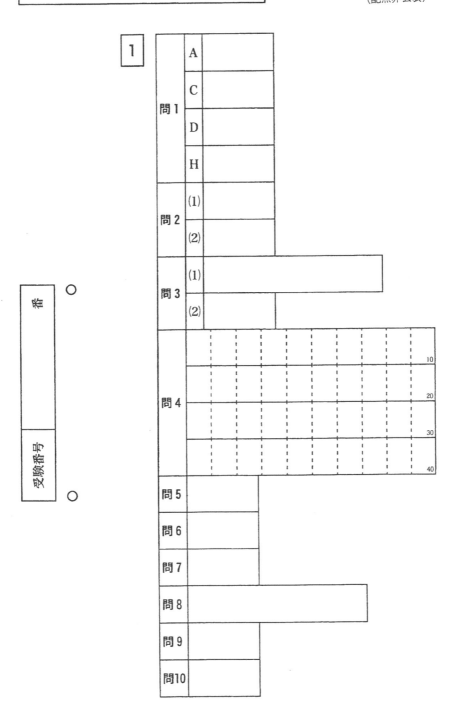

1

問1	A	
	C	
	D	
	H	
問2	(1)	
	(2)	
問3	(1)	
	(2)	

問4

								10
								20
								30
								40

問5	
問6	
問7	
問8	
問9	
問10	

番

受験番号

5

問1

		A	B	C	D	E
問2	1通り目					
	2通り目					
	3通り目					

問3	(a) 通り	(b) 通り	問4	通り

3	(1)　　　　　　　　　　　　　　回	(2)　「2」　　　個，「1」　　　個
	(3)　　　　　と	

4	(1)　時速　　　　　　km	(2)　　　　時　　　　分
	(3)　　　時　　　　分　Aバス停から　　　　m	

5	(1)　　　　　　　　g	(2)　　　　　　　　％
	(3)　　　　　　　　g	(4)　　　　　　　　g

問1　下線部①に関して，日本の選挙について述べた文として正しいものを，次の中から一つ選んで記号で答えなさい。

　ア．選挙で投票することができるのは18歳以上の人である。

　イ．長く住んでいる外国人も選挙で投票することができる。

　ウ．衆議院議員に立候補できるのは25歳以上の人である。

　エ．投票用紙には自分の名前も書かなければならない。

問2　下線部②に関して，日本の国会について述べた文として正しいものを，次の中から一つ選んで記号で答えなさい。

　ア．参議院議員よりも衆議院議員の数が多い。

　イ．衆議院議員と参議院議員の任期は同じである。

　ウ．衆議院と参議院のどちらにも解散がある。

　エ．予算は必ず参議院から審議しなければならない。

問3　下線部③に関して，国会でつくられるルールを何といいますか。漢字2字で答えなさい。

問4　下線部④について述べた文として正しいものを，次の中から一つ選んで記号で答えなさい。

　ア．内閣総理大臣は天皇が指名する。

　イ．内閣総理大臣は日本国の元首とされている。

　ウ．内閣総理大臣は憲法で任期が定められている。

　エ．内閣総理大臣は国会議員でなければならない。

問5　下線部⑤について，次の(1)～(3)の仕事を担当している官庁を，下のア～オからそれぞれ一つずつ選んで記号で答えなさい。

　(1)　地方自治を指導したり，選挙に関する事務をとりあつかう仕事。

　(2)　外国の船が日本の領海をおびやかしたとき，海上保安庁に安全を守るよう指揮をする仕事。

　(3)　ロケットの打ち上げや開発をすすめたり，スポーツが盛んになるような政策を打ち出したりする仕事。

　ア．外務省　　　　イ．総務省　　　　ウ．国土交通省　　　　エ．厚生労働省　　　　オ．文部科学省

問6　下線部⑥について述べた文として正しいものを，次の中から一つ選んで記号で答えなさい。

　ア．知事は都道府県議会が指名する。

　イ．知事は内閣総理大臣が任命する。

　ウ．知事は30歳以上でなければならない。

　エ．知事の仕事は3期連続してつとめることは禁止されている。

問10 下線部⑩に関して，この戦乱がおこった時期ともっとも近い時期に描（えが）かれた絵画作品を，次の中から一つ選んで記号で答えなさい。

ア．

イ．

ウ．

エ．

問11 下線部⑪に関して，日本におけるキリスト教について述べた文として正しいものを，次の中から一つで記号で答えなさい。

ア．キリスト教を日本に広めたのは，おもにアメリカやイギリスの宣教師であった。

イ．織田信長はキリスト教を保護し，キリスト教の学校や教会堂の建設を許可した。

ウ．江戸幕府はキリスト教を広めさせないため，貿易相手をオランダとロシアに制限した。

エ．明治政府は五箇条（ごかじょう）の誓文（せいもん）を発表したのと同時に，キリスト教の信仰（しんこう）も許可した。

問12 下線部⑫に関して，日本と海外との文化交流について述べた文として正しいものを，次の中から一つで記号で答えなさい。

ア．聖徳太子は，西アジアから伝わった宝物を東大寺正倉院に保管した。

イ．古代の交通路は陸上のシルクロードだけであったが，鎌倉時代以降は海上交通も盛んになった。

ウ．江戸時代初期には，日本人の商人が東南アジア各地に出かけ，移住する人もいた。

エ．明治時代になるとヨーロッパからカステラやズボンなどがもたらされた。

問13 下線部⑬について述べた文として正しいものを，次の中から一つ選んで記号で答えなさい。

ア．琉球王国は，日本だけでなく中国や東南アジアとの交易でさかえた。

イ．琉球王国は，シャクシャインによって統一された。

ウ．琉球王国には西洋人が住む人工の島がつくられ，出島とよばれた。

エ．琉球王国は江戸時代に薩摩藩（さつまはん）の支配下に入り，参勤交代も行った。

問6　下線部⑥について，戦後の民主化政策について述べた文として正しいものを，次の中から一つ選んで記号で答えなさい。

　ア．税金の額による選挙権の制限がなくなった。

　イ．農地改革によって多くの小作農が自作農になった。

　ウ．日本ではじめての近代的な憲法が制定された。

　エ．小学校から高等学校までが義務教育になった。

B

　日本で独自の発展をとげたお酒として，日本酒があります。日本酒の原料は米なので，日本酒のはじまりは米づくりの始まりまでさかのぼります。もともと，日本酒は人が口でかんだお米をはき出して作っていたようです。しかし，⑦奈良時代に麹カビというカビの一種を使えば簡単においしい日本酒ができるということが発見され，これ以後，麹カビを利用した日本酒づくりがさかんになりました。この時代には，⑧日本酒が税として納められることもありました。

　日本酒の生産技術は時代とともに発達しましたが，特に大正時代には科学の発達にともない，人工的に日本酒のようなお酒を作り出すことに成功しました。このお酒は合成清酒とよばれ，鈴木梅太郎という科学者が考案しました。鈴木は⑨米騒動をきっかけとして，将来の米不足にも対応できるように合成清酒の研究に着手しました。

問7　下線部⑦について，奈良時代には都が転々と移動した時期があり，やがて平城京に戻りました。この理由を述べた文として正しいものを，次の中から一つ選んで記号で答えなさい。

　ア．都をつくって1世紀以上たち平城京が古くなったため。

　イ．平城京で病気がはやり，地方で反乱もおこったため。

　ウ．平城京でききんが何度も起こり，住めなくなったため。

　エ．大きな地震がおこり，平城京がこわれてしまったため。

問8　下線部⑧について，律令によれば日本酒はどのような種類の税になりますか。次の中から一つ選んで記号で答えなさい。

　ア．租　　イ．庸　　ウ．調　　エ．年貢

問9　下線部⑨に関して，この事件が起こったのは米などの値段が急に高くなったためでした。この時期，米をはじめさまざまなものの値段が高くなったのはヨーロッパで起こった戦争が原因でしたが，その戦争の名前を答えなさい。

C

　ワインも世界中でよく飲まれるお酒です。わが国では⑩応仁の乱の少し前，京都で僧侶が飲んだとされる記録がいちばん古いもののようです。その後，⑪キリスト教が伝来すると，キリスト教と関係の深いワインをヨーロッパ人が日本に持ち込むようになりました。

　日本で親しまれているお酒の一種に，焼酎があります。この焼酎というお酒は蒸留酒とよばれ，ビールやワイン，日本酒などとは作り方が違います。一説によれば，蒸留酒の作り方は⑫西アジアから東南アジアや中国を経て日本に伝わったといわれ，室町時代の頃から日本でも焼酎が飲まれていたようです。

　ところで，沖縄には焼酎と同じ蒸留酒として，泡盛というお酒があります。泡盛はすでに⑬琉球王国の時代から沖縄でつくられていました。この王国は江戸時代のはじめに日本の支配下に置かれ，その後，泡盛は徳川将軍への献上品の一つにもなりました。

問4　右の雨温図は，Cの地域にある富山市のものです。富山市で1月に
　　降水量がもっとも多くなる理由を，次の2つの語句を用いて40字以内
　　で述べなさい。2つの語句には必ず下線を引きなさい。

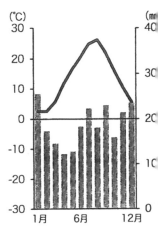

　　語句 | 日本海　　　山地

問5　次の表は，Dの地域にある東京都と，北海道・富山県・広島県を2つの項目で比較したものです。こ〔の〕う
　　ち東京都はどれですか。表の中のア〜エから一つ選んで記号で答えなさい。

	小学校の数（校）	一世帯あたりの乗用車の保有台数（台）
ア	203	1.74
イ	1370	0.51
ウ	574	1.12
エ	1248	1.03

（データブックオブザワールド2011）
（日本国勢図会2011/12）

問6　次の表は，Eの地域の中京工業地帯と，京浜・阪神工業地帯と瀬戸内・北九州の工業地域を比較し〔た〕
　　のです。このうち中京工業地帯はどれですか。表の中のア〜オから一つ選んで記号で答えなさい。

	工業出荷額（億円）	出荷額の割合(%)					
		金属	機械	化学	食料品	繊維	その他
ア	284,879	20.2	36.7	15.7	11.1	1.8	14.5
イ	261,152	18.0	35.4	22.4	8.2	2.4	13.6
ウ	439,851	9.9	64.5	6.3	5.9	1.1	12.3
エ	231,938	9.5	46.6	14.3	11.5	0.5	17.6
オ	78,121	17.0	40.6	6.0	20.0	0.8	15.6

（日本国勢図会2011/12）

問1 次の表は，A・C・D・Hの地域のそれぞれについて，農業総産出額と産物別の産出額の割合を表しています。A・C・D・Hの地域は，表の中のア～エのいずれかにあてはまります。それぞれ，どれにあてはまるか記号で答えなさい。

地域別の農業総産出額と産物別産出額の割合(2009年)

地域	農業総産出額(億円)	米(%)	野菜(%)	畜産(%)	その他(%)
ア	18,923	18.3	37.1	24.9	19.7
イ	3,940	14.5	33.8	22.6	29.1
ウ	4,201	60.6	13.1	16.2	10.1
エ	10,111	10.6	18.4	51.7	19.3

(日本国勢図会 2011/12)

問2 Aの地域に関して，次の(1), (2)の問いに答えなさい。

(1) ①と②の平野について正しく説明したものを，次の中から一つ選んで記号で答えなさい。

　ア．①は水田が多い十勝平野で，②はあずき畑やじゃがいも畑が多い石狩平野である。

　イ．①は水田が多い石狩平野で，②はあずき畑やじゃがいも畑が多い十勝平野である。

　ウ．①はあずき畑やじゃがいも畑が多い十勝平野で，②は水田が多い石狩平野である。

　エ．①はあずき畑やじゃがいも畑が多い石狩平野で，②は水田が多い十勝平野である。

(2) 次の表は，北海道・新潟県・長野県・高知県の農業を比較したものです。このうち北海道はどれですか。表の中のア～エから一つ選んで記号で答えなさい。

	農家総数(万戸)	農家の割合(%)		
		主業農家	準主業農家	副業的農家
ア	3.3	34.6	14.9	50.5
イ	10.7	16.1	31.9	52.0
ウ	5.9	73.5	5.8	20.7
エ	12.7	19.0	23.5	57.5

(注)主業農家は，所得の50%以上が農業所得である農家，準主業農家は，所得の50%以上が農業以外の所得である農家で，いずれも65歳未満の農業従事60日以上の人がいる農家。
副業的農家は，65歳未満で農業に60日以上従事する人がいない農家。

(データブックオブザワールド2011)

問3 Bの地域に関して，次の(1), (2)の問いに答えなさい。

(1) ③の川の名前を答えなさい。

(2) ④と⑤は海流を表しています。これらの海流について正しく述べているものを，次の中から一つ選んで記号で答えなさい。

　ア．④は暖流の黒潮，⑤は寒流の親潮である。

　イ．④は寒流の黒潮，⑤は暖流の親潮である。

　ウ．④は暖流の親潮，⑤は寒流の黒潮である。

　エ．④は寒流の親潮，⑤は暖流の黒潮である。

| 5 |

　　図の てんびん は等しい間かくに印がついていて，左右それぞれ５か所ずつおもりを
つるすところがあります。同じ重さの６個のおもりを全部つるして てんびん をつり合
わせる実験をしました。これについて後の問いに答えなさい。

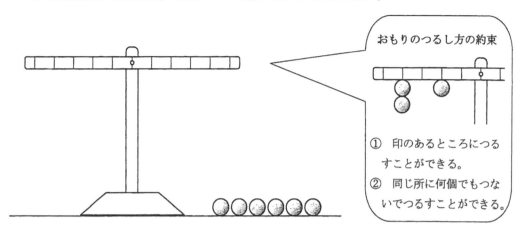

おもりのつるし方の約束

① 印のあるところにつる
すことができる。
② 同じ所に何個でもつな
いでつるすことができる。

問１　左側におもりを１個つるし，右側に５個つるしてつり合わせました。おもりを
「○」で表して，つるした様子を描きなさい。

問２　右図のように左側に２個つるしてつり
合わせるとき，右側の４個のつるし方は
３通りあります。A～Eにそれぞれ何個
ずつつるせばよいですか。解答用紙の表
に数字で書きなさい。何もつるさないと
ころには「０」を書きなさい。

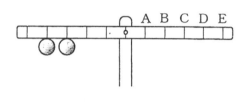

問３　右図(a)，(b)のように，左側に３個
つるし，右側にも３個つるしてつり合
わせました。右側のおもりのつるし方
は(a)，(b)それぞれ何通りありますか。

(a)
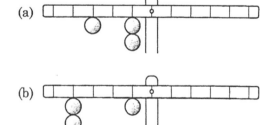

(b)

問４　これらの６個のおもりで てんびん をつり合わせるつるし方は，全部で197通りあ
ります。左側が１個のときは，問１で考えたようにつるし方は１通りだけです。左
側が２個のとき，つるし方は38通りあります。左側が３個のとき，つるし方は何通
りありますか。

②理中平25

3 太郎君は図1のように立つ位置を決めて，鉄塔を目印にして月や星の動きを観察しました。後の問いに答えなさい。

図1

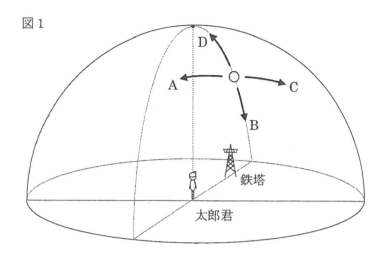

問1 太郎君の影の長さが一日の中で一番短くなったとき，太陽を見るとその方向に鉄塔がありました。太郎君から見た鉄塔の方角を答えなさい。

問2 新月から5日ぐらいたったときの月はどのような形に見えますか。次の**ア～オ**の中から1つ選んで記号で答えなさい。ただし，白いところが明るい部分です。

問3 鉄塔の上に半月（右側が明るい月）が見えました。2時間後にはこの月はどの方向に動いていますか。図1の A～D の中から1つ選んで記号で答えなさい。

問4 太郎君が鉄塔方向に月を見た時刻から3日後，同じ時刻に月はどの方向に見えますか。図1の A～D の中から1つ選んで記号で答えなさい。

問5 別の日に，鉄塔の方向にオリオン座を見ることができました。次の（1）～（4）の問いに答えなさい。ただし，図2の①～⑦はオリオン座をつくる星を示しています。

図2　①

　　　②

（1）オリオン座に関して正しく説明したものを次の**ア～エ**の中から1つ選んで記号で答えなさい。

　③④⑤

ア オリオン座は夏の大三角をつくる星を含んでいる。

イ オリオン座の⑥と⑦の5倍の長さのところに北極星がある。

　⑥　　　⑦

ウ オリオン座の②は，冬の大三角をつくる。

エ オリオン座が鉄塔の方向にきたとき，さそり座のアンタレスを見ることはできない。

2 ホウセンカは種子が発芽して一年以内に成長して花がさき，種子を作ってかれてしまう一年生植物です。ホウセンカが体内の水分を大気中に放出することを調べるために次のような実験を行いました。後の問いに答えなさい。

〔実験〕葉の大きさや数，くきの太さが同じであるホウセンカを4つ用意し，それぞれ次のように準備した。

　(A) ワセリンを葉の表側にぬる。
　(B) ワセリンを葉の裏側にぬる。
　(C) ワセリンはぬらない。
　(D) 葉をつけ根の部分からすべて切り取ってくきだけにし，ワセリンを切り口にぬる。

　　　　※ ワセリンは油で，ワセリンをぬったところから気体は出入りできない。

　このA～Dをそれぞれ同じ量の水を入れた試験管にさし，水面から水が蒸発するのを防ぐために少量の油を注いだ。室温が一定の部屋に置き，数時間後にそれぞれの水の減少量を測定したところ，Aでは a 〔mL〕，Bでは b〔mL〕，Cでは c〔mL〕，Dではほんのわずかであった。減少量は多いほうから $c > a > b$ の順であった。

問1 ホウセンカのように一年生植物であるものを，次のア～エの中からすべて選んで記号で答えなさい。
　ア　アサガオ　　イ　アジサイ　　ウ　イネ　　エ　タンポポ

問2 ホウセンカのように，葉のふちが右図のようにギザギザしている植物を，次のア～エの中から1つ選んで記号で答えなさい。
　ア　サクラ　　イ　ジャガイモ　　ウ　エンドウ　　エ　マツ

問3 食紅をとかした水にホウセンカをさしてしばらく置き，くきを半分に切った断面を観察すると，赤く染まった部分が見られました。赤く染まった部分を黒くぬりつぶしたものを，次のア～エの中から1つ選んで記号で答えなさい。

ア　　イ　　ウ　　エ

問4 このように植物が体内の水分を大気中に放出する現象を何といいますか。

問5 葉の表側から大気中に放出した水分の量を，実験結果の a ～ c の記号を用いて解答例のように式で答えなさい。　　（解答例）$a+b$

3 整数を次の規則で分解する。

　　[規則]

　　　① 奇数は差が1になる2数に分ける。

　　　② 偶数は差が2になる2数に分ける。

　　　③ 1と2はそれ以上分けない。

12を分けていくと右のようになり，7回の分解によって，

「2」が4個と「1」が4個に分けられる。

次の各問いに答えなさい。

(1) 17を規則の通り分けていくと何回分解されるか答えなさい。

(2) 31を規則の通り分けていくと「2」が何個，「1」が何個に分けられるか答えなさい。

(3) 規則の通り分けていくと6回分解される数は2つあります。それらの数を答えなさい。

4 たろう君は8時に家を出て分速70mで20分かけてAバス停まで歩いた。8時26分にバスに乗車し，Aバス停から8400m離れたBバス停に到着したのは8時40分であった。8時25分にお母さんは自動車で家を出発し，たろう君と同じ道を時速42kmでBバス停に向かった。移動する速さはいずれも一定であるとして次の各問いに答えなさい。

(1) バスの速さは時速何kmか答えなさい。

(2) お母さんがBバス停に到着した時刻を答えなさい。

(3) お母さんの乗った自動車がたろう君を乗せたバスを追いこした時刻を答えなさい。また，追いこした地点はAバス停から何m離れているか答えなさい。

(8) たて 72 cm，横 136 cm の長方形から同じ大きさの正方形をあまりが出ないように
切り取るとき，いちばん大きい正方形の 1 辺は何 cm か答えなさい。また，そのと
きの正方形の個数を答えなさい。

2 次の各問いに答えなさい。

(1) 右の図は図形 ABCDEFGH を直線を用いて ①，②，③
の 3 つの図形に分けたものである。このとき，①，② の
図形の面積をそれぞれ答えなさい。

(2) 右の図形 ABCDEFGH を直線 GH を軸に 1 回転
させてできる立体の体積を答えなさい。

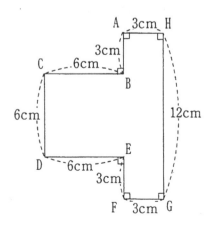